Fraszki

STANISŁAW PYSEK PRUSIŃSKI

Copyright © 2019 Literally Literature
All rights reserved.
ISBN-13: 978-1-970090-02-4

Tereska,
  Co
    ja
      bym
        bez
          Ciebie
            zrobił?
              - Stasio Pysek Prusiński

Fraszki

Myśli przychodzą bez naszej wiedzy
Do domu biura na polnej miedzy
Lecz nie wiadomo w którym momencie
Rankiem w południe wieczorem we śnie
I w dzień powszedni przy wielkim święcie.

Cóż miałem począć? Takie jest życie
Myślami wiercić dziury w suficie
Wymyślać różne prace fizyczne
Albo udzielać się politycznie.

I zrozumiałem żeby żyć wiecznie
Nie stać się jakąś zwyczajną skenerą
Mym obowiązkiem jest w pełnej wierze
To o czym myślę zapisać na papierze.

Kiedyś mi duszek szepnął na ucho
Pysek ty nie nudź poezją suchą
A więc się staraj zechcesz to da się
Musi się udać teraz na czasie.

I zrozumiałem że mam się w garści
A jako dowód poniższe fraszki
W których poruszam różne tematy
I dla dorosłych i dla młodzieży
Proszę czytajcie co Państwu zależy.

Zdarzyć się mogą i jakieś wpadki
Sytuacyjne śmieszne zagadki
O pszczole która zgubiła żądło
Że śmiech udziela się na okrągło.

Stanisław Pysek Prusiński

Moje fraszeczki Czytelnik czuje
Stanisław Pysek Prusiński
Z góry dziękuję.

Fraszki

W imię

W imię prawdy i miłości
Wzięliśmy się z nieskończoności
Aby dobrze się skończyło
Wrócimy tam gdzie nas nie było.

Odróżnić

Ktoś kiedyś powiedział
Dobrem zło zwyciężaj
A wynika z tego
Że największym problemem
Jest odróżnić zło od dobrego.

Miara

Dalej od nas do nas bliżej
Jakąkolwiek mierzyć miarą
Cały czas się z prawdą mierzyć
Czasu przelanego czarą.

Spóźniać się

Gościu nie znosił czasu
Potrafił się tak często spóźniać
Ale kiedyś się zagapił
Najpierw wytrzeźwiał
A później się napił.

Jasno widzieć
Jasno widzieć i mieć efekt
To osiągać coś na perfekt
Choć niektórzy to się wstydzą
Mało robią dużo widzą.

Zamartwiać się
Czy umartwiać się to czynić słusznie
Za winy na przykład nie swoje
Ale to się i pogmatwa
Zagadka naprawdę niełatwa.

Obdarowany
Obdarowany mądrością
I sprawiedliwości cnotą
A inny ktoś odwrotnością
I na dodatek głupotą.

Życie ziemskie
Życie ziemskie jest teatrem
Mali gracze duzi gracze
Bardzo różne pożywienie
Ale jednakowe s...

Obżartuch
Kto się pasie bezustannie
Pcha w żołądek ile wlezie

Nie uprawia gimnastyki
To taką osiągnie nadwagę
Że się nie zmieści na wagę.

Nikt nie wie
Nikt nie wie gdzie jest koniec trasy jego
Czy w czasie biegu coś nie runie
Mimo że przebiegnie szmat drogi
To z metą życia się minie.

Uczony
Był kiedyś uczony taki
Co miewał myślowe pokraki
I pisał głupie utwory
Aż mu puściły zawory
I wtedy popuścił w pory.

Zależy nie zależy
Nie wszystkim zło zawadza
I na tym im nie zależy
Czy było czy jest zamierzone
Udaje się w swoją stronę.

Koń i pług
Koń kiedyś się zemścił na pługu
I orał pole tak długo
Aż pług się z gorąca roztopił
A koń w pocie czoła utopił.

Zła zabawka
Antychryst to jak zła zabawka
To coś takiego jak czkawka
I może trwać i nie puścić
A w rezultacie rozpuścić.

Jeden taki
Jeden taki ukradł światło
Zrobiło się ciemno i głucho
Ale ktoś go w końcu dopadł
I nie uszło mu na sucho.

Czas
Bezlitośnie czas zapieprza
Ten niczego się nie boi
O tym wszyscy dobrze wiemy
I dlatego od początku
Bezlitośnie się starzejemy.

Miotła
Nie pozwoliła pomiatać sobą
I honorem się uniosła
Więc złożyła wymówienie
Uparta biurowa miotła.

Pogryzł psa
Pan był zły a tak się odgryzł
Że na łańcuchu psa ugryzł
A później do budy się schował
Kto będzie domu pilnował?

Próg
Domu nie miał tylko próg
Jak żonie zrobić to po ślubie mógł
Zwykły próg przed urwiskiem nad Wisłą
Sekundy i szczęście im prysło.

Z butami
Wszedł tak po prostu z butami
Ale w życie i nie swoje
Niestety zostawił ślady
Takie wielkie nie od parady.

Przez życie
Przejść niepostrzeżcnie przez życie
Nie bać się i nikomu nie zaszkodzić
Albo inaczej tak beztrosko
To kiedy się w końcu urodzić.

Ot tak
Ot tak go ktoś po prostu zwinął
W bramie się ze śmiercią minął

A udało mu się tylko dlatego
Bo ona nie przyszła po niego.

Fachowiec
Fachowiec to taki gość
Który roboty nie spartaczy
I wszystko robi odwrotnie
Bo nie potrafi inaczej.

Dyskusja
Dyskusja z głodnym wilkiem
W noc ciemną w lesie
Jaki efekt przyniesie?

List do siebie
List do siebie napisał
Stary co u ciebie słychać ?
Ale tamten nie odpisał
Proszę co potrafi pycha.

Klepać coś
Klepać kosę kosić trawę
A osełkę mieć przy d ...
I nie być nigdy na wojnie
To nie jest tak wcale głupie.

Owinięta
Babunia owinięta szalem
Udała się w siną dal
I bardzo jest z siebie dumna
Chociaż trochę jest jej żal.

Oddaleni
Oddaleni od nieba o nieskończoności
O kilometry i chwile czasowe
Bez początku końca czy środka
Wracamy bez niczego dobrodusznie
Nikt nie wie dlaczego i czy słusznie.

Na pokuszenie
Na pokuszenie wodzenie
Nawet w dni wolne od pracy
Nikt nikomu darmo nie daje
Chociaż zdarzają się i tacy.

Trudno jest
Sprawiedliwym i uczciwym być trudno
Czy można się przespać na brudno?

Strony biznesu
Biznes kręcić trzeba umieć
I to we właściwą stronę
Na lądzie w powietrzu i wodzie

Na leżąco i na chodzie.

Zdrowy i chory
Dlaczego chorego coś boli
A zdrowemu nic nie dolega
Żeby to lepiej zrozumieć
Trzeba się dużo naumieć.

Odwrotnie
Leniem trzeba się urodzić
A jeleniem to odwrotnie
Chodzi tu o przyzwoitość
A po drodze pracowitość.

Cierpienie
Cierpieć za czyjeś grzechy
I to takie co on ich nie zrobił
To jakby wydał pieniądze
Których jeszcze nie zarobił.

Podruga i podrug
Podruga i podrug
To przyjaciel nigdy wróg.

Zejdzie
Koń z koniem się zejdzie

A kobyła tu już była.

Poznacie po
Po rybie ją poznacie
A może po rybaku
To się nie uda
              - Wóda.

Gwoździe w powietrzu
Nawbijał gwoździ w powietrze
W najlepsze.

Odkrył karty
Jak odkryto karty zniknął as
To był jego czas.

Kat na baby
Kat na baby i na dusze
A pastor wspomniał o skrusze.

Trzy ósemki
Trzy ósemki to sześć zera
Profesor aż okulary przeciera.

Znak
Powiedział: stop nie cofnę się
Wrzasnął na samochód znak
Czy musiał wydzierać się tak?

Radar
Na radarze prawie stówa
Ale ten radar zasuwa
I to przodem przed samochodem.

Partyzantka
Partyzantka w twoim wieku
Opamiętaj się człowieku.

Bez
   Bądź ze mną ale bez bluzki
   Ruski.

Karmiła
Karmiona mlekiem była potrzeba
Poszła do nieba.

Wedel
Blady strach padł na osiedle
Gdy powstały sklepy z Wedlem.

Mnie i tobie
Mnie jest dobrze tobie źle
Żeby sprawy nie popieprzyć
To kogoś trzeciego trzeba wypieprzyć.

Drapaka
Chryste Panie ale draka
To nie miotła to drapaka
Inna taka sobaka.

Kara za co
Kara za co oni płacą
Nie zapłacę za taką zieleń
               -   Jeleń.

Rozgrzeszenie
Rozgrzeszyłem nie jednego
Ale temu to nie przepuszczę
I pastor nawiał w puszczę.

Chleb i zakalec
Chleb z zakalcem
Czy zakalec z chlebem
Z winy mąki czy piekarza
To się zdarza.

Dwa plus sześć
Dwa plus sześć równa się cztery
I tak od ręki są żółte papiery.

Cholewki
Small cholewki idzie panna
Ale po co ta sutanna?

Kowboj i koń
Kombinował usilnie
W końcu się powiodło
Koń się wkurzył i odszedł
Kowboj dostał siodło.

Dwa i dwa
Dwa i dwa jest sześć
To dwa w zapasie
A mówiono że nie da się.

Pistolet i karabin
Pistolet i karabin to jeden diabeł
To dlatego zastrzelił się Gaweł.

Ty i ja
Ty tam sobie

Ja tam sobie
Co pomyśli
Ten przy żłobie?

Męka
Mordowanie i męczenie
To dwie nieciekawe sprawy
Ale z tego to jasno wynika
Że chodzi tu o skurczybyka.

Drabina i chrząszcze
Po drabinie dwa chrząszcze
Udały się w gąszcze.

Wielkie dzieło
Kto napisał takie dzieło
Musiał być co najmniej jeden
Żeby w jednym wyrażeniu
Było liter aż sto siedem.

Kita wita
Kitę witał kitę żegnał
W końcu jednak kitę przegnał.

Gniew
Nie dokończył jej malować

Musiał się przed jej gniewem schować.

Sprzedam
Sprzedam muszę
Bo się duszę.

Szydzić
Szydzić z diabła
Ale go nie widzieć.

Odbiło
Chyba pani coś odbiło
Bo się mleko przypaliło.

Zakaźny i pies
Na zakaźnym leżał pies
Coś w tym jest.

Na haju
Spalił wodę niepotrzebnie
Był na haju czy na czymś w tym rodzaju.

Pendolino
W pendolino tak się stało
Nawet kino strajkowało.

Tacka
To ma się nazywać tacka
Taka znienacka.

Pies i złoto
Pies zakopał w nocy złoto
Ogłoszono go niecnotą.

I bym
I bym zdążył
I bym chciał
I bym coś tam
Z tego miał.

Chleb i sól
Chleb i sól potrawy dwie
Kto to próbował to wie.

Pistolet i on
Z pistoletem to on spał
Ale kiedy dał raz w rurę
Zrobił dziurę.

Post
Było bardzo kolorowo
Nagle post się pojawił
I na tych co nie uwierzyli
Pułapki zastawił.

Politycy i rząd
Polityków wymieniono
Do wymiany rząd pozostał
Ale mamy smród i swąd
Dokładnie wiadomo skąd.

Nastawać na życie
A po co to na swoje życie nastawać
Zalać się w trupa i przewalać
Ludziom się znudziła praca
Kto ma teraz za...

Samosąd
Sędzia raz się sądził sam
Nagle krzyknął   tu się mam!

Z wilkiem
Z wilkiem w tym samym przedziale
Jedna biedna.

Próbowano
Próbowano go rozgrzeszyć
A nie ma się z czego cieszyć.

Dobra zmiana
Dobra zmiana zakończone
Tylko że w odwrotną stronę.

Ryba
Czy ryba obchodzi wieloryba?

Zanim zanim
Zanim zgubił to już znalazł
Zanim znalazł to już zgubił
Tak tę robotę polubił.

Lista
W imieniu moim to nadmień
Ktoś ułożył listę pragnień
Inny ciągle to ulepszał
A ten trzeci ich napieprzał.

Żywot
Żywot skończył po czterdziestce
A był dużo po dwudziestce.

Ręka w rękę
Ręka w rękę i pod rękę
A za co nabyć piosenkę.

Świeć przykładem
Świeć przykładem goń bakterie
I przestań uprawiać brewerie.

Poradzisz
Z małym to zawsze poradzisz
Z dużym trudniej w południe.

Prośba
Poproszono Pana Kolca
Żeby pozbył się pi...
On usłyszał oni zbledli
I przez to tydzień nie jedli.

Ciężki i lekki
Sam jest lekki
Z nią jest ciężki
Lecz wesoły
Silny męski.

Komunikacja
Komunikację wymyślono
Dawno temu trochę potem
Żeby jechać autobusem
A nie śmigać na piechotę.

On i ona
On zawalił oną wcięło
Głupio wszystko się zaczęło.

Kredyt
Na kredycie napisane
      Bierz mnie dobrze się opłaci
Coś tu nie gra w tym momencie
Jak zarobisz wtedy stracisz.

Straż
Czy ogień jest w straży
I dlatego parzy?

Sędzia
Przegiął sędzia i pokazał
Sam się skazał.

Języki ognia
Języki ognia w domu

Wymieniono po kryjomu.

Uwaga
Pracuj umartwiaj się nie jedz
Uważaj na słońce
Gwarantuję ci najwyżej dwa miesiące.

Sprawy
Pyskiem sprawy nie załatwisz
A tylko kulturą
A żeby deszcz przestał padać
Porozmawiaj z chmurą.

Zamknął się
Zamknął się od zewnątrz
A na wewnątrz siedział
Dotyczyło to szczupaka
Nie zwykłego śledzia.

Prokurator
Sam ze sobą się pobił
I zgodnie z honorem
Skazał się na lat sto dwadzieścia
Bo był prokuratorem.

Baba dzwoni
Baba dzwoni do pastora
Grzechów nap... wiele
Proszę szybko mnie rozgrzeszyć
Bo jak nie to podp...

Ameryka w Europie
W Europie i na zachodzie
Jest tyle okazji
A w Ameryce całkiem odwrotnie
Mówię o fantazji.

Ślimak
Poślimaczyło by się ślimaku
Gdyby nie przyczyna
Nie dotrzymałeś umowy
Skończyła się ślina.

Bohaterowie wojenni
Bohaterów którzy zabijali na wojnie
Pan Bóg także wskrzesi
Chociaż na parę godzin
Z okazji narodzin.

Wypędzić
Wypędzić z siebie złego ducha

Bardzo się opłaci
Jedni czynią to często
Lecz rzadko bogaci.

Nie chciał
Nie chciał jeść trawy bo mu zęby wcięło
A od dentysty to się zaczęło.

Buzi
Dałaby mu buzi
Cóż jest za duży
A w dodatku i garby
I te koślawe wargi.

Nie biegnij
Nie biegnij do spowiedzi
Chociaż sprawa nagła
Najpierw sprawdź i się przekonaj
Czy tam nie ma diabła.

Kot w worku
Kupił kota w worku
Zapłacił za worek
A worek miał zamontowany
Na tyle motorek
I kot uciekł z kasą
Z workiem i motorkiem.

Róg na taśmie
Chwycił róg na taśmie
Nasz polski Wolski.

Zarobiłeś
Zarobiłeś dwa grosze
    Następny proszę.

Pastor i złe
Pastor zgrywał się z diabła
Kropidłem mu groził
A to tak oficjalnie
Po cichu to go woził.

Kultura
Sobie trochę tobie więcej
A innemu fura
Tak wygląda rzeczywistość
I nasza kultura.

Czarna kura
Czarna kura balansuje
Kogut nie chce kuszać
A niech robi to co zechce
G... nie trzeba ruszać.

Patron
Był patronem tych rycerzy
Co im chwała się należy
A umarli wszyscy w butach
Jakaż to dziwna pokuta.

Przykazania
Nie kradnij nie zabijaj
I nie bądź debilem
Nie tylko dla siebie
To tyle.

Tango
Bohaterskie tango
To szalupy i tonące trupy.

Śmierć
Śmierć to biała postać
Czy kobra niedobra?

Ten czas
W ten czas czy na ten czas
Po terminie i tak minie.

Co czyje
Bór był misia
Lasek wilka
A gąszcze zajęły chrabąszcze.

Spacer
Spacer by rozwiał problemy
Gdzie idziemy to nie wiemy.

Wazelina
Wazelina na śniadanie
Teraz wszystkim się dostanie.

Emeryt
Zapracowałem na emeryturę
Ale się nie ruszę
Ze względu na tuszę.

Straże
Niech ma co ma
A co na to straże
Nie pokażę.

Jasna gwiazda
Spod jasnej gwiazdy
Wyjrzało ciemne słońce.

Rakieta
Rozpędzona rakieta zniknęła nagle
Z widnokręgu
 Bo zabrakło jej zasięgu.

Zdobył się
Zdobył się na podejście nareszcie
A do czego?
 Nie wie
Działał w gniewie.

Prasa i świat
Za pomocą prasy
Wyprodukowano wiadomości
Na cały i pół świata.

Pośmiech
Pośmiało by się
Ale kawały ktoś utopił.

Pasmanteria
Zespół zagubionych
Igieł i nitek
I ten przeżytek.

Mój komputer
Mój komputer to czasami
Kłamie i zmyśla
Żeby nie podpadł.

Spekulacje
Spekulacje na temat
Co będzie jutro
Nieograniczone niczym dzisiaj.

Najważniejsze
To ogrodzić się ciepłym powietrzem.

Widok
I oczom moim ukazała się wielka brama
Na której była zielona łąka
Niewiadomego pochodzenia.

Zły pies
Sarkał był taki zły
Poezja szczekana mu
Nie wyszła.

Pomnik
    Moje miejsce jest tam

Gdzie zostanę postawiony
- Pomnik.

Zapalone głownie
Zapalone głownie
Oświetlały drogę
Której się to nie podobało.

Duże pieniądze
Dużych pieniędzy
Nie pomieścił mały bank.

Oczy kłamią
Twoje oczy kłamią tak niewiele
Jakby koń napłakał.

Proce przeciwlotnicze
A proce przeciwlotnicze nie zadziałały
Gdyż zabrakło gum rozciągających.

Ważne sprawy
Odważnych towarzyszy
Wywieziono gdzieś
I do tej pory
Nie można z nimi się skontaktować.

Księgi
Księgi się same zapisywały
Z powodu braku atramentu
I ostrzałek do piór.

Przeminęło
Starożytność przeminęła
Ale powróci niebawem.

Kelner
Nie smakował mu kelner
Ludożerca opróżnił lodówkę.

Pompka
Za pomocą pompki powietrze
Próbowało się dostać
Do dętki w oponie.

Nie żałuj
Nie żałuj że nie pożyjesz
Dłużej niż inni.

Obgryzali
Tak obgryzali te ochłapy
Aż pojawił się komunizm.

Kasia
Kasia sprząta Kasia pierze
Czasem po kolędzie chodzi
Kto mi powie co to będzie
Gdy mrówka słonia urodzi
Czy matką zostanie klaczy?
Zależy jak się na to patrzy.

Jeż
A jeż przeminął
Ale jego kolce
Żyły jeszcze długie lata.

Leśna steczka
Anomalie i Rozalia
Pogubiła się dzieweczka
W ciążę zaszła w tym miesiącu
A kto winien? Leśna steczka.

Dobitnie
Dobitnie wziął te słowa
Do serca
Dobił się.

Chrabąszcze
Goń mnie proszę mój najdroższy
Bawiły się a kto? chrabąszcze
Ale jeden był naćpany
I pomylił leśne gąszcze
Ujrzał rozebraną babę
Wysiadło w nim serce słabe.

Samoloty
Zestrzelone samoloty spadły na ziemię
Udało się to cud
Zerwały się i poszybowały
Jak gdyby nigdy nic.

Prawda
Gdy prawda na wierzch wypłynie
I wcale się nie zamoczy
To proszę się nie obrażać
Tylko otworzyć szeroko oczy.

Zmyłka Zeusa
Oj Zeusie grecki boże
Takie coś z gór się wyniosło
Żeby zamiast użyć grzmotu
Do boju używać wiosło.

Sam ze sobą
Sami ze sobą i najlepsi
W biurze na ulicy w sklepie
Oj przesada topór w biurze
To już świadczy o kulturze.

Frontowy wariat
Wariat się z rozumem spierał
Drzwi zamykał i otwierał
Aż raz przytrzasnął we drzwiach prącie
Teraz twierdzi że na froncie.

Las
  Urosnę jak nadejdzie mój czas
                      -   Las.

Zawiódł się
Zawiódł się na swoim wykształceniu
Dlatego wrócił do przedszkola.

Nie kupisz
Za jedną godzinę bez pracy
Chleba nie kupisz.

Stary i rura
Stary całe życie kłamał

Wkurzył się i język połamał
A używa teraz rury
Na leżąco brzuchem do góry.

Sprzeczali się
Tak długo się sprzeczali
Aż im gardła uschły.

Marzenia
Marzenia brać z odwrotnej strony
Można wpaść w niepokój
Nieoficjalny.

Zięć zadziałał
　Zrób mi kawę prosi teść
To już siódma było sześć
Jak powinien zięć zadziałać
Mówić prawdę czyli skłamać?

Gwarancja
Nikt ci nie zagwarantuje
Że rano się obudzisz.

Małpa i bomba
Rozbroiła małpa bombę
Używając słonia trąbę

A zająca odznaczył lew
Czy to jest prawda?
A może blew.

Motyle
Motyle fruwają w tyle
Bo z przodu zabrakło miodu.

Moją będziesz
Moją będziesz już za tydzień
Gości nawet zaprosiłem
Ale nie pamiętam drogi
Z kimś ciebie chyba pomyliłem
Pochwalony narzeczony.

Trzeba mieć tupet
Trzeba mieć tupet żeby wymienić
W pianinie klawisze na struny od gitary.

Krysia
Czy Krysi może wisieć
To całe stanowisko
Zapytajcie jej chłopaka
On wie już prawie wszystko.

Miara
Dobrze był pomierzony
Ale do trumny nie pasował
Miara.

Myślenie na lewo
Myślenie w lewą stronę
Wytwarza niepokoje
I o to się najwięcej boję.

Miłość
   Miłość do mnie od ciebie i odwrotnie
   Wiem że żyję bezpowrotnie
Powiedział jeż
    Czy bez względu na igły mnie zjesz
          Do hieny
A co dalej się działo nie wiemy.

Wkurzenie
Wkurzenie obowiązuje
Ale tylko wtedy
Gdy działają nerwy.

Niechcianemu
Niechcianemu nie wolno chcieć
Chyba żeby tak naprawdę chciał.

Memory
Czy memory to takie ważne
Czasem nawet niepoważne
Memorujesz się tymczasem
A bieda czyha za pasem.

Na miejscu
Nie odchodził i nie przychodził
Zawsze był na miejscu
Zawisł.

Bądź ze mną
Bądź ze mną to rymowanka
A beze mnie to już dym
Chwalić się można odwrotnie
Tylko czym.

Nie przechodź
Nie przechodź obojętnie koło siebie
Bo inni tego nie zauważą.

Z książki
Z książki dowiedział się
Kim jest naprawdę.

Zmienisz
Coś napiszesz mój poeto
A to szkoda ciągle nie to
Nie dotrzesz do wszystkich rozumów
Razem czy osobno
Poezją twórczą ozdobną.

Imbecyl
Skrzyżowanie zadymy z rozumem
- Hałaśliwy gość.

Chmura
Chmura na zawiasach
Wytrzymała tylko godzinę
I jedną sekundę.

Na obczyźnie
Na obczyźnie jak na barce
Patrząc tak na to przez palce
Głupio wracać za co szaleć
Wtedy rzucił się pod walec
Został cienki koniec miękki.

A tak
A tak naprawdę to nie wiadomo
W którą stronę podejrzewać oskarżonego.

Uwierzyć
Uwierz co zostało spełnione
Żyjesz nie robisz łaski
Stąd w głowie przedziwne trzaski
Jakieś niepokoje
                    To twoje.

Nie bać się
Żeby się nie bać
To nie trzeba straszyć.

Określił się
Określił się sam kredą
Na jezdni po wypadku
Chociaż przedtem umarł.

Welon
Welon spada Kasi z głowy
Młody Leon nie gotowy
Ślubu nie ma przez Leona
A Kasia ze wstydu zielona.

Rypło
Rypło sprawę nieciekawie
Jedno słówko i po sprawie
Ale dobrze się skończyło

Bo sprawy wcale nie było.

Morze nie może
Morze kiedyś się wylało
Za późno się skapowało
Wrócić z powrotem nie może
Biedne morze.

System
Walnął system wcięło szefa
Co ma robić szara strefa
A do czorta z takim szefem
Uchwalono białą strefę.

Obrażalski
Zawsze się obrażał
Gdy przed nazwiskiem
Padało słowo *won*.

Był problem
Był problem i po problemie
Księżyc kupił naszą ziemię
Ale wyrzucił człowieka
A co nas teraz czeka?

Dziwny pakt
Przyjmę do paktu „*nie bij się*"
Każdego dziesiątego
Kto jest już po wojnie.

Przybądź
Przybądź przyszłości ta bogata
Znudziła się szara chata
Obrzydły i stare chęci
Może się lepiej zakręci.

Powierz mi
Powierz mi swoje oszczędności
A nie uwierzysz
Jak jutro czuł się będziesz,

Szoł mi
Pokaż mi to czego sam nie widziałeś
A to chcę mieć w przyszłości.

Smutek
Z powodu smutku na twarzy
Nie pojawił się uśmiech
Wielka szkoda.

Wszyscy
Wszyscy płakali nad umarłym zięciem
Tylko teściowa nie zmrużyła oka.

Satysfakcje
Satysfakcję można kupić
Później sprzedać z dużym zyskiem,
Lecz lepiej to zrobić po cichu
Bo można odjechać z piskiem.

Maj
Miesiąc maj to jest miodowy
Przeżyłeś go to masz już z głowy
                 -   Nowożeniec.

Polka i oberek
Polka i oberek to jedno
Tylko inne tam obroty
Polkę można tańczyć w piątki
A oberka już w soboty.

Na zamku
Na wielkim zamczysku
Rozpościerało się ogromne wzgórze
A dzwon na wieży dzwonił zawsze rano
Ale nigdy w odwrotną stronę.

Sprzed nosa
Sprzątnęli mu mamę sprzed nosa
Której później nadano przydomek
        -    Teściowa.

Trafić
Trafiać i trafić czy to różnica
To wie najlepiej tylko woźnica.

Piorun
Piorun trwa krótko bo nie ma szansy
Utrzymać się na nogach.

Poglądy
Mniej się daje więcej bierze
Każdy ma swój pogląd na to
Co jest ważne w takim razie
Zima czy słoneczne lato?

Odszedł
On odszedł od niej
Powód?
    Wolała komputer.

Dobrze czynić
Dobrze czynić to
Nie brać piekła pod uwagę.

Ale
Wirus się rozprawił z kantem
Ktoś wpadł na ciekawy pomysł
I podrzucił bombę z lontem
A wysadził bank się sam
Tu was mam.

Teatr
Proszę teatr piękna scena
Nie słuchajcie to jest ściema.

Nowa reforma
Szpitale zapełniły się lekarzami
Za to chorych jak na lekarstwo.

Zło
Zło nigdy się nie skarży
Bo nie jest mu źle.

Coś dla hecy
A teraz coś dla hecy
Ktoś ograbił własne plecy

Przez przypadek zwędził skórę
Tak dziś trudno o kulturę.

Robole
Robotnicy jak symbole
Tak nietrudno być robolem
Szkoły nie ma w głowie pustki
Do roboty bez przepustki.

Nie wiadomo
A tak naprawdę to nie wiadomo
O co chodzi w wolności.

Kłamać
Kłamać to w odwrotną stronę
Bo wyjdzie prawda.

Osowiała panna
Osowiała stara panna
Na co takiej nowa wanna
I kawaler zlany potem
O tym pogadamy potem.

Sytuacja
Sytuacja wyjaśniona
I manewry zakończone

Grzechy będą odpuszczone
Niestety w odwrotną stronę.

Stać czy nie
Nie rób nikomu krzywdy
Jak ciebie na to nie stać.

Zostań i bądź
Zostań ze mną bądź szczęśliwa
Nigdy krzywdy ci nie zrobię
Bo umarłem trzy dni temu
Rozchmurz się odsapnij sobie
I policji już nie wezwę
Ba słowem się nie odezwę.

Zapłacę
Zapłacę za niewielką zapłatą
Bez proszenia.

Czuć się dobrze
Tańczę i się dobrze czuję
Bo za darmo nie kosztuje
Jestem taki jak mnie wąchniesz
Już się z tego nie otrząśniesz
Może już ostatni raz
- Gaz.

Przyjmę
Każdą gotówkę przyjmę
Bez proszenia
I dodatkowych opłat.

Wrócił z wojny
Wrócił z wojny jakiś inny
Niemiły i nieuczynny
Bohaterem się nazywał
Nie walczył bo się ukrywał.

Odwrotnie
Coś takiego w Europie
To widać i daje się odczuć
Tu próbuje się na odwrót
Człowiekiem psa złego poszczuć.

Można
Można psioczyć na ustroje
Na lepsze i gorsze czasy
Ganić i olewać wszystko
Usiąść tyłkiem na mrowisko.

Potrzeba
Potrzebujemy każdą ilość ludzi
Do walki o wolność
                - Rewolucja.

Problem
Mamy problem wielka bieda
Ze statku spieprzyła torpeda
Żeby coś takiego palnąć
Musi kiedyś w kogoś walnąć
Albo stanie zrobić przerwę
I po prostu się rozerwie.

Oferta
Zamienię teściową
Na pędzącego zająca od zaraz
- Zięć.

Dbaj
      Dbaj o zdrowie
        Nie oddychaj byle czym
Pozdrawia
Dym.

Skutki
Alkoholizm i padaczka
To skutki uboczne gorzałki
Tylko co jest niepotrzebne
Od nadmiaru maska blednie.

Dobrze było
Bóg chciał dobrze
To Ewa wszystko spaprała.

Strony świata
Stron świata nie ma
Wymyślił je ktoś znienacka
To jakby się nie najadł do syta
A z głodu dopadła sraczka.

Recepta
Sorry bracie musisz umrzeć
Ta recepta jest za droga
Lepiej zrób to jeszcze dzisiaj
Po co jeszcze mieszać Boga.

Ohyda
Wtedy jest ohyda
Jak się wszystko wyda.

Skoki
Poskakało by się oj poskakało
A komoda pusta
Nie pośledzisz ani grosika
Stąd ta nie rozpusta.

Udzielał się
Odwykowo się udzielał
Nie stronił od wódki
Takie to nieraz z niewiedzy
Bywają i skutki.

Odbiło mu
Żonatemu kiedyś odbiło
Przehandlował żonę
Ale na mercedesa
Nie wszystko stracone.

Stracić kilogramy
Żeby stracić wagę
Należy się odmienić.

Dla kogo
Dla kogo kto lubi dynamit
Wysadzić się w powietrze to pestka.

Leśne sprawy
Wrona kracze ryczy lew
A leśniczy nasłuchuje
Co to w trawie piszczy kwili
I stało się coś takiego
W biały dzień las podpieprzyli.

Rozmowa na czasie
Więzień mówi do klawisza
    Siedzę i mi wszystko zwisa
    A ty musisz nadzorować
    I po prostu mnie pilnować
Klawisz więźnia pałą zdzielił
Pomyślał i się zastrzelił.

Nie przekonał
Nie przekonał deszczu i ten pada duży
Lepiej byłoby się zwrócić do chmury
A prośbę powtórzyć.

Koń w kapeluszu
Nikt nie chciał rozmawiać
Z koniem w kapeluszu.

Apokalipsa
Sądny dzień co to się dzieje
Wojna woda apokalipsa
Nad samiutkim ranem
Teściowa narąbana przyszła.

Szczupak
Wszystkie ryby posmażono
Tylko szczupak się nie dał.

Nie słucha się
Kapkę czegoś trochę śliny
Przestań robić takie miny
Byłeś mądry i rozumny
Pokaż co potrafisz
        Wyjdź z trumny
Nawet nie powiedział sorry
I nie wyszedł do tej pory.

Zakupię
Każdą ilość korników
Do korowania drzew
Kupię.

Odmowa
Więcej grzechów nie pamięta
Jak przypomni przyjdzie później
A już jutro roczne święta
Czas pomyśleć o jałmużnie
Wtedy ten odmówił renty
Został świętym.

Zaklinacz
Zaklinacz węży potrzebny od zaraz
Trzeźwy mile widziany.

Stać się lepszym
Śpiewać hasać piać i mruczeć
Ale skąd wziąć na recepty
Żeby być uniwersalnym
Tak po prostu stać się lepszym
Koza z kąta się odzywa
        Co on pieprzy?

Spontaniczność
Goryczna spontaniczność cechowała tych
Którzy mieli się dopiero urodzić.

Studenci
A w Princetonie zagotowało się
Od nowo przybyłych studentów
Na fali.

Najpierw
Postawiono mu zarzuty
A następnie rzucono w niego poglądami
Które należały do niego
Co teraz?

Remont
Wyremontowali bank dla Judasza
Aby jego srebrniki czuły się bezpiecznie.

Popieram
Popieram robotnika bez żadnych opłat.

Wściekły
Wścieknę się w razie potrzeby
            - Azor.

Salomon
Pokoje Salomona były do wynajęcia
A uczone Kaczki i Zera
Witały ich jak swoich.

Cezar
Cezar X będzie budował to
O czym w Zwisie jeszcze nie pomyślano.

Sponsor
Kto kogo nie lubi
To niech go w końcu zasponsoruje.

Według przepisów
Ugotowano według przepisów
Ale po jedzeniu były problemy.

Kosmate
Kosmate myśli to takie
Których nie da się uczesać.

Zmarnowane lata
Zostały cofnięte wstecz
Przez tych którzy dopiero mieli nastać.

Powołany
Zmażę wszelkie winy
Bez względu na płeć.

Pasta i makaron
Pasta z makaronem
Zdziwienie trafiło na wronę
    Makaron rozumiem ale po co pasta?
Taka to myśl na wronę naszła.

Zaburzenia
Usuwanie wszelkich zaburzeń
W czasie burzy.

Zakładał
Zakładał że będzie inny
Przeżył życie jak wszyscy
Ale w końcu mu się znudziło

A niestety latek nie ubyło.

Zdaje się
Z papierosem źle wyglądał
Kupił sobie długą faję
Myśli że mu to do twarzy
Ale tylko tak mu się wydaje.

Kombinacje
Kombinował z każdej strony
Niechcący nadepnął na g...
Któż by pomyślał że w kolebce
On poduszkę miał nierówną.

Potrzeby
Ryba w wodzie ma wygody
Więc nie potrzebuje łóżka
Biurka kremu toalety
Lecz angielska nigdy ruska.

Z kraju
Z kraju wyprowadził many
Dziś jest taki załamany
Wzruszył się odebrał paczkę
Wybuchło osmaliło mu jadaczkę.

Kolizja
Kolizyjnie znaczy krzywo
Za zakrętem skręcił w lewo
Wtedy mu wyrosło drzewo
Potem drugie trzecie i las
Nie zdążył niestety na czas.

Rypła sprawa
Dwa mandaty rypła się sprawa
Jaka ta ojczyzna hojna
Więcej zabiera niż daje
Jeszcze często gęsto łaje.

Premia
Premię dostał nie wie za co
U nich w niedzielę nie płacą
Cały tydzień jest na wolnym
Bo jest chłopem małorolnym.

Urodziny
Dziś są urodziny jego
Zdobądź się więc na odwagę
Kup portera i podaruj
A co postawią wypij nie żałuj.

Listonosz
Listonosz z listem i w lesie

Ten taki zawsze nachlany
Zna adres i choć nie chce przyniesie
Czek do zapłacenia legalny.

Zamienić się w słuch
Nie widział nie słyszał
    To wszystko we śnie rzekła babcia
Nie zdążył się kiedyś rozebrać
Umarł w kapciach.

Czyny
Za czynami idą myśli
A powinno być odwrotnie
Nie pomyśleć i w tym sensie
A do kogo mieć pretensję?

Najpierw
Wpierw naprawić potem popsuć
To logiczna jest podpadka
Ale nie to mam na myśli
    Proszę nie podkurzać dziadka
I to mówi jego własna babka.

Anioł
Z rysopisu był aniołem
Ale w końcu na to wpadłem
Chyba pomyliłem zdjęcia
Bo mam do czynienia z diabłem.

Renia i świat
Rzekła Renia świat się zmienia
W nocy nie spotkasz jelenia
On spokojnie liże kózkę
Opierając się o brzózkę.

Kotka Zyta
Zyta w życie i o świcie
Wstyd że właśnie to słyszycie
A to kot na zawołanie
Właśnie kończy polowanie.

Stefan
Mr. Stefan co pan czuje
Bo kto to żonę buntuje
I to właśnie przeciw sobie
Ja to robię.

Raj podatkowy
Jaki kraj to taki raj
Ale dziwne to przypadki
Że jeden jest zwolniony
A drugi płaci podatki.

Pracować trzeba
Pracować trzeba i dużo chodzić
Żeby się po raz wtóry urodzić.

Zamek w lesie
Zamek w lesie wyrósł nagle
Aż zwierzyna się zdziwiła
Bo natura dwa tysiące
Sytuację tę sprawiła.

Bandyta na plaży
Bandyta skrył się na plaży
A kto mu teraz podskoczy
To postraszy go falami
Albo sypnie piaskiem w oczy.

Rozstanie
Przeczytał czego nie napisał
I poczuł się słabo
Nagle się zorientował
Że ma rozwód z żabą.

Długi
Czy w końskim to interesie
Ciągnąć ciężkie pługi
Ale pewnie to dlatego
Takie w gospodarce długi.

Naprawa
Mądry naprawił głupiemu rozum
Pospawał mu czaszkę
Ten od razu mu się odwdzięczył
Uderzył go w maskę.

Dlaczego?
Dlaczego to się powiesił
Pomyślał on po fakcie
Bo przypomniał w ostatniej sekundzie
Z diabłem o kontrakcie.

Szkoda
Szkoda pieniędzy na rozwód
Trzeba znaleźć powód
Adwokat czyha po drodze
Często gęsto chciwy srodze.

Kto odpuści
A kto odpuści szatanowi grzechy
Kto jest tego godzien
Pana Boga to nie interesuje
Niech kusi dobrodziej.

Grzechy
Oj nazbierało się grzechów na świecie
Całe wory pełne
Nie szkoda żeby takie grzeszne g...
Owijać w bawełnę.

Pornowo
Porno orno naga skiba
Odwrócona samo życie
Spróbujcie uprawiać seksa
Wśród kaktusów uwierzycie.

Próbuj
Próbować należy wszystkiego
Żyć o wodzie i chlebie
Tylko wystrzegać się jednej rzeczy
Robić g... i pod siebie.

Sęp
Sęp jest gorszym wzorem ptaka
Taki brzydki i upiorny
Zrób na sępa to cię skażą
Znajdziesz się nagle pod strażą.

Niezbędne
Odzyskać co się nie straciło
Czy to jest potrzebne

A może by tak podarować komu
To co jest mu niezbędne.

Automaty
Automaty zastępują ludzi
We wiadomym celu
Jak chcesz się o tym przekonać
Wpadnij do b...

Policja i on
Z policją to on się nie liczył
Bardzo często z nimi się lał
Ale jak zobaczył gliny
To się trząsł i w spodnie s...

Chleb i miłość
O miłości wiemy dużo
Więcej może niż potrzeba
Ale co nam po miłości
Gdy na stole zabraknie chleba?

Babcia
Nie ukłonił się bliźniemu
A co gorsza jego babce
Ale wiedział że babunia
To grube trzymała w czapce.

Ustąpić
Ustępuje miejsca kobiecie
Ale nigdy w toalecie.

Sen
Sen się śni
Czy śniło się we śnie?

Kierowca
Na czerwonym wjechał tyłem
A na żółtym miał już problem
Do tej pory nie rozumie
Co się stało z samochodem.

Maszyna do szycia
    Dlatego umarłeś w krawacie
Żaliła się maszyna do szycia jego
    Bo nigdy go nie używałeś krawata
Za żywota swego.

Żałuję
Żałuję tylko za grzechy główne
Za zwyczajne tylko ubolewam.

Sklep
Sklep się zwinął zebrał półki

Wyprowadził do stodółki
Tam się wypchał zwykłym sianem
Nad samym ranem.

Zbój
Koło banku zbój się kręci
Patrzy pastor kasę święci
Coś nowego niepojęte
Ukradnie bezpieczne i święte.

Zarazić się
Potem można się zarazić
Zachorować niebezpiecznie
Ale lepiej może umrzeć
Po co za... wiecznie.

Wojna
Nagle się zaczęła wojna
Ktoś zaczął lasy podpalać
Krzyczę ludzie co robicie
Trzeba natychmiast sp...
Nie usłuchali poszli w las
Ostał im się jeno czas.

Kradzieże
Ręka rękę myje
Na urzędzie policji czy gminie
Tylko zagap się na chwilę

To portfelik ktoś zawinie.

Droga
Jedyną drogą przez piekło
Jest niebo.

Szybka i ryba
Okno to jest czy to szybka
Z akwarium wyjrzała rybka
A odważna była taka
Bo nie widziała rybaka.

Poszanowanie
Szanujmy zieleń przyrodę lasy
Bo mogą nadejść i takie czasy
Że będzie trzeba się w głowę pukać
Jednej zapałki ze świecą szukać.

Śmieszny koń
Koń się zaśmiał co za bydlę
Aż przewrócił się na polu
Bo krowę ugryzła osa
Jak walczyła w rokenrolu.

By się miało
By się miało trzeba móc

Nie od razu głową tłuc
Co zawiniła szyba w oknie
Że teraz parapet moknie.

Myśli
Myśli biegają w różnych kierunkach
Nawet gdy jest ciemno.

Doradca
Doradzał żabom
Jak nie bać się bociana.

I tak i tak
Pogodnie jest to jak świeci słońce
A jak są chmury to pochmurnie.

Przywiązany
Przywiązany do drzewa
Długo kłócił się ze sroką
Żeby mu zostawiła
Chociaż jedno oko.

Krzyż zasługi
Dostał krzyż zasługi za długi
Musiał go ciągać za sobą
Jeszcze czas długi.

Kropidło
Kropidło odmówiło posłuszeństwa
Pastor się wściekł
I cisnął nim do diabła.

Podzielił
Podzielił ich na gorszych i lepszych
Sam zwariował
Do końca życia wymawiał imię teściowej
Mam cię.

Zdziwienie
Słońce wstało raniutko
Ze zdziwieniem patrzyło na flotę
Okrętów która wolno posuwała się na pustyni
A wiatr ciskał ziarnami piasku
W oczy wiosłującym marynarzom.

O co tu chodzi
To dziwne i trudno to znieść
Człowiek człowiekowi za dnia mówi cześć
A w nocy jak do domu wróci
To bombę mu na głowę rzuci.

Idziemy
Idziemy przez życie od małego do dużego

I co z tego?

Lepiej
Lepiej udawać głupiego i milczeć
Niż być mądrym i robić głupie rzeczy.

Zapędzić
Zapędzić konia w kozi róg
Ale co dalej?

Obejść handel
Obejść handel w niedzielę
Płacić podatek od obejścia.

Uczeni
Uczeni próbują udowodnić że
Przyciąganie ziemskie zniknie
Tylko nie wiedzą dlaczego.

Modlitwa
Modlił się chciał być świętym
Nie wiedząc że etaty na świętych
      Już rozdane.

Brak
Ze względu na brak nieprzyjaciela
Wojna zakończyła się przed rozpoczęciem.

Bogaty
Bogaty nie chciał umierać
Długo ze śmiercią się spierał
Obiecał jej wielką fortunę
I wpadł w głęboką zadumę.

Walka
Ciągle trwa walka dobra ze złem
O duszę której nie widać.

Życie
Życie jest tak skomplikowane
Że tak naprawdę nie wiadomo
O co w życiu chodzi.

Egzekucja
Śmierć ucina głowę kosą
Ale nie widać śladów po egzekucji.

Bać się
Obawiać się co stanie się jutro

Jest poważnym wykroczeniem.

Rocznice
Obchodzić rocznicę zwycięstw
Jest niepoważne i nieszlachetne
Jeżeli chodzi o zabijanie.

Sytuacja
Morze się wkurzyło
Fale się spieniły
Co miał począć okręt?
Ukrył się na dnie.

Pan i pies
Pies pana ugryzł w lewy policzek
Sen pański w nocy się sprawdził
Cóż miał pan teraz począć
Drugi policzek nadstawił
Zgodnie z prawem się odbyło
U chirurga się skończyło.

Być katem
Być katem to dziwny zawód
Niejeden się na kacie zawiódł
To jest może nawet głupie
Ucięta głowa przy d...

Wierzący
Wierzącym być to nie robić grzechów
To czuć się nieswojo
A pokuta jest nieważna
Bo i grzechy się nie boją.

Czas
Czas jest niezmienny i tylko jeden
To co że w tygodniu jest dni aż siedem
Na nic się zdadzą zegary
Nie ujarzmisz czasu stary.

Kłamstwo
Kłamstwo to zła jakość prawdy
Cóż więc z tego wynika
Żeby po prostu nie kłamać
Trzeba się pozbyć języka.

Wielka prawda
Nikt się nie dowie kim jest naprawdę
Choćby był największym mędrcem
Jest jak zwiędnięty liść
Sam nie wie dokąd ma iść.

Ile?
Dużo mało i za ile
To okaże się za chwilę .

Bieda
A kiedy zabraknie biedy
Co wtedy ?

Duch
Mój duch to jest nie lada zuch
Gdy rano uchylam rąbek kołdry
To mówi mi   dzień dobry.

Nie martw się
Jutro będzie nowy czas
Tylko nie uciekaj w las.

Przepis na życie
Przepis na życie miał
Ale się użyć go bał.

Cierpienie
Cierpienie to zniesławiona dobroć.

Grzesznik
Grzesznik tak był wkurzony
Że swoje grzechy wkręcił w imadło
I przepiłował na dwie części.

Sam ze sobą
Rozmawiać ze samym sobą
To wcale nie znaczy
Że się jest wariatem.

Podmiana
Komuś ktoś podmienił myśli
Jakby tego było mało
Myśli były pokręcone
Więc chodził w odwrotną stronę.

Dzieje się
Kurna ale to się dzieje
Wynaleziono ideę
Byłeś biedny teraz pan
Na cmentarz zawieziesz się sam.

Wystroili
Wystroili brzydką babę
Wstawili jej nowe oczy
Nie było to wcale i głupie
Lecz zapomnieli o d...

W polityce
W polityce jak w bajeczce
Czterdziestu przy jednej świeczce
Debatują jak ulepszyć
I biedakowi przypieprzyć.

Przyczyny
W ślad za myślą idą czyny

Tak po prostu bez przyczyny.

Życie
Patrzeć na życie w zachwycie
A planować należycie.

Świat
Świat ogólnie jest ciekawy
Są ważne i mniej ważne sprawy.

Morowo
Morowo to dziwne potoczne słowo
Ma się rozumieć jest kolorowo.

Bez końca
Miłość nigdy nie ma końca
Zniknęły cienie pełno słońca.

Nie było
Nie byłoby epopei
Bez nadziei.

Co robić
Co robić jak się nie chce
Zaczekać aż ktoś połechce.

Teoria i praktyka
Teoria z praktyką to siostry rodzone
A ciało dla duszy zostało stworzone.

Szukali
Szukali i znaleźli i co?
Na minę wleźli.

Rozum
Czy to aby prawda zrozum
Głupiec nabył w sklepie rozum
A potem narobił szumu
Dalej biega bez rozumu.

Lepiej
Lepiej jest spać na twardym posłaniu
    Na wodzie
Czy w butach na miękkim posłaniu
    Na mrozie?

Pamięć
Pamięć w miejscu nie usiedzi
Kombinuje
    Ciebie śledzi.

Liść
    Muszę fruwać
    Ale dokąd mam iść
        -   Zmartwiony liść.

Wtedy
Zaczął głodować chciał się przekonać
Jak z bliska wygląda śmierć.

W pojedynkę
W pojedynkę żyć
To toczyć wojny
Ze samym sobą.

Przespał
Udało mu się
Przespał swoją własną śmierć
Szkoda że czasu już nigdy nie otworzył.

Pomyłka
Gospodarz omyłkowo
Poszczuł psa koniem

Plaża
Był tak bogaty że nad ocean

Przynosił własną plażę.

Granat
Granat można rozerwać
Bez względu na porę roku.

Wiązać
Wiązać koniec z końcem
A co na początek?

Pieniądze
Pieniądze nie zawsze mają rację
Zwłaszcza w wakacje.

Jak miło
Jak to miło popatrzeć
Na koty zamieniające się futrami.

Produkcja
Wyprodukowano tyle drobnych groszy
Że na grube już nie było miejsca.

Bałagan
Taki był bałagan
Że aż słońce skryło się za chmurą.

Chwytać
Stojący brzytwy się chwyta
By ogolić brodę.

Uczeni
Uczeni już dawno odkryli
Że w powietrzu znajduje się powietrze.

Doktór
Doktór czy to jest ten potwór
Co często nad chorym stoi
Z długim nożem nieraz brzytwą
Zszywa ciało mocną nitką.

Suchość w gardle
Zakradł się szatan na zakrystię
Bo mu pić się chciało
Spróbował wody święconej
Na płacz go zebrało
Więc skosztował wina
I udał się z pastorem do kina.

Okiełznać
Jak okiełznać własne body
Czy dlatego że brak wody

Być może z kapusty głąba
Wtedy wybuchła bomba.

Biała
Biała jest twarz śmiertelnika
A dlaczego taka blada?
Ktoś wysiorpał krew z obiegu
Choć to chyba nie wypada.

Urwało
Na froncie urwało mu prącie
Ale jajek nie ruszyło
Zwycięzca wrócił bez fajki
Teraz opowiada bajki.

Ale
Wpadł o lasce w czarnej masce
Wrzasnął   k... dawaj szmal
Ale pastor nie ustąpił
Zastrzelił go i darmo pokropił.

Sława
Gołym tyłkiem zdobyć sławę
W jaki sposób tak kochanie
Bo obracał się do przodu
Umiał stać na zawołanie.

Angry
Angry to po naszemu zły
Pogryzł dziś kuzyna z rana
Kuzyn zwinął się nie przeżył
Lecz po śmierci z tego zwierzył.

Twarze
Samotności pokaż twarze
Złe humory skośne ślepia
Dlaczego tak dziś się dzieje
Że g... się ściany oblepia.

Dlatego
Szatan wczoraj w kosmos nawiał
Pastora ze sobą zabrał
Bo dowiedział się przypadkiem
Że pastor jest jego dziadkiem.

Chore jest
To jest modne ale chore
Diabeł napił się z pastorem
Za parafian ciężkie grosze
Pokumali się po trosze.

Co łaska
Ten co rzecze ot co łaska
Ale co najmniej tysiączka

Dwieście jaj od jednej kury
Płatne keszem i od góry.

Oczyszczenie
Sytuację czas polepszyć
I oczyścić kaczyzm z diabła
Ściągnąć żywcem skórę z torby
Wtedy czas nastąpi dobry.

Kręcić
Kręcić tyłkiem za kasiorę
Cyckiem rzucać tu i ówdzie
Doszła dyscyplina sportu
To ślizganie się na g...

Zwykłe
Być zwykłym koniem czy się opłaci
Jak już być to pociągowym
Kopyta zamienić na szyny
I pociąg do jazdy gotowy.

Szok
Co możemy nazwać szokiem
Cios teściowej dużo warty
Buchnął asa teść z przypadku
Stąd zakład grzebalny otwarty.

Przyznać
Szalonemu wina nie dać
Wycofać tytoń z obiegu
Przyznać temu kto ma rację
I potępiać dewastację.

Gwałt
Pogwałcili konstytucję
Reklamują prostytucję
Wniebowzięci i na goło
Przebojowo i wesoło.

Nowe
Nowe następują prawa
Które wątpliwości budzą
Wciskane są takie tezy
Za swą tęsknić pieprzyć cudzą.

Przysolić
Myśli bzdurnych nie żałować
Natychmiast opodatkować
Takie procenty przysolić
Ma się nie opłacić p...

Chce się
Chce się wyć i wymiotować
Trzeba surowo zakazać

Węgla do piekła eksportować
Żeby wszystkie winy wymazać.

Dzisiaj
Dzisiaj każdy bać się musi
Teściowej żony mamusi
Kogo to się jeszcze nie bać
Uwaga! Bo mogą w pysk dać.

Złapali
Złapali kolesia w życie
Przy innej nie własnej kobiecie
Co gorzej żyto nie zżęte
I odtąd to miejsce jest przeklęte.

Trzaśnie
Kto dobry to ten się nie zlęknie
Pomimo że serce mu trzaśnie
Nie odda choć z nosa mu cieknie
A czy to jest tak dobrze właśnie?

Lżej
Śmiesznemu to lżej jest umierać
A co tam niech ktoś się martwi
Wszystko jedno czy piekło czy niebo
By móc wyjść za swoją potrzebą.

Zgroza

To totalitaryzm i zgroza
W pościeli zalęgły się glizdy
Kto za sprzątanie zabuli
I da odszkodowanie matuli?

Szaleńcy

Szalone kryje mrok gęstą mgłę wije
Pogwałcona prawda męża matki i córki
Ale co jest najstraszniejsze
W kosmosie kisić ogórki.

Boleści

Boleści powstały z przypadku
Z powodu niepłacenia podatków
Komornik zapieprzył duszę
Nie zwróci jej to go uduszę.

Nie kłam

Nie kłam waści nie przystoi
Ten kłamie co czegoś się boi.

Kredyt

Kredyt wymyślili w piekle
Na zebraniu diabły kuse
Chodziło im o to aby procenty
Zniszczyły i ciało i duszę.

Nie daj
Nie daj waści im się nabrać
Bank ci może majtki zabrać
I pokroić cię na równo
Zostanie się jeno g...

Brawo
Brawo kasa precz procencie
Nie spłacił schował się w życie
A zaczepił się o żniwa
Teraz się na kulach kiwa.

Ale się stało
Wziął kredyt i kupił mrowisko
To wszystko problem niemały
A mrówki gdzieś po...

Wymysł
Ten co wymyślił procenty
Nigdy nie zostanie świętym
Być może prorokiem czarta
Nie każdy się zna na żartach.

Uparty
Uprzeć się to znaczy być

A jutro samo nadejdzie
Burza minie deszcz ustanie
I po kościach się rozejdzie.

Procenty
Bieda i bogactwo to dwa różne światy
Nigdy nie będziesz bogaty
Przeszkodzą ci w tym procenty
Nie pomoże nawet święty.

Nadzieja
Liczyli na wielki zarobek
Wpłacili oboje z kobietą
Stracili całe majątki
I to w Zielone Świątki.

Groźny
Zdarza się i wszystko chcieć
Bank upadł ktoś buchnął drobne
Kto to do tego dopuścił
To wszystko do d.. podobne.

Ułożyć życie
Tak ułożyć sobie życie
W sposób czysty i pokorny
I cieszyć się każdą chwilą
Nie przekroczyć trzysta kilo.

Post
Post wynalazł taki gość
Co miał tego żarcia dość
Jakby tego było mało
Nic mu potem się nie chciało.

Wolny kraj
W wolnym kraju wolni ludzie
Zrobi pod siebie i pójdzie
Ktoś wymyślił głupie kary
I zawracanie gitary.

W dwójkę
Koń ten wczoraj się ożenił
W dwójkę ciągną pługi taty
Ale się wyłonił problem
Jak użyć od razu dwa baty?

Rolnik
Rolnik orze kosi młóci
Czasem w barze się przewróci
Grzechy robi konia bije
Nie jest lekko ale żyje.

Socjalizm
Jak socjalizm się ukazał

I powstały dobrobyty
Wtedy ci się pojawili
I wszystko ro...

Komunizm
W komunizmie wszystko równo
Do podziału jedno g...
Jak do więzienia to wszyscy
Bez wyjątku i turyści.

Dziwne
Nowe naszło dziwna era
Co drugi ze sobą się spiera
Łgają czkają i mataczą
A żałują tylko za co?

Protesty
Protestujmy precz z błędami
Prawda ranna za dnia w nocy
Wniebowzięty klerykacie
Miej sumienie otwórz oczy.

Różnica
Oddać mocz czy się wysikać
Nie widać tu różnicy żadnej
Najlepiej to zrobić w zaciszu
Tam gdzie nie widzą i nie słyszą.

Strach
Jak walczyć ze strachem
Gdy pojawi się z nożem osiłek
Najkorzystniej jest ściągnąć spodnie
Powinien przestraszyć go tyłek.

Śmierć
Ważą się śmierci losy
Zaciągnęła kredyty na kosy
Nie da rady tego spłacać
I ludziom d... zawracać.

Nie ma
Na biednego nie ma kary
A czego się po nim spodziewać
Nie odda bo nie ma
Bo i skąd ma wziąć
Tylko go skląć.

Bilety
Bilety do nikąd
Są w sprzedaży w Toronto
Proszę wpłacać na konto
Kler i dziesięć zer.

Mamy siebie
Czy to prawda
Że mamy siebie
tylko dla siebie?
                    Być może w niebie.

Mieszanina
Pomieszała się prawda z herezją
Płacz ze śmiechem się zbratał
Bank całą kasę przywłaszczył
Pastor się mamonie oświadczył.

Życie
Życie stwarza i niesnaski
Musisz żyć nie robisz łaski
A jak umrzeć i jest powód
Nie ruszasz się i tu jest dowód.

Nauka
W szkole dużo i różnie uczą
Tego nawet co nie trzeba
Bardzo często przesadzają
Że aż się z mózgów wylewa.

Płace
Za robotę jest wypłata
A za pracę tylko czek

Tu rozchodzi się o sumę
Ale liczy się i wiek
A na starość emerytka
Ino haczyk na przynętę
Ryba znika
        Sprawa przykra.

Na pokuszenie
A na pokuszenie nie wódź
Jak się spóźnisz będzie czuć
Pokuszenie przez jedzenie.

Szukać u siebie
Zamiast za złem się oglądać
W tym celu innych podglądać
I jeszcze problemy spiętrzać
Wystarczy zajrzeć do własnego wnętrza.

Być sobą
Być sobą to powinno wystarczyć.
Dla kogo?

O co chodzi
O co chodzi w tym temacie
Do rządzenia wybieracie
Takich co nie mówią ładnie
My chcemy takiego co niech kradnie
Ale ze swojego.

Ale heca
Ale się tam narobiło
Stary grzechy swe zatail
Przypadkowo się pochwalił
I zamienił na tygrysa
A pastor to zignorował
I go wysłał do sołtysa.

Tułacz
Ten się tuła nie próżnuje
A bo co ma z czasem zrobić
Ale w takiej sytuacji
Niemożliwe się dorobić.

Zwolniony
Mańka z pracy wypieprzyli
Za to że dokuczał Baśce
On się za to zrewanżował
Zrobił dziecko sekretarce.

Rada
Radą jest nie szukaj guza
Więc nie zaczepiaj łobuza
Nie posłuchasz się intruzie
To może być guz na guzie.

Co się liczy
Co się najbardziej w życiu liczy
To czego życie dotyczy.

Jak na wojnie
Jak na wojnie ma być spokojnie
Kiedy wszyscy tacy srodzy?
A odważni niech to licho
Zginą wtedy będą cicho.

Rodzaj
Rodzaj żeński ten zwycięski
A ten męski to nijaki
Ni to chłop ni to pierdoła
Jaki uczeń taka szkoła.

Nie wódź
Nie wódź mnie na pokuszenie
Późna pora chcę się zdrzemnąć
A przedtem wywietrzyć pokój
By mieć we śnie święty spokój.

Sprzeciw
Piorun się sprzeciwił burzy
Zaśmiał się udając małpę
Ale jeszcze przed zaśnięciem
Odwiedził pobliską knajpę

W g... wdepnął wtedy pieprznął.

Wszystko
Wszystko co rośnie w górę
Prawidłowo i koniecznie
I to jest ta prawidłowość
Bo odwrotnie niebezpiecznie.

Przez przypadek
Przez przypadek przepadł dziadek
Bo podobno miał wypadek
Jak zrobił kupę na tory
Aż opadły sematory.

Fanatyzm
Przez fanatyzm był kataklizm
Przedtem nie a teraz powiem
Matka żony to teściowa
Ja przedtem byłem niemową
To tak mnie rąbnęła w głowę
Że odzyskałem mowę.

Raz i raz
Raz to boli raz przestaje
Zdaje mi się że udaję
Płaczę jak boli i ubolewam
Jak przestaje wtedy śpiewam.

Straszna sytuacja
Sytuacja się stworzyła
Na szyję mu się rzuciła
Naokoło go oplotła
Nie narzeczona matka czy ciotka
Tylko straszna wredna kobra
A co się za wszystkim kryje
                    On nie żyje.

Lepiej nie
Lepiej z koniem nie żartować
Za kozą się nie uganiać
Spać odpoczywać i jeść
Za dnia zachrzaniać i cześć.

Zagrywka
Robin Klap był komandosem
I niezłym na tamte czasy
Jak królewscy go gonili
Wyjechał do Egiptu na wczasy.

Całusek
Całowanie nie jest proste
Trzeba kręcić kombinować
Ale czy to jest możliwe
Siebie w d... pocałować.

Powiedziano
Powiedziano mu łobuzie
Wypiłeś to utrzyj buzię
Legnij na to pokopnisko
Nie posłuchał wlazł w mrowisko
Stracił kawał swojej torby
I od tej pory jest dobry.

Rósł
Rósł na sile wszedł na szczyty
Aż pod chmury dąb wychlustał
Ale wiatr go raz wypatrzył
Że się korzeniami nakrył.

Kot
Kot wykupił mysie dziury
I to po raz nie wie który
Do tej pory jest na urlopie
A co robi? Mleko żłopie.

Ktoś tam
Ktoś jest zarąbany pracą
Inni tylko się bogacą
Ktoś tam nawet zwichnął oko
Ponoć mierzył za wysoko.

W zoo
Pies zaszczekał lew się zląkł
A tygrysa kąsnął wąż
Na to słoń rozwinął trąbę
I odpalił groźną bombę
Oj się stało mój kochany
Całe zoo jest do wymiany.

Za co
Co tak klęczysz drogi panie
Prawie rok już coś ty zbroił
Żeby sam to i pół biedy
Ale czart za tobą stoi.

Kondukt
Idzie kondukt niosą gościa
I nagle na trzecim zakręcie
Ktoś z niosących puścił bąka
Że umarły zaczął się jąkać.

Rozminięcie
Rozminął się z powołaniem
Miał być dobry a jest draniem
A udaje kaznodzieję
Choć z zawodu jest złodziejem.

Myśli
Straszne myśli bardzo szkodzą
Płaczą głodują zawodzą
A z grzesznymi jeszcze gorzej
Te niszczą dusze
                Stąd te katusze.

Czasem
Czasami zastanawiamy się
Dlaczego jesteśmy?
I jakie mamy z tego korzyści?

Nie zabijaj
Napisane jest nie zabijaj
A więc trzeba by się poddać
I zaczekać aż zabiją
A wtedy z nawiązką oddać.

Cudzołożyć
Cudzołożyć to brzmi dziwnie
Tu się wątpliwości budzą
Legalnie to lepiej robić ze swoją
A nielegalnie z cudzą.

Kogo
Kogo się nazywa bliźnim
Męża teściową frajera

Jak pomyślę o środkowym
To mnie na wymioty zbiera.

Szanuj
Szanuj ogień bo ciepełko
Również wodę bo to skarb
Dbaj o swoje plecy z tyłu
Mimo że masz na nich garb.

Ktoś
Ktoś powiedział z piekła rodem
Śmiga nowym samochodem
Na dziewczyny w zimę i latem
Ponoć piekło jest bogate.

Ustroje
Są ustroje lepsze i gorsze
W każdym z nich chodzi o forsę
Kto na tronie jest mu wesoło
A ty się czołgasz pierdoło.

Bałwochwalstwo
Bałwochwalstwo jest problemem
Znamy skutki i przyczynę
Ulepili bałwana latem
A modlili się do niego w zimę.

Zbóje
Do Maryny wpadli zbóje
Mieli strzelby i granaty
Jak im cycki pokazała
Zlękli się i zwiali z chaty.

Szyby
Odwrotnie przyciemnił szyby w aucie
I stracił wszelką nadzieję
Jeździ teraz tylko w nocy
Samochód od stłuczek rdzewieje.

Straty
Na marzeniach można stracić
A niekiedy bardzo dużo
Bo nie często się spełniają
Tylko w głowie zawracają.

Wygrać
Z koniem wygrać na urzędzie
Kiedy osioł tam sędziuje
To tak jakby z wuefu zmarłemu
Postawić pałę lub dwóję.

Adolf
Adolf raz wywołał wojnę
Lecz nie wygrał jej od razu

Bo nastały takie czasy
Bardzo wzrosły ceny gazu.

Zamęty
Rzym się spalił przez Nerona
Napoleon też był ostry
Ten przeziębił swoje buty
Jak wracał piechotą spod Moskwy.

Sen
Kto śpi za dnia dużo zyska
Omijają go problemy
A bywają i straszne z przeceny.

Apokalipsa
Apokalipsa kiedyś nastąpi
Ale nie wiemy tego i właśnie
A naszą ziemię w co przeistoczy
Zanim komornik do akcji wkroczy.

Piłeś
Piłeś za swoje głowa bolała
Sucho w gardełku z monetą gibko
A jeszcze mandat za jazdę szybką
Z mostu do rzeki za zwykłą rybką.

Podatek
Podatek od wnętrzności co masz środku
Od jutra zapłacisz kotku
Nawet od złapanej myszy
Mów do kota ten nie słyszy.

Kto za kogo
Kto za kogo ma się modlić
Dobry za złego czy odwrotnie
Ten zrozumie kto za kogo
Kogo wcześniej kosa dotknie.

Szanuj
Szanuj zieleń i przyrodę
Ogień powietrze i wodę
Szanuj nawet zwykłą świnię
I to co się po drodze nawinie.

Okręt
Okręt zawinął do portu który nie istniał
Kapitan zszedł ze statku
Tak był zdziwiony aż nie wypada
Bo nie spotkał swojej żony
Tylko dzieciaki sąsiada.

Przebiegły
Tyle tumultu i wrzasku

Gościu zakopał się w piasku
Złożonym z czerwonej cegły
Mądry nie był lecz przebiegły.

Nie zapisze
Myśli nie da się napisać
I uwiecznić na papierze
To coś jak lot do księżyca
W podróż poślubną i na rowerze.

Co tu mówić
Co tu mówić o kulturze
Porównywać obyczaje
Ktoś tam rzuca tysiącami na tacę
Za ciężką pastora pracę.

Krnąbrny
Krnąbrnym być to znaczy jakim
Nie słuchać się w biurze szefa
Ociągać się w płaceniu podatków
A co na to biała strefa?

Zagrał
Zagrał uczony z gorącem
Zaczął kontrolować słońce
Robił to na dzikiej plaży
Przypadkowo tyłek poparzył.

Dzięki
Dzięki płucom żyje maska
Oczywiście dyga laska
Nie rozpuszczaj pastorzyny
Od ciebie zależy co łaska.

Militaria
Wymyślili strzelanki i proce
Przeciwlotnicze śmieszne pukawki
Straszą tego kto się napatoczy
Póki jastrząb nie wyskoczy.

Katiusze
Na katiusze nie ma silnych
Zaznaczyć to mocno muszę
Rozpieprzają co po drodze
Ba wyrwą dziecko z pieluszek.

Propozycje
Nie proponuj dziecku jabola
Niech się lepiej trochę zdrzemnie
Bo się zaplącze w pieluchy
I może się spieprzyć na ziemię.

Zamurowało go
Po czym go zamurowało

Nie po kłótni czy lichej wypłacie
Ale w ten pamiętny wieczór
Niechcący popuścił w gacie.

Krótko i na temat
Jeśli krótko nie chcesz żyć
Mało jeść a dużo pić
Do spowiedzi co niedziela
Nie czekaj bo czas zapierdziela.

Oddawaj
Cel osiągniesz przykład dawaj
Co zarobisz to oddawaj
To zasłużysz się jasności
Zdążysz szybciej do przyszłości.

Koniec i kropka
Koniec trosk na dużą skalę
Co fatalne wyrzuć z gestem
Co niedobre to przeminie
Ważne to że teraz jestem.

Przymilanie
Mamy kolejną agresję
Szatan wcisnął się w procesję
Oczka puszcza i się mili
Wnet z pastorem w pół godziny
Cztery winka obalili

Na morowo i służbowo.

Malarzem był
Gdy malował gołe baby
Swobodnie poruszał ręką
Żona która była skarbem
Namalował ją ale z garbem
Jakby tego nie dość było
Garb na przodzie cycki z tyłu.

Co zależy
Co zależy od żołnierzy
Wolność pole obsiane w proso
Najgorzej jak do innego kraju
Diabli takich wyzwolicieli poniosą.

Ruszaj
Ruszaj żwawiej stary dziadzie
Bo jesteś na defiladzie
Tu babka jest twoim bossem
Przestań wciągać fliki nosem.

Na świecie
A na świecie jak w teatrze
Wielka scena mali ludzie
Grają swoje role własne
Do końca niestety nie jasne.

Iść za
Iść za swoim własnym głosem
I się zmagać z dziwnym losem
I dopóki sił wystarczy
Pracować dziwić się i jaramarczyć.

Harówka
Całe życie to harówka
Patrzysz posiwiała główka
Ciężko unieść puste widły
I nawlec nitkę do igły.

Chciałoby się
Chciałoby się żyć w luksusie
Królem być a choćby merem
A jest się zupełnie kimś innym
I jeździ do pracy rowerem
Kim nie jesteś i nie byłeś
Nie w ten czas się urodziłeś.

Drożyzna
Zupa rzadka kotlet mdlący
W surówce kawałki szprychy
Ciężko będzie to przetrawić
A gorzej stracić trzy dychy.

Nie przewidzę
Nie przewidzę że jutro się obudzę
I powiem dzień dobry witam
Samego siebie zwyczajnie
O własne zdrowie pytam.

Talenty
Pan Bóg przydziela talenty
Lecz nie wszystkim jednakowe
Ale żeby sprawiedliwie i nie zabrakło
Po jednym talencie na głowę.

Prawda
Z prawdą się mijamy często
Nie można wszystkiego wiedzieć
Ale może się przydarzyć
Że za prawdę pójdziesz siedzieć.

Lewa i prawa
Lewa strona prawa strona
A po środku linia prosta
Można mądrym się urodzić
A na starość głupkiem zostać.

Nie uciekniesz
Nie uciekniesz przed przeznaczeniem
Przewidzieć wszystkiego nie da się
Nie ma i takiej opcji
Żeby wyrobić się w czasie.

Puste słowa
Puste słowa o miłości
Sprawiedliwości i porządku
Powielane wiele razy
Nie sprawdzają się praktycznie
Gospodarczo i fizycznie.

Czy
Czy bandytą się trzeba urodzić

Niekoniecznie śmiem tak twierdzić
Wcale nie musisz się najeść grochu
Żeby bardzo głośno pierdzieć.

A kto
Kto powinien dodawać otuchy?
Taki co na krzywdę jest głuchy
Co kocha tylko siebie
Ten nie pomoże w potrzebie.

Wiatr
A za oknem wiatr oszalał
Jakby urwał się z uwięzi
Działa taki straszny mess
Kąsa niczym wściekły pies.

Czy czy
Czy to swoi czy skądś tam
Przecież to też tylko ludzie
Ciągną w wielkiej karawanie
Gdzie i po co? I pytanie?

Wiewiórki
A wiewiórki na podwórku
Wydziwiają różne harce
Pysek sypie im orzeszki
Bardzo często i po miarce.

Stworzony

Stworzony na podobieństwo Boże
Król sędzia czy prokurator
Nie dokona tego lepiej
Jak biedak zwyczajny amator.

Pobyt w piekle

Pobyt w piekle jest kosztowny
Drogi węgiel smoły banie
W niebie lepiej się opłaci
Bo jest o sto procent taniej.

Co to jest?

Piekło to jest taka ściema
Po prawdzie to nic tam nie ma
Splajtowało przed Mojżeszem
Dlatego się tam nie śpieszę.

Czy opłaca się?

Czy opłaca się wojować?
Z kim o co i dlaczego?
Pokpić wydarzenie całe
Korzystniej jest zalać pałę.

Kto się
Kto się nie posłucha Bozi
Czy coś może mu zagrozić
A zdarza się często pomylić
Przypadkiem pszczołę zapylić.

Zaczynać
Od malca zaczyna się start
A trzeba mieć szczęście i fart
Od wypłaty do wypłaty
Kariera przyjdzie na raty.

Czas biegnie
Ale czas nam tylko śmiga
Doganiać go i się wyginać
Prosić kłamać kombinować
Nawet bardzo się przymilać.

Proste rzeczy
Ciemność jasności przeczy
Tak zwyczajne proste rzeczy
A co łączy dzień i spanie
To coś jakby odwadnianie.

Czy powinno
Czy za uśmiech powinno się płacić?
Kiedy komu i ile?

Na siedząco leżąco w biegu
Uśmiech nie kosztuje dlatego.

Zrobić
Można zrobić kogoś w konia
Bywa tak że nawet w osła
A czasami i na szaro
Ale nigdy nie na staro.

Utonął
Okręt zatonął na oceanie bez wody
Na dnie tam teraz spoczywa
Jak się leje dużo wody
To niekoniecznie się pływa.

Los
Los się może nieraz uprzeć
Drzwi zatrzasnąć tuż przed buzią
Na przodzie żadnej cyferki
Za to zer tak bardzo dużo.

Prawidłowo
Gdzie doszukiwać się prawideł
I nie przyznać się do winy
Spadając trzymać się pędzla
A może jednak drabiny.

Kogo się bać
Kogo się bać?
    Leśniczego w gaju
        Bandyty w nocy
            Czy diabła w raju?

Zmiany
Aby zmieniać na lepsze
To potrzeba na to forsy
Ale jest i drugi problem
Co teraz zrobić z tym gorszym.

To przyszło
To przyszło nagle niepostrzeżenie
Złe i natrętne w duszę się wdarło
Resztę otuchy z krwawego serca
                Nagle wydarło
Nastała cisza nadzieje prysły
I ciemne pasma w ciszę się wgryzły.

Nie rozumiem
Nie rozumieć siebie samego
Czy to jest błąd? Ależ skąd?
Co może z tego wynikać
Zamiast naprawiać własne błędy
Łatwiej jest komuś te same wytykać.

Życie dopieka
Często życie tak dopieka
Straszne dzieją się wibracje
Że wyć się chce po psiemu szczekać
A w głowie gomora sodowa
I ciężka od zmartwień głowa.

Dla idei
Dla idei życie jest niemożliwe
Gdyż takowa nie istnieje
A sprawdza się tylko w próżni
Od niczego się nie różni.

Normalność
A co to jest nasza normalność
Praca sen i odpoczynek
Też zdarzają się przegięcia
Opieszałość i częste wzdęcia.

Przecznice
Młodość starość i przecznice
Drogi kręte czarne dziury
Przez to trudno się dopatrzeć
Normalności zwyczajnej natury.

Przemijanie
Wielcy dawni bohaterowie

Wydawałoby się wieczni
Tak zwyczajnie przeminęli
A ich zasługi też diabli wzięli.

Wnioski
Biorąc pod uwagę rację
Przypatrując się opiniom
Wysuwamy teorie własne
I często wpadamy w niełaskę.

Odwaga
Był malarzem i to niezłym
Namalował baby kawał
I tak bardzo się rozczulił
Niestety umarł na zawał.

Bywa że
A w robocie tak się zdarza
Robol gada rzeczy głupie
Miesza z błotem niebo i ziemię
Jak dać to takiemu premię.

Ze wstydu
Co można ze wstydu zrobić
Utonąć zniekształcić twarz spalić
Ostatni przybiec do mety
Niestety.

Coś takiego
Coś takiego psia go mać
Jak można za pługiem spać
To wstyd jakby i nie było
Przez to koń ciągnie do tyłu.

Nasze czasy
Nasze czasy są niegłupie
Czasami aż tak bardzo ciekawe
A czym się można pochwalić
G... tak na dobrą sprawę.

Walczyć o
Walczyć o to co niegodne
Używać muszkietu czy szabli
To być na usługach czarta
Głupia rola nic nie warta.

Bez
Bez sumienia serca i pokory
I dla takich są fundusze na rozwoje
Jaka będzie nasza przyszłość
I o to najbardziej się boję.

W głowie
A co nazwać luzem w głowie

I uszczerbkiem na umyśle
Ani w tamtą ani w tą
Polityczni tacy są.

Zależy od
Dobrobyt lepsze życie ogólne potrzeby
Wszystko to zależy od czarnej gleby
Przyjmij to za prawdę przeciętny grubasku
Nawet g... nie zrobisz bez zwykłego piasku.

Telefon
Dzwonił Sebastian do Nikodema
    Że w piekle zimno bo węgla nie ma
List mu odpisał Nikodem jasno
    Lepiej tam zostać bo w niebie ciasno.

Sprzedał
Śmierć swoją sprzedał dlatego żyje
Teraz go nic to już nie obchodzi
A niech się martwi ten co ją nabył
Czort to usłyszał ze złości zawył.

Ochota
Tak mnie ochota bierze
Źle powiedzieć o zwykłym zerze
Które jest i niepoważne
A z drugiej strony tak ważne.

Różnice
Czym się różni gniew od radości
A grzech od dobrego uczynku
Chcesz się o tym przekonać
Usiądź na rozgrzanym piecu synku.

Chwalić
A czym się teraz chwalić
Dał świni cygaro zapalić
A teraz ma czego żałować
I na cygara pracować.

Zając
Zając się po lesie skrada
Kluczy węszy już dni kilka
Bo obiecał niedźwiedzicy
Że upoluje jej wilka.

Pyseniek
Zaśmiał się poeta z gestem
Proszę patrzcie to ja jestem
W mojej główce są talenty
Wiersze poematy dramaty
   Godne Ojca Męża Taty.

Spojrzeć
Patrzeć prawdzie prosto w oczy
Czasami do góry podskoczyć
Żyć pełnią życia i się nie martwić
Na byle bzdury czasu nie tracić.

Kto komu
Kto komu zalazł za skórę
I nawet się nie zapytał
A udaje garbatego
Choć z tyłu wystają kopyta.

Samogon
Samogon to wódka na cukrze
Biała czysta bez koloru
Wprowadza w najlepszy nastrój
I daje poczucie humoru.

Dla kariery
Dla kariery się poświęcać
Ciężko tyrać i się znęcać
Nigdy nie na jednej nodze
Bo się można zawieść srodze.

P i K
Tak naprawdę to nie było
Nigdy początku i końca.

Za walutą
Goni człowiek za pieniądzem
W dzień i w nocy w różne strony
Kiedy zgarnie ile waży
Czy będzie zadowolony?

Emocje
Emocje sięgnęły szczytu
Lecz się problem sam rozwiązał
Jeden taki się bardzo wkurzył
I do chmury się przywiązał.

Wymysł
Ktoś na pamięć coś wymyślił
Żeby była nieskończona
Jakieś proszki i wirusy
Skutek: odpadły mu uszy.

Kupno
Kupił działkę na księżycu
Co może graniczyć z podziwem
Zamiar taki nietypowy
Będzie tam handlował piwem
Cały tydzień nawet w święta
Gorzej będzie o klienta.

Gra o życie
Gra o życie trwa codziennie
Przy tym rodzi niepokoje
Droga wydaje się prosta
Lecz trafiają się wyboje.

Taki jeden
Był taki jeden co ciągle klękał
Na twardym grochu w ramach pokuty
A to dlatego że czas zatracił
Z winy zegara bo był zepsuty.

Zabronić
Chcącemu zabronić nie można chcieć
A co może być następstwem
Jak chce a nie może mieć
Czy to może być przestępstwem?

Co to znaczy
Co to znaczy spać spokojnie
Żeby głupio się nie śniło
I nie najeść się obciachu
Nie chodzić nocą po dachu.

Skąd
Skąd się bierze klika
Jakieś tam układy

Czym jest polityka
A gdzie są zasady?

Wymazać
Wymazać z pamięci wydarzenia niepotrzebne
Przekreślić co nie pasuje i jest zbędne
Stworzyć nowe tylko nie wiadomo co
                        Ot i to.

Stworzenie świata
Co wiemy o stworzeniu świata
Nie zero po prostu nic
Każdemu stwarza się świat
Gdy się urodzi i o to tutaj chodzi.

Mój świat
Nasz świat istnieje w naszej wyobraźni.
Zawsze ze sobą jest raźniej.

Są tacy
Są tacy co na błędach się uczą
I tacy co o błędach nie wiedzą
A trafiają się i tacy co je robią
I jeszcze upiększają i zdobią.

Ryzyko
Żył tworzył ryzykował
Wbił gwoździe do trumny własnej
A gdy spoczął i wyzionął ducha
Narzekał że buty ma za ciasne.

Szanuj
Szanuj przyjaciół
Pomimo że ich nie masz.

Nie będzie
Normalności nie było i nie będzie
Zawsze ktoś się z szeregu wychyli
Jedna larwa chociaż może najsprytniejsza
Nie okiełzna miliona motyli.

Samopoczucie
W dni pochmurne koszmarne i ciche
Samopoczucie bywa często bardzo liche
Więc najlepiej nie chować się do cienia
I udawać zaspanego jelenia.

Nie da rady
Ogień sam się spali
Ale woda sama się nie ugasi.

Nie udało się
Nikomu nie udało się ułożyć życia
Ułożyło się samo
- Samo życie.

Zwątpienie
Nie jeden to i wątpi
A w to co nie nastąpi
Należałoby nie wątpić
W to co ma nie nastąpić.

O czym
O czym myślał Neron
Gdy się palił Rzym
O byle czym.

Od do
Od maleńkości do dużości jest niedaleko
A w przerwach różne wydarzenia
Do zobaczenia.

Nie wszystkim
Nie wszystkim dni przynoszą
Chwałę i wiwaty na raty.

Nie traćmy
Nie tracimy czasu bo on nie istnieje
Ale jesteśmy od niego uzależnieni.

Czy
Czy sprawdzi się sen
Jak się nie śniło?

Koń
Na czwartym piętrze mieszkał koń
I dobrze się tam miał
Jak mu listonosz rentę przynosił
Cieszył się i głośno rżał.

Zapomniał się
Zapomniał się że jest człowiekiem
Postanowił zostać bocianem
Wszedł do baru i dostał w dziób
I to nad samym ranem
A chodzą słuchy że od ropuchy.

Obiecanki
Oj dają się nabierać obywatele
Na wyborcze hasła
Obiecano im że wybrani będą dobrze rządzić
By bieda wygasła
Że stanieje piwo i chleb powszedni

A stało się wręcz odwrotnie
Jeszcze gorzej jest i biedniej.

Stało się
Stało się to dawno temu
Teraz świat usłyszał
Jeden taki co umarł
I książkę napisał
Ale proces jej wydania
Toczy się przewlekle
Bo to jest utwór dość ciekawy
O kościelnym piekle.

Wydaje się
Komuś może się wydaje
Że jest sobą w tej samej osobie
Ale to jest odwrotnie
Nie decyduje o sobie.

Na wojnie
Na wojnie nie wolno zabijać
Udawać i kule omijać
A zginąć jak los nas poniesie
Najlepiej gdzieś w barze nie w lesie.

Duch
Duch nawiedził pewną knajpę
Był na bani poznał małpę

A trafił na dziwne czasy
Ogołocono go z kasy.

Krytyka
Krytyka to stwarzanie różnych sytuacji
Czasami jest dużo racji
Spróbuj krytykować siebie
Na swoim własnym pogrzebie.

Natrętność
Natrętność to wielka wada
Ktoś dopieprza się bez przerwy
I wkurza do czerwoności
Mogą nawet puścić nerwy
Rada: chwila przerwy.

Help
Z angielskiego będzie   Help God
Po naszemu ratuj Boże
A na koncie minusowo
Kto w tym przypadku pomoże?

My ludzie
My ludzie jesteśmy zależni
Od wiatru deszczu i słońca
A właściwie od całego kosmosu
I jeszcze od własnego losu.

Co wymagać
Co wymagać można od życia
Powinno nam wystarczyć
Że jakoś się toczy
Może lepiej wszystkiego nie widzieć
Bo można podrażnić oczy.

Jak dowieść
Jak dowieść prawdy skoro jej nie ma
Poprosić o to adwokata czy sędzię
Zapłacić za usługę pieniądze
A prawdy nie dowiedziesz
                              Tak sądzę.

Biznes
A w biznesie jak podleci
Raz pod wozem raz na wozie
Cóż musi się nieraz opłacić
Zarobić mniej a więcej stracić.

Rozróby
Ktoś rozrabia za grosiki
Robi dym i jakieś draki
Ale tylko umysłowo
W celach niezgodnych z prawdą
Nierówno rozdaje karty
Jest zwyczajnie g... warty.

Leń
Leń to wynika z zawodu
Taki pracę kocha z dala
Widzi wszystko po swojemu
Zwyczajnie się op...

Ruletka
Życie to taka ruletka
Inaczej czasowy pochód
Nawet na legalnym przejściu
Może potrącić ciebie samochód.

Oszczędność
Kto stara się oszczędzać czas
Taki nigdy nie pracuje
Albo renta na przynętę
Dwa na jeden miejsce święte.

Zawalona sprawa
Sytuacja jest niemiła
Sprawa tak się pokręciła
Dwóch liderów z wrogich partii
Z jednej szklanki się napiło
A przez to się po...

Nie straszyć
Kto straszy psa kijem ma grzech śmiertelny
Za to wiadomo piekło mu grozi
A rozgrzeszenie kosztuje tysiąc
I że nie będzie więcej też musi przysiąc.

Rozważanie
Matematyka zawiera działania
A fizyka przyciąganie
Chemia różne dziwne związki
A co życie?
     Obowiązki.

Przyroda
Świat się robi coraz suchszy
W miejsce tlenu wchodzi dym
W przyszłości będziemy oddychać
Tylko nie wiadomo czym.

Sto lat
Sto lat setkę znaczy długo
To można dać się polubić
Jeszcze trzeba się nabiegać
Żeby kilogramy zgubić.

Rozbiegane marzenia
Oczy mogą się rozbiegać

Serce może się rozczulić
Ale z tego co wynika
Na więziennej pryczy za kratami
Co zdarza się czasami.

Każda chwila
Każda chwila jest pierwszą
I ostatnią być może
To na tyle a właściwie
To co to są te chwile?

Sam sobie
Sam sobie wierzył
Tylko w co nie wiedział
Króla często udawał
I na tronie siedział
Kiedyś grób sobie wykopał
W samym środku lasu
Ale nie zdążył się pogrzebać
Zabrakło mu czasu.

Ucz się
Ucz się języków obcych
To się może przydać
Jak dużo zarobisz pieniędzy
To nie zdążysz wydać.

Walka
Klaso robotnicza walcz o wolność
Nie ze sobą ale z panem
W nocy sobie śpij spokojnie
Na ulicę wychodź ranem.

Rewolucje
Rewolucje będą zawsze
Bo to teraz taka moda
Ale zdarza się że skopią
I za darmo tyłka szkoda.

List
Adam długi list napisał
Ale Bóg mu nie odpisał
To szatan podrobił licencję
A my mamy konsekwencje.

Zięć
Biegiem z pracy i do domu
W kącie płacze po kryjomu
Tygodniówka była mała
I teściowa nakrzyczała.

Zaszłości
A z dawnych czasów zaszłości
Posunęły się bardzo daleko

Ale jednak nie na tyle
Dalej mamy białe mleko.

Zakochani
Zakochani często płaczą
Rzucają się wtedy na szyję
A zdarzają się przypadki
Że i omykają ryje.

Dziadek
Dziadek się od wczoraj jąka
Tak podziałała rozłąka
Babcia zwinęła majątek
A trafiło to na piątek.

Bywa i tak
Bywa i tak że w zwykłej głowie
Cosik mocno się pokręci
Cóż zatem czyni przeciętniak
Zwala na zaniki pamięci.

Wszystko
Wszystko się może udać
Zabawa uczta czy pranie
A czy komuś przyszło na myśl
Czy się uda umieranie?

Skandale
Skandal to forma niecnoty
Przynosi niesnaski i ujmy
Niemoralne zachciewajki
Wzięte z życia często z bajki.

Pokuta
I to ma być pokuta
Kura wkurzyła koguta
To ją nagle przestał deptać
W zamian poszedł wódę chłeptać.

Zanim
Zanim powiesz brzydkie słowo
Proszę wspomnij na teściową
I wyluzuj się dokładnie
To ci niebo nie przepadnie.

Jak
Jak wypędzić złego ducha
A czy taki się posłucha
Lepiej mu postawić piwo
Które zmoże bestię chciwą.

Sparcie
Gawron się spierał z wroną
O jakieś tam głupie słowo
A zając obojga podsłuchał
I jakiś podstęp wyniuchał.

Alkohole
Alkohole są zagładą
Takich promili nakładą
A nieraz tak bardzo zniechęcą
Że się koła odwrotnie kręcą.

Roczne święta
Zbliżają się coroczne święta
A ten grzechów nie pamięta
Ale spowiedź musi zaliczyć
Więc musi grzechów pożyczyć.

Propaganda
Skąd się wzięła propaganda?
W worku ją przywiozła Wanda
I to jeszcze przez granicę
Dla nieudolnych w polityce.

Żyć marzeniami
Żyć marzeniami to tylko tak
W pozycji leżącej na wznak
Z oczami wpatrzonymi w niebo
A myśli układać równo
Uwaga na ptasie g...

Wszyscy
Wszyscy jesteśmy w jednym programie
Ale nie wszystkim dobrze się wiedzie
Bywa czasami że chłop wóz ciągnie
Koń go pogania i beztrosko jedzie.

Cień
Walczył z cieniem cały dzień
Prosił   cieniu zejdź mi z drogi
I nie zrozumiał do końca
Że to jest za sprawą słońca.

Układy
Ktoś kto idzie na układy

Przy okazji rani duszę
Pozbawiony człowieczeństwa
Z racji z czartem pokrewieństwa.

Szemranie
Taki jeden mocium panie
To ciągle uprawiał szemranie
Szemrał dzionki i noce całe
Przestał kiedy dostał w pałę.

Taki jeden
Można uznać to za popis
Pobudował sobie office
Siedzi w środku dniem i nocą
Lecz sam nie wie na co i po co.

Chciał być
Koniecznie chciał być ciężarowcem
Nawet trochę boksu liznął
Lecz kariera padła trupem
Ktoś go mocno kopnął w d...

Przegryzać
Jeść chleb i przegryzać solą
Zgodnie z własną wolą
A można odnieść wrażenie
Zawiniło wykształcenie.

Pomyłka
Grając króla z tym się zderzył
On naprawdę w to uwierzył
Przypadkiem siebie skazał na ścięcie
A to chyba już przegięcie.

Obgryzali
I tak obgryzali te ochłapy
Aż pojawił się komunizm.

Urodzony
Urodził się tam
Że ani oko nie słyszało
Ani ucho nie widziało
Czy to mało?

Przedstaw się
Przestaw się
A żałować nie będziesz
           -    Taczka w pogotowiu.

Będzie
Będzie tak jak nigdy nie było
I nie będzie
A jest.

Pod Grunwaldem
Pod Grunwaldem wygrał ten
Który został żywy.

Państwowe
To wasze i trochę nasze
To nam i wam się należy
Do młodzieży.

Równość
Paście się owce górskie
I te które na was patrzą
Jak na swoje.

Ciarki i miarki
Przeszły ciarki na miarki
Po beczce na głowę
To niezdrowe.

Za
Za wszystkie psy co udają
Że szczekają
Trzykrotne hau hau hau.

Postanowiono
Wyłapać wszystkich
Wyłapali siebie
W łapy.

Radość
Radość przysnęła wcześniej
A deszcz ulał trochę później.

Oddał się
Zamierzał się poddać
Ale ona tego nie zauważyła.

Romeo i Julian
To faceci biorący udział
W stypie po godzinach.

Maminy syn
Maminy syn nie pojawił się więcej w
        Ju
            da
                szu.

Najpierw
Najpierw przypieprzyła
Następnie przesoliła

Związała go ona
Kochająca żona.

Przeszkodzić
Przeszkodzić w zaciąganiu dymem papierosowym
To paragraf.

Chłopak
Na dywanie śpi na opak
Nieporządny chłopak Krzyś
Nie od dziś.

Ty sama
Ty sama o tym wiesz
Ale uparł się ten jeż.

Test
Test to gra na zwłokę.

Pastuchowo
To miasto pastuchów
   Tu pełno
       I śmierdzi wełną.

Nie mógł
Niestety nic nie mógł powiedzieć
Co by się mijało z nieprawdą.

Jakby jakby
Jakby było tego za dużo
To by było tego za mało.

Prognoza talentu
Talent i prognoza pogody
To jak rodzina.

Uzdolniony
Mechanicznie uzdolniony
Drugi robot trzeciej żony.

Komu to
Komu to się nie podoba
Niech zapyta się żałoba.

Porwany
Porwali go dla okupu
Teraz kłopot pole trupów.

Po kolędzie
Sabotaże po kolędzie
Zmartwiony dalej tak będzie.

Odpust
I odpuszczone zostały grzechy wszystkim
Nawet tym co nie zgrzeszyli.

Socjalizm
To ten sam grób
W nim sami umarli
O tych samych manierach.

Umieć
Nie umieć się spalić ze wstydu
To problem.

Patriotyzm
Patriotyzm w partii
Zamieniamy się miejscami.

Usunąć
Usunąć zęby niepotrzebne
A bolące leczyć.

Papierosy
Papierosy nie do jedzenia
Najpierw powinny być spalone.

Prima aprilis
Nie poślubił jej
Za żadne skarby.

Spakowany
To gość czy walizka?

Tri Tankista
To słowo znaczy o trzech mocno
Napitych gościach.

Zwyciężymy
Zwyciężymy najpierw siebie
A potem im damy radę.

Dryblas
Dryblas rósł i rósł
Aż mu się czas skończył.

Rakieta
Zależy ci na mnie
To leć ze mną.

Co wolno
Pisarzowi wszystko wolno
Nawet pisać.

Fachura
To jeden z gości który
Dogadał się z fachem.

Drabina
Drabina nigdy sama na siebie nie wejdzie
To tyle
A szczeble to debile.

Wycenia się
Na jeden milion wyceniony został
I nic z tego bo się o niego.

Zmagania
Zmagał się z czasem
Przed czasem
Czasami.

Połknął
Połknął coś czego ojczyzna
Mu nie wybaczy nigdy.

Ukarany
Ukarany za ograniczanie wolności
I wszelkich przyjemności
Ze samym sobą.

Mrówka
A na przedzie pochodu
Wlokła się niemrawa mrówka
Ze słoniem na plecach.

Stara
Uderzyli starą gitarę
Po młodych strunach.

I pan
I pan mi to mówi takim tonem
I tak nie zblednę.

Mam cię
Mam cię i nie dokończył
On mnie nie ma

Ja jestem.

Nie rób
Zaprawdę mówię
  Wczoraj jutro i dziś
  Nie rób brzydko kiedy śpisz.

Za mamine
Za mamine się narąbał
I jeszcze podglądał pastora
Z wieczora.

Za Nerona
Za Nerona to rycerze
Nie pracowali w pegeerze
Tylko na polu bitwy.

Kontakt
Kontakt z niebem się opłaci
Tylko kto za to zapłaci.

Jego tata
Ten to się omamić nie dał
Nigdy tatą nie handlował
Nie próbował nie jarmarczył
Oddał go do domu starców.

Kiedyś
Kiedyś to był wyzyskiwacz
A teraz to nazywa się pan
Nieostrożnie stracił ucho
Jak teraz wygląda ten dzban.

Niektórzy
Niektórzy to wiary nie dają
Kokosy im z butów wystają
A to pewnie z winy słomy
Oszołomy.

Zagłada
I nastąpiła zagłada
Chce czy nie chce ale pada
Doloż moja a o duszę
To pewnie sam się martwić muszę.

Szukał
Szukał szukał w końcu znalazł
Ale sam nie wie gdzie zalazł.

Brzydko
Kości zostały rzucone to brzydko
Wstydź się szybko.

Robale
Nie znają się na rzeczy robale
Co innego gady.

Garb
Módl się i pracuj
O garb się nie martw
Sam urośnie.

Wyracha
Wyracha to ktoś wyrachowany
Bez planów albo pokrzyżowało mu plany.

Oj chciałoby się
Oj chciałoby się poszaleć
Ale nie pasuje
Bo staremu to częściej opada
A rzadziej się prostuje.

Pojednanie
W nocy za dnia zimą latem
Koń się nie pojedna z batem.

Nie patrz
Płać podatki ciągaj kosę
Nie patrz na nożyny bose.

Praca na froncie
Na wojnie się tylko grzmocą
Rankiem za dnia także w nocy
A to z winy zwykłej procy.

Ironizacja
Ludzie innej kategorii
Są nieznośni i niesforni
Inni niż my to widzimy
To dlaczego to robimy?

Kat
Kat na dusze i na dziwki
Z takim królem nie przygrywki
Lepiej od razu się poddać
Ale sumienia nie oddać.

Świnka
Miejsce świni jest w chlewiku
Inny rodzaj świni w biurze
O czym to i może świadczyć
O zwykłej jajowej kulturze.

Gniazdko
Rodzinne gniazdo to chałupa fest
Co świętą prawdą jest.

SOS
SOS ratunku dziwne sygnały
To nieprzyjaciel o pomoc prosi
Ciśnienie podnosi wiadomo
W niewoli też boli.

Raty życiowe
Życie na raty
To dzień po dniu
   Dzisiaj tam
   A jutro tu.

Koniecznie
   Nie chcę
   Nie muszę
   Nie wiem
Popisała się świnia w chlewie.

Uchodźcy
A wy tu po co tu bieda
Pracy nie ma i zapłaty
Chcecie spłacać nasze raty?

Drożyzna
Droga fajka jaja i chleb
I od rana boli głowa
Zamiast wypić klina to go wbić
A poza tym to nic.

Życzenie konia
Koń zażyczył sobie kołdrę
To takie jest teraz niedobre
A paliwo takie drogie
Jak tu ratować niebogę?

Niegodnie
Czasami to i mnie wkurza
Wczoraj i dzisiaj jest burza
Róża trafia do sąsiadki
Jakby nie było matki.

Stako
Stako mamy i fortuna
Rozciągnęło się jak guma
Na początku było nieźle
Pomyłkę zawdzięcza wiedźmie.

Mały i silny
Jestem mały ale silny
Mądry prawie nieomylny
Jak przywalę to odleci
Proszę mną nie straszyć dzieci
Bezlitosny młot i taki spot.

Ruch
Uwierz proszę drogi zuchu
Wszystko zależy od ruchu
Pamięć sława i swoboda
Więc do dzieła czasu szkoda.

Gimnastyka
Gimnastyka dobra pani
Tylko oko zawiesić na niej
Doda siły sprawność zwiększy
I bicepsy ci powiększy.

Piłka nożna
Piłka nożna ale frajda
Przewróciła się ciamajda
Ale dźwiga się powoli
Kopie dziarsko chociaż boli.

Co łaska
Dlaczego taca jest płaska?

Bo co łaska
Śpiewał tak uroczo
Tak po mojej myśli
Ale coś nie grało
I widzowie wyszli.

Zając
Zakukała koza
A koń zawył groźnie
To zając krokodyla
Opiekał na rożnie.

Zostać świętym
Świętym zostać się opłaci
Przedtem trzeba życie stracić.

Nic nie będzie
Zającowi nic nie będzie
Bo w lufie były żołędzie.

Niesłusznie
Sprawa o niesłuszny pobyt w piekle
Trwała długo i przewlekle.

Sportowa porażka
Wyprawa na słońce

Zakończona nie końcem.

Co jest grane
Co tu jest właściwie grane
Leki kombinowane
Wywołują podniecenie same się chwalą
A w środku bebechy się palą.

Długa droga
Do świętości droga długa
A po drodze grzechów struga.

Problemy
Na zebraniu w pewnej gminie
Narosły problemy
Ale gmina nie istniała
Tego też nie wiemy.

Rozkazywać
Komu wolno komu się nie chce
Niech w piętuszki się połechce
Lub powachluje wachlarzem
A może niech sobie rozkaże.

Deszcz
Modlono się do deszczu żeby przestał

A to wina chmury
W końcu deszcz przystał na to
I pada do góry.

Posag
Dostała w posagu dom
Samochód akwarium po wężu
Ale nie pomyślała
O najważniejszym mężu.

Przestroga
Nie wychodź na drogę
Bo zapłacisz stówkę
Albo ktoś może wykorzystać
Zwyczajnie jak tirówkę.

Niemowlę
Urodzony z grzechem głównym
A to nie przypadek
Ale dopiero poszedł do spowiedzi
Jak się zrobił dziadek.

Przebaczenie
Przebaczy mu żona wszystko
Ale na początek
Najpierw musi na głowę
Wylać sobie wrzątek.

Jak
Umierać bardzo młodo
To się nie opłaci
Ale jeszcze gorzej staremu
Bo się wszystko straci.

Za waszą i naszą
Walczyli wspólnie z Saszą
Za wolność naszą i waszą
Wolny teraz jest Sasza
A gdzie wolność nasza?

Skropić
Pokropienie wodą święconą
Kosztuje i to bardzo słono
A dlaczego i dla kogo
To wymyślono?

Przypadkowo
Nie wychylaj głowy za burtę
Nigdy i z żadnej przyczyny
Głowę możesz stracić
I z nie swojej winy.

Ze zgryzoty
Ze zgryzoty pękło serce

Więc pospawał je naprędce.

Walec
Z walcem nie wygrasz jak się położysz
Tylko rodzinie kłopotów przysporzysz.

Przykro mi
Bardzo mi przykro muszę wiać
Co mam się tak dalej bać.

Nie do wiary
Nie do wiary a dlaczego kolego
Gęsi dzikie i te swoje
A bociany też nie moje.

Gryź go
Gryź go psie
Bo nie jest wart ciebie.

Bzdury
Wałkonie to wał i koń
Bzdury pleciesz to się goń.

Okulista
Zejdź mi z oczu oczywista

Bo cię zdejmie okulista.

Nie zapominaj
Moja pamięci bądź jasna
Nie zapominaj o mnie.

Postanowienie
Spam solidarnie postanowił
Atakować małość.

Zemsta
Zemsta nietoperza to udawanie
Że w nocy jest widno.

Kac
I flaki w nim zafalowały
A kac znieruchomiał
Wiadomo o co chodzi.

Uderzać w piersi
Uderzać się w piersi
Tylko nie za mocno
Grzechy tego nie wytrzymają.

Bohater
Uczynię cię bohaterem
Nawet jeśli się tego i nie spodziewasz
- Śmierć.

Urodzenie
Powiedział że wcześniej się urodzi
I co teraz ma począć.

Spowiedź
Podczas spowiedzi zaśmiał się aż dziesięć razy
Bo mu się głupie grzechy przypominały.

Niewiarygodny
Niewiarygodny to ten
Co sam siebie nie pamięta.

Nowy podatek
Wprowadzono nowy podatek
Od żalu na Podhalu.

Uwiązać
Psa uwiązać to łatwo
Ale trudniej się spuścić.

Wypominanie
Skuszony poznał Adama
A ten mu wypomniał zerwane jabłko w raju.

Smak
Żeby to smakowało
To trzeba dopieprzyć cukru.

Zawołać
Zawołała go na obiad
Kiedy była pewna
Że go nie ma w domu.

Paskudne żarcie
Krzywił się i bluźnił
A później zjadł i się oblizywał.

To samo
   Takie same kraty i więźnia
   I klawisza tylko inne strony
         - Przyskrzyniony.

Nie wygrasz
Z czasem nie wygrasz
On się przewali i pójdzie dalej.

Rządź
Zarządzaj sobą
Co ciebie jakiś rząd obchodzi.

Dziewiąte przykazanie
Nie spieraj się z bliźnim
Choćbyście i nawet obydwaj rację mieli.

Nie przysługuje
Umarłym nie przysługuje prawo
Do bezpłatnego urlopu.

Sędzia
Został sędzią bez prawa
Wydawania wyroku dla siebie.

Rozbiegli się
Na pstryknięcie luźnego palca
Wszyscy rozbiegli się
Gdzie jeszcze pieprzu nie było.

Porządek
Porządek zaprowadził jak
Sam się wyniósł.

Nie miej
Nie miej mi za złe
- Złość.

Dwa koty
Przyjmę dwa koty
Samowystarczalne i mleko pitne.

Płeć
Zmienił płeć
Ma to co chciał mieć.

Słowa
Słów brzydkich nie ma
Są tylko nieładne
Jak brzmieć więc powinno
Pożycza czy kradnie?

Setna fraszka
Setna fraszka tylko o czym
Otworzyłem piękne oczy
Pomyślałem dzień przede mną
Będzie fajno i przyjemno.

Wuj nadrabia
Ciocia wcale nie jest brzydka
Za to wuj jest koślawy
Ale jeszcze nie bogaty i pyskaty.

Ideał
Ideałem to już byłeś
Ale może na tamtym świecie
Odbiegasz od ideału
Szkoda tak szybko mógłbyś pomału.

Nie umieraj
Zastanów się i nie umieraj
Bo w piekle jest nieciekawie
Ale ten się nie posłuchał
Umarł i jest już po sprawie.

Łóżko
Dlaczego należy łóżko ścielić
Proszę o jakieś powody
Odpowiedź bardzo prosta
Bo trzeba przykryć s...

Zakochani
Zakochani przy wypłacie
Po zarobku różnie bywa
A marzenie o przyszłości
We łzach szybko się rozpływa.

Wiadomo że
Po co słuchać wiadomości
I czuć się po nich słabo
Lepiej by się i rozejrzeć
Za jakąś bogatą babą.

Leniwy kot
Kotka mruczy kot się wije
Pogniewali się na myszy
Gospodyni się udziela
I po strychu za...

Wyścigi
Rowerowe dziś wyścigi
I napompowane stery
Koła wszystkie kwadratowe
Sprzęt nielichy a gdzie szprychy?

Żenada
To żenada ja p...
Ostrzelali chłopu pole
Jak manewry się zaczęły
Krowy z falą popłynęły.

Walka nietoperzy
Przed północą aż dziw bierze
Walczą tylko nietoperze.

Strata
Pobiegł dookoła świata
Pierwsze miejsce zapewnione
Dotarł po sześciu miesiącach
Ktoś mu o tak uwiódł żonę.

Być trenerem
Być trenerem tylko czego
Co najwięcej zadowala
Patrzeć z bliska i się ślizgać
Ciągle marzyć o medalach.

W sporcie
W sporcie ten to się dorobił
Kupił konia kozę i sowę
Stać go nawet na ożenek
I na bogatą teściową.

Zasłynąć
Czym zasłynął rowerzysta?
Na liczniku tysiąc trzysta.

Wyścigi
Na wyścigi samochodem
Nie obkładać głowy lodem.

Nie lubi
W strzelaniu do sroki był pierwszy
Dlatego nie lubi wierszy.

Nie bać się
Gdy chcesz w koszykówkę grać
Nie musisz się koszyka bać.

Ćwicz i
Chociaż jesteś trochę stary
Ćwicz ciężary ile da się
To się nigdy nie upasiesz.

Pływać
Dwa razy po kilometrze przepłynął
W wodzie ktoś kalorie zwinął.

Na kajaku
Na kajaku śliska sprawa
Choćby wartko woda niosła
Staraj się gdy chcesz być pierwszy
Trzymać się odwrotnie wiosła.

Na migi
Poproś konia tak na migi
Zrozumie i wygra wyścigi.

Walka z bykiem
Walka z bykiem to zadyma
Torreador się pomylił
Bo myślał że walczy z indykiem na dzióby
Dla własnej zguby.

Nasi i wasi i oni
Nasi grają wasi grają
Oni też zaczęli grać
Oni ograli i waszych i naszych
Co się dzieje strach się bać.

Konkurs
Konkurs został rozstrzygnięty
Pękła krata lew zziębnięty.

Charaktery
Wcina charaktery giną
Coraz częściej i jak dalej
Tak pójdzie to będzie lipa
Nastąpi charakterny krach
Co wtedy będzie ach!

Konto
Kochała go bardzo
Tak jej dobrze było
Lecz nagle przestała
Bo konto jemu się skończyło.

Coś nie pasuje
Żeby rozbawić żonę
Zostawił pół wąsa
I ze skutkiem odwrotnym
Drugi rok się żona dąsa.

Nie bij
Nie bij nauczycielu
Ucznia długą rózgą
I tak nic nie pomoże
Kiedy nie ma on mózgu.

Wieszcze
Czy na świecie są wieszcze jeszcze
Dowiem się co mi się przytrafi
Ale to pewnie nie przejdzie
Nie rozpoznałem się na fotografii.

Nie odpuszcza
Zakochał się bez pamięci
Często u niej bywa
Ona też się nie odzywa
Tak to z pomnikami bywa.

Nie ma kasy
Walca kiszki grają
Zjadłoby się coś
Ale kasy nie ma
Nie dają za darmo debile
To tyle.

Pierwsze miejsce
To dziadek stuletni
Co prawda nie młody
Zdobył pierwsze miejsce
W basenie bez wody.

Konkurs
Ach ta nasza babunia
Wesoła niczym łania
Zdobyła pierwsze miejsce
W konkursie spierania.

Stare kości
Stare kości nie płaczą
Zdarza się że pękają
A to dlatego tak się dzieje
Że miłość oddają.

Miała
Miała rzucać dyskiem
A mieliła pyskiem.

Żaby
Pokłóciły się trzy żaby
Która najlepsza w warcaby
Udały się do bociana
I się stało wtedy z rana.

Ścigali się
Raz ścigały się grubaski
Chodziło o cztery metry
Jeden padł po pierwszym metrze
A drugiemu pękły getry.

Niewiadomy
W strzelaniu miał pierwsze miejsce
Reperował nawet domy
Mimo że był niewidomy.

Nagroda
Koń wygrał wyścigi
Pierwsze miejsce zrobił
Dostał worek owsa
Pan fortunę zarobił.

Taniec
Taniec to sport i rozrywka
Tu wywijasz tam przygrywka.

Wygrał
Chociaż był nieduży
Lecz pełen miłości
Wygrał przez przypadek

Konkurs wysokości.

Zmiana
Twardo było mu na łóżku
Zmienił łoże na podłogę
A tak to bywa w przyrodzie
Można przespać się na wodzie.

Koń na fleku
Prosił szkapę koniu nie pij
   Ciągnij zawsze po trzeźwemu
  Nie rób tak jak te jelenie
Nie posłuchał połamał golenie.

Wypłata
Po wypłacie się załamał
Mało było z jego winy
A mówiono jemu dawno
I proszono   opuść Chiny
Wtedy nawet z buzią skoczył
Jeszcze proces im wytoczył.

Na pokuszenie
Nie wódź mnie na pokuszenie
Lepiej sobie zrób coś złego
Czarny rogi wyprostował
I udaje się do domu
Jak nagle to i po diable.

Pokemony
A na pasach pokemona
Walnął ostro jeden taki
Została po nim plameczka
I telefon komórkowy
I ma z głowy.

Głębina
Na głębinie pijak płynie
Rusza głową niby gdyba
Wieloryb się bacznie przygląda
Myśli ryba czy nie ryba
Ale wyczuł alkohole
Nie do zżarcia ja pindolę.

Pracuś
Starał się płacił za wszystko
Orał pole kosił rżysko
I długo by jeszcze pozostał
Gdyby kopa od konia nie dostał.

Niezła heca
Ale mamy niezłą hecę
W niebie ktoś zawinął świecę
Prokurator tym się zajął
A to zrobił święty zając.

Kombinator
Bardzo szybko się dogadał
Nie będzie nikogo okradał
Ale wieści nowe niosą
Puszcza gości teraz boso.

Dentystyczność
Mój dentysta oczywista
Leczył wszystkie zęby moje
I żadnego nie oszczędził
Buzię otworzyć się boję.

Po i przed
I przed ślubem i po ślubie
Kochamy się i lubimy
Patrzymy sobie w oczęta
W dni powszednie i we święta
Choć po drodze są potyczki
Mamy do siebie lube pstryczki.

Przestanie
Alkoholi nie trzeba kochać
Lecz z produkcji je wycofać
To przestanie głowa boleć
I łatwiej jest oddać stolec.

Bez rozumu
Bez rozumu żyć jest głupio
Ale co tam się przejmować
Mniej plotkować i nie wadzić
I starać się nie narazić.

Ryba chyba
Był szczupakiem potem rybą
Rakiem i wielorybem
W końcu znudziła mu się woda
Szkoda.

Coś małego
Oto i zdarzenie całe
Walka o coś takie małe
Ale o co czy się dowiem
Zatkało mnie jutro powiem.

Pięćset plus
Ożeniłeś się z rozsądku
Trzeba zacząć płodzić dzieci
A czekają pięćset plusy
I jeszcze rozmowa z kaczką
Może skończyć się padaczką.

Palenie nie
Nie pal nigdy po północy

Za to możesz się podjarać
Druga płeć zadowolona
Może żona czy kochanka
I rozpalasz się do ranka.

Licho
A niech to porwie licho
I jeszcze mam siedzieć cicho
Małpa rządzi w domu moim
To chyba nie jestem na swoim.

Oko za oko
Oko za oko i ząb za ząb
A do czego ta aluzja
Chciałem się o coś zapytać
No i proszę tu mam guza
A kto mi to zrobił nie powiem dlatego
Bo mogę mieć i drugiego.

Starość
Ja nie mogę się tak starzeć
Byłem kwiecień teraz marzec
A może tak w końcu przestać
I tracić czas na czekanie
                       I   po   co   te
narzekanie?

Reklamy
Reklam jest tak wiele jak ziarenek piasku
Tańsze i droższe głupie i proste
Ale i czasem nieprzyzwoite
Czytasz nagłówek pijak pod mostem.

Salwy
Salwy z okazji niczego
Ale co to i dlaczego?
Ktoś sobie wymyślił huki
Z braku podstawowej nauki.

Karta
Kartka ze wsi i ta z miasta
Na szczeblach u góry wierzchołku
Każdy ręce w górę wznosi
I twardo siedzi na stołku.

Raj
Raj podatkowy dla kogo
Nie dla psa z kulawą nogą
I dziewki obdartej ze skóry
Tworzą się ze złota góry.

Dratwa i gwoździe
Są kraje i duże małe
I życie długie niełatwe

A jeden to był taki mądry
Gwoździami pokleił dratwę.

Dym i maraton
Martwił się i byle czym
Że z komina leciał dym
Że jałówka z łąki zbiegła
I w maratonie pobiegła.

Leń się
Leń się póki masz swój czas
Kto się leni nie próżnuje
A kto patrzy na to z dala
Często darmo za...

Piosenkarze
Piosenkarze teraz inni
A niektórzy wydziwiają
Wygrywają na festiwalach
I numery wykręcają
Z braku głosu i rozgłosu.

Pijak i koń
Pijak mocno konia skopał
Aż konisko wziął obdukcję
A skazany został w sądzie
Za oszustwa i korupcję
A sędziego ktoś wystraszył

Że pod skórę aż coś zaszył.

Pożar
Olaboga dom się spalił
A później ktoś go rozwalił
I obudował tylko dach
I po co ten cały strach.

Deszcz
Z deszczem trzeba się dogadać
Przekonać go że nieraz grzeszy
Ogień przyjdzie to się speszy.

Musowo
Mus to trzeba trzeba to mus
Konia wcięło wściekł się wóz
A gospodarz nerwa złapał
Cały błotem się ochlapał.

Pożyczka
   Znam siebie ciebie was i onych
   Pożyczcie mi proszę zielonych
   Podziękuję wam jak je wydam
   Zawsze się do czegoś przydam
   Dopisujcie tylko zera
         - Sknera.

Obraza
Proszę cię nie pyskuj bo to boli
Obrażę się Bóg na to pozwoli
Dobrze że mówić nie umiesz
Nie musisz ale rozumiesz.

Świnia
Świnia pociągiem jechała w nocy
Napita do nieprzytomności
We śnie przyśniły jej się noże
Nic gorszego się zdarzyć nie może.

Nauka
Całe życie trwa nauka
Powstał ranek i do boju
Raptem noga się podwinie
Trzeba czekać wszystko minie.

Trudna pokuta
Pastor grzechy mu wymazał
Ale zadał też pokutę
Miał się kopnąć prawą nogą
Nie w prawy a w lewy półdupek.

Zdarzenie
Koń do słonia rzekł bracie
    Trąbę swą ci oddam w darze

Ale proszę cię o jedno
Zagraj proszę na gitarze
Tylko uważaj na struny
Bo są ostre nowe z gumy.

Spółka
Samiec z samcem i krokodyl
Ale co tam robi motyl
Tylko tu brakuje jeża
Jaskółka sowie się zwierza.

Krach i ach !
Krach na giełdzie kasa na dno
Coś się stało wszyscy kradną
Co tu zwędzić na ostatku
I odliczyć od podatku.

Myśl
Myśl twoja może być wszędzie
Ale nie tam gdzie nie byłeś.

Potwór
Potwór to jest stwór
Który ma głównie głownie w oczach.

Huśtawka
Urządzenie służy do wywracania
I przekręcania tyłka.

Wypłaty
Wypłać się za życia
Bo później nie będzie motywu.

Astma
Dym który zaplątał się ciemnych w
Rozmyślaniach.

Barki
Góry przenosił na krzaczastych silnych barkach
A im zostawił głębokie wody.

Pomysł
Wpadł na pomysła
Zaznaczał ryby w rzece
Gorącym żelazem.

Uprawa
I od tej pory zaczęli
Uprawiać to złoto
Ale srebro im tego
Nie wybaczyło.

Grzechy
Wasze grzechy są naszymi
A nasze waszymi
A nasze i wasze
Należą do nich.

Witajcie
Witajcie przed progiem
Ale idźcie z Bogiem.

Sobie
Sobie dał ile tylko udźwignął
A oni otrzymali pełne worki nadziei.

Skromność
Ale skromności przyczyna
Kiedyś była dziesięcina
Skarżył się pastora zięć
A popatrzeć z drugiej strony
Pastor nigdy nie miał żony
Tylko chęci do kapuchy
I to prawda to nie słuchy.

Leczył
Opierała się

Bardzo było jej źle
Z tym facetem
Który się ciągle jej opierał.

Zdarzenie na Olimpie
   Ubieraj się wrzeszczy Zeus
   Nie dotykaj się do ognia
   Bo przypalisz sobie krocze
A nie posłuchała Hera
Stało się co mogą moce.

Strony światy
Stało się i tego lata
Ktoś podpieprzył strony świata
Jak można tej sprawy dociec
I komu wytoczyć proces?

Konik
Kto jest mądrzejszy od konia
Niech podniesie rękę
Chwila nikt się nie zgłosił
Nie twierdzi nie pyta
Bo koń ci ręki nie poda
Tylko głową wita.

Więzień
Przed wypłatą płakał
Po wypłacie się śmiał

　　　　Z czego się śmiał?
Nigdy się nie dowiedział
Bo w pudle siedział.

Leczył
Leczył ludzi niepotrzebnie
Bo mu nie zaufali z braku ufności.

Znęcanie
Uwiązał się na łańcuchu
I znęcał się nad sobą pies zły.

Nie umrę
Nie umrę
Bo mi się nie chce.

Zabrała
Zabrała mu pory roku
Do tej pory się jąka
Z winy pająka.

Nie dość
Nie dość że żyję
To jeszcze muszę myśleć
Co będzie jutro.

Ten co
Ten co wynalazł kredę
To później stworzył biedę
Kredę można zmyć wodą a co biedzie
Zrobi się sama kiedyś nadejdzie
I w wodzie się nie rozpuści.

Stary
Powróciły dawne lata
Ubłagałem je i są
Mam włosy i struny od gitary
Ale muszę teraz przyznać
Że głupi to nie jestem ale dalej stary.

Człowiek nie może
Na ziemi czarnej rośnie białe zboże
To dobrze że człowiek wszystkiego nie może
Bo nie byłoby nawet jednego cienia
Do usłyszenia.

No wiesz
Dostał kopa potem cyckiem
Padł na beton i gotowy
Teraz nigdy już nie będzie
Na leżąco doił krowy.

Och te dopalacze
Nie płacz że lato się kończy
Jesień idzie da całusa
Wesele miało być w sobotę
Ale młody się nie rusza
Bo używał dopalacze
I nie płacze.

Manewry
Przyjechało całe NATO
Ale kto zapłaci za to
Niechybnie to zrobi MON
A jak nie to pieprznie GROM.

Wojsko nie swojsko
Kartofelki się obiera
A ziemniaki tylko struga
Jeszcze pieśni nie zaczęli
Przestali bo była za długa
Stop muzyka kapral tańczy
A pułkownik o medale walczy.

Po kryjomu
Po kryjomu to się zżera
Oficjalnie to ucztuje
A paciudy takie same
A czy to samo się czuje.

Rysa
Rysa na duszy to coś takiego
To jakby zabić bezbronną świnię
A jak wysadzi chlewek nieświeży
To jak się rysa wtedy poszerzy.

Wyprany mózg
Będzie trzeba szybko wybrać
Wyprać mózg albo nie wyprać
Wyprał pierwsze wypaliło
I zrobiło się niemiło.

Cisza nocna
Kto ciszę przerywa nocną
Bardzo mocno grzeszy
A gdy to czyni często
To się diabeł cieszy.

Czy opłaca się ?
Czy opłaca się siedzieć
I pierdzieć w poduchy
Rozsądniej jest się udzielać
Wykonywać ruchy
I tu jest racja
Trzeba się nauczyć
Albo można umrzeć z nudów
A wcześniej utuczyć.

Natenczas
Natenczas odpiął kaburę
Gana wyjął i go ucałował
I strzał oddał ostrzegawczy w górę
Ale nie strzelił w głowę
Jeno wygłosił pożegnalną mowę.

Karate
Ćwicz karate młody bracie
Na nic klęski i lamenty
Karate ci na to pozwoli
Będziesz sprawny aż do renty.

Górą
Precz niesprawność i zadyma
Mimo że jest tęga zima
Narty za pas i na górki
Rozruszać zmarznięte pazurki.

Rytmy
W rytmie czacza rokenrola
Strzelił Antoś dzisiaj gola
Trochę głupio bo w bramkę swoją
Gracze głupie miny stroją.

Dinozaur
Pan lodowiec się przybliża

Stanisław Pysek Prusiński

Do chałupy niedaleko
Zimno mroźno jak cholera
A do kościoła daleko
Zamarznąć samemu
Czy zginąć w pożarze
To się okaże.

Zorze
Wstają zorze on nie może
Mam na myśli kosić zboże
Bo mu sierp z lodówki wcięło
Oprócz tego nic nie zginęło.

Zięć i teść
Wybrał go dał swoją córkę
I dlatego dają w rurkę
A teściu się nie obawia
Zięć polewa również stawia.

Rocznica
Na rocznicę dostał w dziób
To jest mowa o człowieku
Każdy może dostać w lampę
I to niezależnie od wieku.

W Babrzykanie
W Babrzykanie powstał swąd
Zrobiono kolejny błąd

To wierni zrobili dym
I nie mieli czym ugasić
Zginęły zapałki do rozpałki.

Pożyteczny
Pożyteczność to ustawka
To coś takiego jak czkawka
Może nieraz pożyteczna
Ale często niebezpieczna.

Frontowy głupiec
Po co głupi był na froncie
I fajkę przypalił przy loncie
I nie czuje się zdziwiony
Rozpadł się na wszystkie strony.

Wypadek w sądzie
Oskarżony nie chciał wstać
Za to że przypalił zupę
Sędzia nie miał siły czytać
Rzucił w oskarżonego młotkiem celnie
Śmiertelnie.

Igrzyska
A igrzyska te światowe
Wprowadzają w osłupienie
Chciało być się we finale
Ale się nie liczy wcale.

Przydarzyło się
Przydarzyło się indyczce
Tak wyskoczyła o tyczce
Cztery metry i dwa cale
Nie odczuła tego wcale.

Rzut młotem
A to co się stało potem
Nasz zawodnik cisnął młotem
I wydziergał dziurę w płocie
Urwał skrzydło w samolocie.

Do
Sport do zdrowia nas przymusza
W nutach były jaja strusia.

Przestrzeń
Ale przestrzeń ach ta ziemia
Skoczek spadochrony zmienia
Bo mu linkę w locie wcięło
To walka o życiowe dzieło.

Zniknął
A trener się z prawdą minął
Ktoś mu zawodnika zwinął.

Szanuj
Miłuj siebie jak bliźniego
Napisały książki
Został starym kawalerem
To przez obowiązki.

Pycha
Pycha i łakomstwo
To są dziwne cechy
Zrozum wreszcie gruba świnio
I żałuj za grzechy.

Nie to samo
Kiss i pocałunek
To jest nie to samo
Kisić to można kapustę
A całować z bramą.

Dwa wyjścia
    Masz dwa wyjścia
    Zostać i nie odchodzić
Mówił teściu na swój sposób
    Ale pamiętaj że masz utrzymać
    Teścia i jeszcze pięć osób.

Nie rób
Nie rób tego już więcej
Nieroztropny człowieku
Nie dość że złapałeś kapcia
To jesteś na fleku.

Przecieki
Przecieki to nieudane układy i ściema
Tam gdzie nie płynie woda
To przecieków nie ma.

Zaszczuto
Nikogo nie widziano
Nie słyszano a czuto
I w końcu zaszczuto własną wełną
To swoi na pewno.

Porąbał
Porąbał kij siekierą
A po co mu to po cholerę
Żeby o czymś takim nie wiedzieć
I za coś takiego siedzieć.

Szachy
W szachy kto umie grać
To musi mieć inteligencję
Ale trzeba uważać

Bo można stracić potencję.

Piłka
Odbijał piłkę w odwrotną stronę
Raz się pomylił i trafił żonę
I zakochanie nie pomnożone.

Owies
Urósł owies w dużym życie
Tak wielki nie uwierzycie
Żniwo będzie żytnio - owsne
Gdy doczekamy na wiosnę.

Pił za
Pił za swoje zdrowie
Przez całe życie
Pomylił wódkę z wodą
I umarł młodo.

Poręczyć
Poręczyć za kogoś
Pod jakimś względem
Zamruczał gość
To już jest coś.

Salceson
Salceson to coś co zbudowane
Jest nieporadnie
Zbulwersowane odpadki
Szkoda gadki.

Reklama
　Reklamujcie mnie to stanę się lepszy
A oni na to
　Dwa lata temu się zwinął
　I odwrotnie pieprzy.

Obroniony
Nie martw się wesprzemy ciebie
Dziękuję dam sobie radę gdy się wścieknę
Ale najpierw to ucieknę.

Wyznał grzechy
Wyznał grzechy ale zapomniał o jednym
Że jest biednym.

Sprzedam
Dwa wyjścia sprzedam
Wyjść albo nie wyjść.

Przywalić
Tak szybko przywalił że tego drugiego
Nie zdążyło zaboleć.

Programowanie
Zaprogramowali nieskończoność
Indywidualnie
Prochy mile widziane.

Nerwy
Zdenerwuję każdego bez wyjątku
Niezależnie od płci.

Emerytura
Emerytura na włosku
A żyć się nie chce.

Stał długo
Stał długo pod drzewem
Aż dinozaury wyginęły do ostatniego.

Wynajmę
Wynajmę rybaka do śledzenia płotki
Wykształcenie nie za wysokie.

Spanie
Spanie się rozebrało
A sen tylko na to czekał.

Możni
Możnych tego świata
Nie obowiązuje życie pozagrobowe.

Żeby
Żeby go nie zabili
To by jeszcze żył.

Został świętym
Został świętym
Jak skończyła się jemu amunicja.

Znać
Kto ciebie zna z widzenia
A kto tak prawdziwie
Może cię ocenić dlatego
Bardziej pozytywnie.

Ucieczka
Bardzo się denerwował
Przy tym ostro wściekał
Bo chciał dogonić tego

Który nie uciekał.

Reszta
Co z resztą jak jej zabraknie
A może nigdy nie było
Wtedy przykręca się śrubę
Ale czy teraz znajdą się grube?

Woda i wieloryb
To że woda coraz głębsza
Jest lodowca w tym zasługa
Wieloryba to nie martwi
Bo dobrze pływać potrafi.

Za darmo
Nie spodziewaj się czegoś za darmo
Bo się możesz bardzo zdziwić
Sięgasz czasem nie po swoje
To się możesz nawet skrzywić.

Przejścia
Nienawidził to co żyje
Przypieprzał się do listonoszy
W końcu znalazł inną pracę
Bo w kontroli biustonoszy.

Zmyłka
    Mam cię wykrzyknął lew do konia
    Wdepnąłeś na moją posiadłość
    Przez to stałem się bankrutem
    I muszę ogłosić upadłość
A naprawdę to był pic
Bo lew nie posiadał nic.

Co to było
Pewien zajął się robotą
I zamiótł dywan pod złoto
I głowi się teraz Iwan
Co ważniejsze
    Czy złoto czy dywan?

Przeprowadzka
Gwałtu rety ale dym
W nocy zginął wielki Rzym
Ktoś go przeniósł do Brukseli
Byli tacy co widzieli.

Brzydko tak
Prosił o jednego kęsa
Chleba czy kawałek mięsa
Tak był głodny aż cichutki
A oni dali mu wódki.

Niegodziwość
Pierdzieć w pracy czy w fotelik
Urzędniku wójcie gminy
To przestępstwo i grzech wielki
Jeszcze robić nadgodziny.

Wkurzony lew
Lew wkurzył się na lamparta
Kazał mu wypieprzać z lasu
Tylko cicho i ma z głowy
Żeby nie obudzić sowy.

Rakiety
Wystrzelone dziś rakiety
Miały zniszczyć ważne cele
Lecz wkurzone zawróciły
I trafiły na wesele
Ostał się tu jeno młody
Przez pomyłkę takie lody.

Język
Za językiem wszędzie dotrzesz
Gdy przemyślisz i się sprężysz
Gorzej będzie tylko później
Możesz język nadwyrężyć.

Żeby mieć
Żeby mieć dużo sałaty
Nie musisz być wcale bogaty
Możesz kupić małe pole
Tylko uważaj na mole.

Poderwać żabę
Żeby tak żabę poderwać
Wpierw trzeba jej rechotanie przerwać
Coś takiego w tym gorącu
Czy pomyślałeś zającu?

Liść
    Nie wiem kiedy i tam zajdę
    Może coś po drodze znajdę
    A właściwie lepiej spaść niż iść
Zarechotał zwiędły liść.

Szymon
Szymon co miał zostać świętym
Podpadł wczoraj tam na górze
Zamiast umyć swoje jajka
Pomylił się i umył kurze
    Zbiję gbura gdacze kura.

Głupot nie ma
    Głupot nie ma only bzdury

Tak twierdził słynny Merkury
  Księżyc i czasami ziemia
  Nie mówi prawdy też ściemnia
  A noc nie da się tak nabrać
  Kawał dzionka musi zabrać.

Rola języka
Gęba buźka wszystko jedno
W środku ząbki do gryzienia
Ale z tego nie wynika
Nici z tego bez języka.

Odwyk
Męża wcięło żona w szoku
Sama w domu już pół roku
I dzieci tęsknią do taty
Jeszcze gorzej brak wypłaty
A ten przez te tanie piwa
Na odwyku pana zgrywa.

Zmysły
Postradała babka zmysły
Miny stroi dziadka trąca
Winnych szukać nie ma sensu
Nienormalnie czy z gorąca.

Radość
Radość z powodu pożyczki

Chociaż procentów niemało
Żeby dobrze się spłaciło
Trzeba jeszcze zalać pałę.

W Hadesie
W Hadesie zważono gościa
Zabrakło mu pół funta do nieba
Nie pomogły nawet plecy
W piekle wije się i skwierczy.

Dzieckiem być
Dzieckiem był w pieluchy robił
Podrósł w końcu się wyrobił
Zleciał z huśtawki
                        Dostał czkawki.

Niemoc
Wstają zorze ten nie może
I to w takim młodym wieku
Trzeba zaraz iść na pole
Zrób to teraz żółtodziobie
Bo jak nie to tak się wkurzę
I z sąsiadem to to zrobię.

Opieka
Za teściową krew przelewał
Wyrwał ją z wielkiej niewoli
Kupił mamie nowe ciuchy

Zbierał opieprz i udawał
W młodym wieku stary zawał.

Dzień i noc
W biały dzień
I taka ciemna noc
              -   Koc.

Odegrał się
Odegrałby się bo był tego wart
Ale nie było kart.

Przez
Przez mniejszość został wybrany
Mniejszość się nie pojawiła
Zgrzeszyła.

Żył
I żył z chorą śledzioną w środku
Przez długie lata aż go piekły flaki
Chociaż nieraz dawała
Mu się bardzo we znaki.

Stado
A stado baranów stanęło
I podziwiało ogoloną owcę.

Proszę spojrzeć
Proszę spojrzeć to ja jestem
Mam kulturę i zgrabne policzki
Wypraszam więc porównanie
Do jakiejś tam płochej indyczki.

Śpi z kosą
Śpi z kosą bo ciągle żniwuje
I grabie ma pod poduszką
A nieraz przechodzą go ciarki
Ta głowa obok kosiarki.

Pomyłka wnuczka
Dziadek kupił mu powrózek
Żeby spętał starą klacz
Ten pomylił się i zrobił to babce
Nie do wiary psia go mać.

Nie pasuje to
Nie pasuje żadna łaska
Sierżanta strofuje laska
Jesteś gruby brzydki mały
Szkoda ciebie i tej pały.

Otworzył
Otworzył klucz bez zamka
I bardzo był zdziwiony.

Udzielał się
Udzielał się komunistycznie
Spalono w nim nadzieję.

Nie płacz
Nie płacz
Łzy kosztują.

Mamy cię
Mamy cię przeklęta żmijo
Panowie niech mnie nie biją
Jestem żoną prezydenta
Co umarł i mnie nie pamięta.

Pogrzeb
Wujek sam się pogrzebał
Bez względu na ciotkę.

Istnieć
Istnieć naprawdę to żreć
                    Inaczej kuszać
Trzeba się jeszcze poruszać

Nie dokuczać i nie gnębić
I uważać się nie przeziębić.

Kartki z kalendarza
Kartki w kalendarzu przegrały z czasem
I wyrwały się tymczasem.

Pieniądze
Pieniądz zawsze rządził światem
Biedni martwić się nie muszą
Bogaci nie mogą przestać
Coś mu jest musi się przespać.

Własność prywatna
Pies ogromny z małym pyskiem
Cztery koty jedna kózka
Siedem krzeseł cztery łóżka
A czyja to niby scheda
Pani i starego zgreda.

Nagości
Mieć odwagę biegać nago
Po ulicy czy po plaży
Lecz uwaga spotkasz osy
Zmienić to może twoje losy.

Kowal
Był prawdziwy i kowalem
Konie kuł i klepał kosy
Żoną się zajmował później
Wpadła rozpieprzyła kuźnię
I olała palenisko
To wszystko.

Ryba i haczyk
Sytuacja dziwna taka
Ryba czeka na rybaka
Ale co to miało znaczyć
Co tu robi taki haczyk
Gdy tu chodzi o robaka?

Rezygnuję
Rezygnuję diabli z szafą
Chcę pustą a nie z żyrafą
A za darmo nawet z lwem
Ja najlepiej o tym wiem.

Cyferka
Cyferka osiem da się odwrócić
To jest najbardziej i prawidłowe
Ale kto zechce i to przekręci
I jak mu wyjdzie to się zniechęci.

Wiedźma
Wiedźma powinna być zła i ostra
Mieszkać w gęstwinie nie bać się straszyć
A nie popijać piwo w kafejce
Za darmo i jeszcze grymasić.

Sodoma z gomorą
Sodoma i gomora
To rodzone siostry
Nóż może być tępy
A niekiedy ostry
Kromkę chleba zagryzaj
Najpierw z prawej strony
Bo z lewej nie będziesz
Nigdy najedzony.

To coś
Kto się spodziewa co nagle powie
To nie przewidział zapisał w głowie
Nagle na dole ostro przyparzy
To cóż ze straży.

Sardynki
Sardynki wyprodukowano na Sardynii
Przez serdeczność.

Takim jak wy
Takim jak wy
Nie przysługuje nawet pogoda
       -   Mr. Niezgoda.

Obrażam się
Obrażam się na każdą okazję
         -   Wacek Malina co godzina.

Miny
Robił głupie miny
Minął się z powołaniem
Nie podając przyczyny.

By żył
Na pewno by jeszcze żył
Gdyby się do niego nie przypieprzyło
Aż czterech lekarzy
Za jednym zamachem.

Morze
Morze nagle ucichło
Zaczęło rybami rzucać
Aż fale uległy zdziwieniu.

Potrzebuję
Natychmiast potrzebuję broni palnej
Zające zagrażają mi od zaraz.

Cezar Neron
Ten sam swoje zwłoki zawinął w balsam
I udał się do piramidionu.

Śpiewam
Głośno śpiewam a nawet głośno krzyczę
Na wypadek czyjejś śmierci.

Wystraszony duch
Umył nogi świece zgasły
Duch ukazał się we zmroku
A ten krzyknął   spadaj ćwoku
A jak duch zareagował?
Pod wycieraczkę się schował.

Proca
Sądził siebie według mocy
Teraz kiedy próg przekroczy
To nawiewa razem z cieniem
I dostaje w łeb kamieniem.

Lodowiec
Bardzo wielka góra lodu
Wolno sunie tak do przodu
Zaleje miasta chałupy
A może zajrzeć do d..

Gęba
Paść na brodę czy na zęby
Pić piwo czy jeść otręby
Ode mnie to nie zależy
Muszę się zapytać gęby.

Skorupka
Poświęcono skorupkę
A o jajku zapomniano
Kurcze.

Za oknami
A za oknami lasu
Samochód mknął nie zwracając uwagi
Na rosnące grzyby między gałęziami.

Racje
Wieczór zapadł po kolacji
Może w dzień nie miałeś racji
Pomyśl trochę o przyjaźni
To i spanie pójdzie raźniej.

Niegotowe
Przysłówek zaimek i kropka
Przecięta połowa
Fraszka jeszcze nie gotowa
Nie o jednym wilku a kilku.

Patrzenie
Nana nie spała do rana
Cały czas klęczała w kącie
Patrzyła na wielkie obrazy
Trzysta trzydzieści dwa tysiące razy.

Nie chce się żyć
Parę dni tygodni lat
Jakiś dziwny jest ten świat
Będzie istniał dokąd zechce
Choć czasami żyć się nie chce.

Zazdrość
Usuwamy zazdrość
Na każdym etapie.

Do opieki
Przyjmuję oferty do opieki
Nad nieżyjącą osobą.

Kupię dom
Kupię dom nadający się do sprzedaży.

Zadziwię
  Zadziwię każdego nie zadziwionego
    - Pysek.

Łapówka
W jego nowym mercedesie
Aż półeczka się ugina
Ktoś łapówkę tam podkłada
I bez wiedzy   a to świnia.

Demokracja
Demokracja się rozeszła
Chmura czasu przez nią przeszła
Ale ciągle zawiedziona
I nigdy nie dokończona.

Żagle i łajba
Zwijaj żagle droga łajbo
Uciekamy bo jak nas znajdą
To przywalą w nas znienacka
Dotknie nas zemsta piracka.

Rola i pługi
Kogo pole tego pługi
Gospodarz pijany w trzy strugi
Konia tak zatrzęsła febra
Aż mu powyginało żebra.

Oni i on
Jechać czy iść może pieszo
On zapieprza oni się cieszą
Z czego tylko się tu cieszyć
Lepiej będzie się pośpieszyć.

Poszukuję
Ryba do pilnowania akwarium
Pilnie poszukiwana
Woda na miejscu.

Widział wszystko
Nawet w nocy widział wszystko
A miał oczy takie piękne
Płacze jak o tym opowiada
I martwi się że serce w nim pęknie.

Pakt
Podpisał pakt o nieagresji
Ze swoją przyszłą teściową

Po procesji.

Zjawa
Woda się pieni okręt na głębi
Kapitan chrapie wiatr zrywa żagle
To jakiś tryk
            Pojawił się Brad Pitt.

Dym
Wymienię dym na drewno
Może być z lasu.

Zamiana
Zapasowe koło od lodówki
Zamienię na krzesło elektryczne
Pod napięciem.

Poplącze
Poplącze wszystkie sprawy
Za niewielką opłatą
        -    Płątny.

Nie wie
Co zrobić z pieniędzmi
Których jeszcze nie zarobił
        -    Monetarny.

Kosmita
Kosmita wpadł do laptopa
Złamał nogę szkoda chłopa
Lecz ulotnił się po cichu
Bo był pewnie po kielichu.

Saper
Bombę rozbroić dla niego to pestka
Szkoda a dobry był z niego saper
O co się spierać trzeba pozbierać.

Pomysł
Pomysł to zupełnie nowy
Żeby papier plastikowy
Wymyślić do zwykłego tyłka
Przepraszamy chyba pomyłka.

Odmowa
Odmówił udział w odpustach
Uważał że to rozpusta.

Nie tędy
Nie tędy droga przyjacielu
Tej drogi nie ma
        - Niewidomy.

Stało się
Baran rozindyczył się
A krowa scielęciała.

Cycek
Cycek wystaje trzeba go skrócić
Ale to jeszcze trzeba wyrzucić
Na recycle czy do śmietnika
Sprawa rzeźnika.

Politycy
Przywalił im prosto z góry
Aż się kłębiły chmury
Szum się zrobił na mównicy
Oj kochani politycy.

Babilon
Król Babilonu nie mieszkał w domu
Spał na tronie w Babilonie.

Podobieństwo
Ojciec był bardzo podobny do matki
Krążyły takie gadki.

Zdrowie i kultura
Nade wszystko ważne zdrowie
A potem winna być kultura
Tylko która?

Losy świata
We śnie ważył losy świata
Rozkazywał i rozdawał
Niezły kawał.

Żyto cenne
Wymyślili cepy do młócenia
Pszenicy i żyta
Ktoś zapyta.

Sto procent
Sto procent dał sobie
A resztę to oni wzięli
I jest zdziwiony
Że go wyklęli.

Mgła
Mgłę sprzedali jakieś draby
Gdzie ma szukać sobie baby?

Przyjaciele
Dwa drugi jeden podrug
Kiedyś przyjaciel a teraz wróg
Kto wie a może nie.

Kto ma
Kto ma niebieskie oczy
To musi uważać
I szybciej wyjdzie za żonę
To się często zdarza.

Propaganda
Propaganda to jak rzeka
Co przelewa wodę
W rzece można się wykąpać
Druga robi szkodę.

Dwa końce
To że kij ma dwa końce
Wiadomo od zaraz
Czy znajdzie się ktoś kto uderzy
Dwoma końcami na raz?

Źle
Puścił babkę z torbami
Nie postąpił godnie
Ale babka nie głupia

Buchnęła mu spodnie.

Wytworzyć
Żeby dym wytworzyć
Drzewo musi spłonąć
A można temu zapobiec
Wpierw trzeba ochłonąć.

Spróbuj i uważaj
Uważaj na pewne reklamy
Nie wierz że ci dadzą miliony
Spróbuj spojrzeć na to
Lecz z odwrotnej strony.

Dobro i zło
Dobro zła nie przezwycięży
Bo zło jest bogate
To coś jak opalanie na mrozie
A ślizganie latem.

Przekroczył
Przekroczył próg został przestępcą
Nie musi się smucić
Kim zostanie gdy przez ten sam próg
Będzie musiał wrócić.

Nijakie małżeństwo
Jednakiej płci małżeństwo
Czy to styl nijaki
A kto w takim przypadku
Pierwszy cnotę straci?

Sprawa kota
Kot przypalił mleko
I jeszcze się dąsa
Wtedy go właściciel w nagrodę
Uwiązał za wąsa.

Odkrył karty
Odkrył karty asów pięć
I owej chwili nie dożył
Wygrał ale bez sukcesu
Bo ktoś bombę mu podłożył.

Zdarzenie
Wiatr połamał wszystkie kwiaty
Zwinął czajnik i katiusze
Ale g... nie poruszył
Bo się wzruszył.

Kultura
Koniec jedzenia na parapecie
Jest porządek to nie knajpa

Śniadanko na żyrandolu
Wykonać rozkazała małpa.

Ważność
Kto ważniejszy naboje czy strzelba?
Spierała się wrona ze sroką
Niestety rację miała wrona
A sroka straciła oko.

Był i nie był
Nikt go nie znalazł
Bo go nie było
A to że był tam
To mu się śniło.

Możemy
Słońce nic nie kosztuje
Na księżyc możemy popatrzeć
Można się wkurzyć i zostać
I ślady za sobą zatrzeć.

Czy da się
Czy da się w tym samym czasie
Odkręcić i zakręcić śrubę
Lub zmienić cienkie na grube pieniądze?
Nie sądzę.

Fotografia
Na fotografii to był gość
W rzeczywistości skóra i kość.

Odwrotna polityka
A odwrotna polityka
To zrobiła takie schody
Zakupiono wielkie balie
Bo zabrakło w morzu wody.

Bryka
Tata z tyłu mama przodem
Synek śmiga samochodem
Co tam tata co tam mama
Bryka prowadzi się sama.

Dużo i mało
Można dużo można mało
Nieostrożnie także można
To nic że mlaskają wszyscy
Ktoś zapieprzył świnię z rożna.

Polowanie
Polowanie na debila
Uciekł bez przepustki
W pomieszczeniu teraz cicho
Takie nadzwyczajne pustki.

Szumy
Podkurzyła się przyroda
Wszyscy w akcję weszli nagle
Ale nikt z nich nie pomyślał
Że co nagle to po diable.

Skutki szaleństwa
Szaleństwa Ewy doszły do skutku
Ale to wina zwykłego smutku
Bo ten się zaszył na odwykówce
I śpi w lodówce.

Sadyzm
Sadysta to artysta nieokreślony
Robi rzeczy strasznie głupie
Niezrozumiałe prymitywne i proste
To ktoś taki z dziwnym zarostem.

Wiatry
Wiatry nawiedziły Tatry
Podrzuciły nad Morskie Oko
Przypadkowego topielca
Chciało im się tak wysoko.

Post i karnawał
Pomylić post z karnawałem
Nigdy tego nie słyszałem
To się tyłem odwróciłem
Z wielką trwogą razem z drogą.

Kurcze
Razem z szalem z wielkim żalem
Pochyliłem się za burtę
Patrzę a na wodzie skwierczy
Takie małe nagie kurcze
Pomyślałem rzucę koło
Co wam kurcze tak wesoło?

Pech
Mieć pecha do pieniędzy
Znaczy nie zarabiać
Ale jak się i zarobi
Nie trzeba rozrabiać.

Jak niedużo
Co potrzeba żeby kochać
Zmieniać życie i na lepsze
Nie znaczy na jakichś pokutach
Udawać cień i nie chodzić
W ciasnych butach.

Historia i my
Historia nie za nas powstała
Rozwija się i krwią broczy drogi
I nie trudno zauważyć że człowiek
Jest tak bardzo w myśleniu ubogi.

Walnie to kiedyś
Platformiane solidarne i zwisne
Uwaga bo kiedyś to pryśnie
Niezależnie legalnie czy nielegalnie
Wcześniej czy później ale walnie.

Adam i raj
Zanim Adam się połapał
To już w raju sobie zachlapał
I to u Boga zawalić
Jak można te sprawy pochwalić.

Wybrany
Partyjnie komisyjnie i fest
Wybrali go kochają i jest
A teraz wyjeżdża na wczasy
Kocha morze lizaki i lasy.

Umowa
I wyszła reforma pokaźna
Umowa pisana na wodzie ważna.

Spróbuj
Spróbuj gryzonia ubrać w otręby
Zarobisz w zęby.

Odpuść
Panie odpuść ten   odpuszczam
              Drzwi otwieram i psa spuszczam.

Karawana
        Karawana wiozła złoto
        Ale tylko w jedną stronę
Te wyśnione.

Pretensja
Wyszedł do siebie z wielką pretensją
I nie miał racji bo spadł z kredensu.

Spadek
Czekał na spadek od dziadka
Bo to obiecała mu matka
A matce obiecał dziadek
Kto w końcu otrzymał ten spadek?

Dotykaj
   Tocz mnie to znaczy dotykaj
   Tylko nie bój się chłopie
Diablica jest na urlopie.

Odwrotnie
Samiec z jednej strony
Samica odwrotnie
Ten tego nie zrozumie
Kogo to nie dotknie.

Cudny dzień
Oj cudny ten dzionek
Już nawet w zarodku
Praca na ciebie czeka
Więc się pośpiesz kotku.

Poszła
Babka poszła do muzeum
Udaje kowboja
To zrobiła twoja babka
Bo mądra to nie moja.

Kozak
Ideałem to już byłeś
W tamtym życiu i kozakiem
Ale teraz to ty jesteś

Co zatkało i cisza z makiem.

Pech
Pech to niemądrym się urodzić
A drugi pech to tego dochodzić.

Schudnie
Rano nie pożyczaj
Wieczorem nie oddawaj
A w południe poczekaj schudnie.

Rozłąka
Cztery godziny
Czy to długa kolejka za chlebem
Pod gołym niebem?

Co to było
Co to było
Szczyt na szczycie Karkonosze
O jaki uczony proszę.

Przeczekamy
Niech nas bronią i obronią
Własną bronią
A my poczekamy w lesie
Kolesie.

Niezły skoczek
Niezły skoczek się wygłupił
I za ciasne narty kupił.

Nieszczęście
Nieszczęście to nie mieć nic
A jeszcze gorzej to nie być.

Ze smakiem
Zjadł ze smakiem ale się zżymał
Dowiedział się że to by była ruda świnia.

Wojownik
A wojownik cios za ciosem
Wygrał bitwę z obcym losem.

Lustro
Za dwadzieścia kupił rower
Po drodze odwiedził knajpę
A na końcu nabył lustro
I zobaczył w lustrze małpę.

Dramat zaczął się na mecie
I zawody zakończone
Ale się nie ruszył z miejsca

Bo nie wiedział w którą stronę.

Pannica
Pannica to panna czy początek panny
Dowiesz się jak wyjdzie z wanny.

Strach
Oj bardzo to bardzo
Towarzystwo się wystraszyło
Pociągiem przyjechali
A tam szyn nie było.

Broń się
Łba nie nadstawiaj za darmo
Broń się do ch...
Nie pasuje to się palnij
Po co te głupie numery?

Kleszcze
Tata i mama ja i wakacje
I kleszcze i co jeszcze?

Nic dodać
Nic tu dodać ani ująć
Prawda zawsze w oczy kole
To nie głupie oni kupią

A nieżywego nie boli.

Drogi kamień
Pójdzie na dno czy wypłynie
Myślał taki zwykły kamień
Ale był z rubinem w środku
Ona rzekła   mam cię kotku.

Złom
Oj dolóż ty moja dolo
Pewnie dziś mnie wy...
I opuszczę piękny dom
Narzekał złom.

Prośba malca
Chciej mnie proś to ci wybaczę
Dam ci pyska znaczy buzi
Ale wtedy gdy urośniesz
Tak jak wszyscy będziesz duży.

Nadzieje
Nadzieje sam w sobie pokładał
Ale się nie poskładał.

Spowiedź
Co godzinę się spowiadał

Wykosztował się chłopisko
I położył się na rżysko.

O co tu chodzi
Szatan brzmi groźnie
Szatanek miękko
Co na to diabeł
Czy się z tym zgodzi
O co tam chodzi?

Co potem
Ukisić ogórka jest łatwo
Zjeść go w kanapce potem
Ale jak się obejść z potem
O tym potem.

Plama
Marks i Engels prawda stara
To dobrana gości para
Tak się mocno rozgadali
Że po drodze plamki dali.

Jabłka
Gruszki z drogi czy te z sadku
Które słodsze były dziadku?

Słoneczko
Słoneczko jeśli mnie lubisz
Poświeć trochę dłużej
Porozmawiamy z deszczykiem
I niech się nie chmurzy.

Wiatrzysko
Wiaterku ty tak nie szalej
Nie wariuj po kątach
Bo mi zwiniesz szczoteczkę
I czym będę sprzątał?

Piorun
Oj ty niedobry piorunie
Jeśli masz kulturę
To ciskaj swoje gromy
Tylko proszę w górę.

Pogadam
Z deszczem sobie porozmawiam
Ale trochę później
Bo obiecał że nie będzie
Padał przed południem.

Powódź
A powodzi się powodzi
Woda nie wie o co chodzi

A powódź tak nią pomiata
Nie pomyśleć o rabatach.

Zakład
Założył się z nim o tysiąc
Że nie zrobi tego
I przegrał bo nie wiedział czego.

Nie mieści
Nie mieści się to
Ale gdzie?

Darmo
Darmowa wycieczka do Egiptu
Moc wrażeń
Wątpliwy powrót do domu.

Zalecę się
Zalecę się do miłej pani po osiemdziesiątce
Kasa mile widziana.

Oferta
Zatrudnię osoby do wypuszczania
Pary z ust.

Kupię
Każdą ilość dymu
Kupię
  Komin.

Zakaz
Zakaz ćwierkania po dziesiątej
          Ostrzej
Stulcie dziuby.

Przeczekaj to
Piękna plaża jasne niebo
Zachciało się za potrzebą
Na wodzie zrobić niegrzecznie
Może nawet niebezpiecznie
To musi pozostać w żołądku
Z braku wychodka   do piątku.

Rzucić
Rzucić kamieniem do dna
I co dalej?

Ewo co ty
Ewa się Boga nie bała
Dlatego jabłko zerwała
A przez Adama fujarę
Musimy ponosić tę karę.

Kara za grzechy
Za niedopuszczalne grzechy
Wprowadzono teraz kary
Będzie teraz musiał płacić
I emeryt chociaż stary
Po pół złotówki od główki.

Dym
Dawno temu dym był czysty
Biały cały przezroczysty
Ale ktoś go kiedyś wkurzył
Na czarno się wynaturzył
Na pewno był z diabłem w zmowie
Co pan powie?

Niesłusznie
Zamknęli go o dwudziestej
A wypuścili o ósmej rano
Siedział nadgodziny.

Flek
Ktoś buchnął koła od samochodu
A on jechał dwie godziny
Na fleku a tak to było
Jeszcze do tyłu.

Grosze
Zebrał wszystkie grosze
Wtedy waluta spadła.

Problem
Nie połknął akwarium
Ze względu na szkło
Wkurzony wieloryb.

Uciekło
A uciekło z abecadła
Jakaś zżarła je agresja
A uciekło gdzie kto wie
Może w próżnię bywa różnie.

Niezła d...
Pogotowie przyjechało
Lekarz stwierdził niezła d...
Kazał umarłego przykryć
Ale d... nie przykrywać
Tak piękności się obrywa.

Zdziwiony koń
Koń raz zajrzał do lodówki
Patrzy a w środku schabowe
Wycofał się ale zostawił łeb
Jak sklep.

Ocean zniknął
Nie przejmuję i się nie dam
To nic że zginął ocean
Pozostały jeszcze plaże
A co jeszcze się okaże.

Chciał do nieba
Chciał do nieba i już dziś
Bo rozmawiał za potrzebą
Dorobił się dżipiesa
I wpisał do celu *niebo*.

Przemowa zła
Diabeł przemawiał z ambony
Ale tak był nawalony
Że z piekłem pomylił niebo
I nie zdążył za potrzebą.

Propaganda
Tak się śmiała cała wieś
A to tylko propaganda
Bo wczoraj pastor z sołtysem
Przegrali z kościelnym w palanta.

Palant
Palant może być osobą
Zapomniał on kije zabrać
To jest chyba jakaś sztuczka
Nikt nie da się na to nabrać.

Zniknięcie
Znikły w klasie wszystkie pały
Same tego przecież chciały
A zostało parę piątek
A to dopiero początek.

Bermudy
W takim Trójkącie Bermuda
To się dzieją same cuda
Jaś Fasola z huraganem
Poprztykali się nad ranem.

Trzynastka
Wyrzucili trzynastego z kalendarza
Bo to dzień jest niebezpieczny
I bez trzynastki się żyje
Tak to ręka rękę myje.

Nauka pływania
Ucz się pływać na głębokiej wodzie
Zawsze sam daleko od brzegu

A może przepłyniesz ocean
Utopisz się to się nie łam.

Kryska na Matyska
Do Matyska przyszła Kryska
Bo na imię jej tak było
Matysek jej nie zauważył
Bardzo dziwnie się skończyło.

Ja wam pokażę
Po ch... ta kariera
Podium złoto reportaże
Jak stanę na punkcie zerowym
To dopiero wam pokażę.

Nie inaczej
W życiu czasem bywa różnie
Kołowato kwadratowo
A podłużnie cóż to znaczy
Bo nie może być inaczej.

Satysfakcje
Satysfakcji chciał po setce
Ale różnie nieraz bywa
Może by to i osiągnął
Babka od dwóch dni nieżywa.

Cicho
Siusiał w kąciku po cichu
Raptem patrzy jakieś licho
I ukazała się wiedźma
Dobrze że tylko jedna.

Sprzedał
Sprzedał radość to nie miło
Chyba go po...
A zostawił sobie smutek
I od razu widać skutek.

Niedobry
Własnej żonie nie dogodził
A sąsiadce malca spłodził
I wyjechał nie wie dokąd
A wszystkiego to ma potąd.

Gdzie jesteście?
Dobrodzieje gdzie jesteście?
Trzeba dawać a jest komu
Najlepiej to się dorobić
I obżerać po kryjomu.

Za co
Płakać trzeba a dlaczego?
Skarżyć się ale nie płacą

Kombinować i majaczyć
Przez to można się popierdaczyć.

Ubezpieczył się
Ubezpieczył czuprynę od wiatru i powodzi
Na urlopie pływał na ogromnej łodzi
I nagle fala ogromna jego łódź uniosła
Czuprynę mu wkręciło niefortunnie we wiosła.

Nieskromność
Nieskromność to zła cecha i od rzeczy
Nabroi taki to potem beczy
Jak ubierzesz się nieskromnie
Lepiej zamknij się do szafy
Nie dotyczy to żyrafy.

Nakręcili film
Nakręcono epopeję
Ale co się teraz dzieje
Na ulicy wielka wrzawa
Pijatyki i kurzawa
Nagle się pojawił pies
Szczeknął   co to k... jest
Tak się zachowuje cham
Powiedz sam.

Zły przykład
Ucz się dziecko wbijaj w głowę

Zawsze coś tam pozostanie
I nie bierz przykładu z taty
Bo cię spotka tęgie lanie
Co na myśli miała mama
Odpowiedź nasuwa się sama.

Bzykał
Bzykać znaczy zbierać miody
Lecz uważaj na przeszkody i bóle
Ostrzegają ule.

Zejście
Kiedyś umarł na sto procent
Słynny biolog chory docent.

Obligacje
Nadzór spieprzył bank się spalił
Obligację trafił szlag
Bywa i tak.

Wpierw
Wpierw był chleb
A później zboże
Nic nikomu
Nie pomoże.

A o co?
A o co i z kim się spierać
Gdy but nie przestanie uwierać?

Barykady
Barykady na przedmieściu
A kto walczy on i teściu
A teściowa siedzi w garach
I bije w patelnię na alarm.

Komornik
Komornik mu majtki chlasnął
Wkurzył się i nagi zasnął.

On za wodą
On za wodą i na burcie
A się topi zwykłe kurcze.

Maj
Maj to miesiąc który świergotem
Ptaków wynagradza.

Bank
Bank się rozpadł szefa zmogło
Upaćkany w błocie leży
To zależy nie od młodzieży.

Malinowski
Z biedą można się dogadać
Ale przedtem wyspowiadać
I wyciągnąć z tego wnioski
Poniżony Malinowski.

W biały dzień
Tak na goło przez dzień cały
I to przed własną chałupą
Zasłaniając się pokutą
Świecić własną gołą d...

Obligacje
Obligacje zakończone
Żonę wzięli za procenty
A prezesa tego banku
Pastor dziś ogłosił świętym.

Lody
Lody bambino w sosie
Dostały po nosie.

Badyle
Czy badylarze lubią badyle?
To tyle.

Oszczędności
Za oszczędności ślepego nabył okulary
Gdzie szukać kary?

Sam
Sam został ze słońcem
Bo z Afryki wyjechali.

Na wnuczka
Nie mieć wnuczka się nie opłaci
A na wnuczka można stracić.

Błędy
Błędy się rodzą gromadnie
Napieprzają kogo popadnie.

Żal za grzechy
Żal za grzechy może zniknąć
Lecz trzeba do tego przywyknąć.

Uwaga
Uwaga na wielkie szybkości
W imię Boga i miłości.

Różnice
Razem to się nie różnimy
Lecz osobno pogubimy
Oszczędności nie użyjesz
Za procenty w puszce zgnijesz.

Co tam
Co tam wojna co tam bój
Nie masz kogo to się bój.

Nałogowy
Fisz czy ryba wszystko jedno
Jak przemawia wszyscy bledną
Chyba się też wszyscy go boją
Kiwają się ale twardo stoją
I to wszystko pod przymusem
Zniewoleni spirytusem.

Nie daj
Zawsze wszędzie i onegdaj
Pamiętaj swojego nie daj
Nie daj nigdy się udupić
Zawsze można się wykupić.

Szemrze
Szemrze morze szemrze rzeka

Szemrze i kobieta w ciąży
Nie ma czasu a nieboszczyk
Nie zaszemrze bo nie zdąży.

Przeżycia
Możesz przeżyć z tym co twoje
Nie przejmuj się tym co moje
Że urodzę nieślubne dziecię
Nigdy za mnie nie oberwiesz
Słuchaj węża nie poderwiesz.

Nie da się
Wybić z głowy co i po co
Biegać boso po bruku nocą
Śmiać się z kogo i dlaczego
Nie dopuścić do swojego pogrzebu
Czekać modlić się i psioczyć
I nie dać się czymś zaskoczyć.

Przebaczenie
Nie batem konia a siebie lej
Koń nie rozumie za co dostaje
Bracie i siostro przebaczaj ostro
I pod pierzyną i na pierzynie
I to każdemu kto się nawinie.

Zając w tarapatach
W sadzie pod ogromną gruszą

Dwie wiewiórki zęby suszą
A to zając w tarapatach
Za szaloną pszczołą lata
Co ciągnęła go za ogon
Jak z ula popieprzył samogon.

Cyfra trzysta
Cyfra trzysta oczywista
Ale za to można kupić
Można się nawet wygłupić.

Zboczył z kursu
Zboczył z kursu nowożeniec
A nie każdy tak potrafi
Ale nie poniósł uszczerbku
Bo to było na parafii
Tak go pastor poturbował
Nie przeprosił a żałował.

Atrakcje
A transakcje to atrakcje
Wycelował do niedźwiedzia
Lecz niedźwiedzia uprzedzono
Zastawił się jego żoną
Więc zaszedł niedźwiedzia od tyłu
Co zrobiła jego żona
Przez niedźwiedzia przestawiona?

Zbój
         Sprzątnę gościa zbój powiedział
Ledwie wyrzekł a już siedział.

Nie zgódź się
Nie chciej być katem
Ani zimą czy też latem
Ścinać komuś głowę głupio
I oglądać minę trupią.

Nie dopuść
Nie dopuść żeby bolało
Stosuj proszki   Kozłowski.

Dni robocze
Dni roboczych jest tylko cztery a piątek
To weekend na początek.

Nie ma problemu
Nie byłoby problemów w sporcie
Każdy kto bierze udział
Otrzymuje miejsce pierwsze.

Góra i dół
Nigdy nie zejdzie się dół
Z górą a odwrotnie

To tak tylko w jednym przypadku
Gdy coś w górę grzmotnie.

Nie
Nieszczęście to jest szczęście
Przez nie każdy o tym wie.

Obawa
Ten kto się obawia
Na siebie sidła zastawia.

I odtąd
Słońce z Merkurym zamieszkali
Na jednej ziemi.

Chciałoby się
Chciałoby się i to i owo
Ale móc i chcieć to nie jest wszystko jedno.

Rysunek
To jest podkreślenie tego
O czym się pomyślało.

Rzadko
Rzadka zupa się nie zakleszczy w żołądku

Pomimo że jest przesolona.

Spienił się
Pienił się jak fale morskie
Na zwyczajnej plaży
Bo wieloryb jak on usnął
To mu flaszkę z torby buchnął.

Oddaj
Oddaj czego nie ukradłeś
Nie będziesz sądzony
Jeśli zrobisz to odwrotnie
To cię bieda dotknie.

Biegał
Po wodzie biegał truchtem
A na ziemi pływał
To normalne bo z politykami
Tak zazwyczaj bywa.

Zostaw ją
Po raz ostatni prosiła
Jeśli masz robotę
Zajmij się czymś pożytecznym
Zostaw moją cnotę
A to była szefowa
Z pechem tej soboty
Wróciła bardzo wściekła

Sama bo bez cnoty.

Nie tędy
Nie tędy droga
Bo jej nie było
I co z tego
Tyle jest dróg.

Wymysł
Wymyślono na czasie sportową
Rzecz ciekawą pogoń za sprawą.

Zostawił
Zostawił po sobie dobre wspomnienia
Wielkie dzieła spłodził
Ale w końcu się zorientował
Że się nie urodził.

Zdarzenia
Zdarzeń nie ma innych
Zawsze te same
Tylko w innym typie.

Dlaczego
Czy wiesz że? lód jest śliski
A łyżwy metalowe.

To samo
Skok o tyczce skoki w boki
Skok wzwyż to i tak na pół
Są skokami w dół.

Nowa dyscyplina
Nowa dyscyplina sportu od teraz
To opieprzanie trenera.

Pomogę
Pomogę się skupić
Na ostatniej drodze życia
    -   Żal.

Nauczę
Nauczę każdego się śmiać
Chociaż mu na tym nie zależy
    -   Hoży.

Neron
Neron był cesarzem rzymskim
Ale chytrym bardzo wścibskim
Kiedyś nawet przeholował
Trawę g... pomalował
I nastąpił wielki swąd

Czy to błąd?

Ostrzeżenie
A co czeka za zakrętem na kierowcę
Można stuknąć jelenia owcę
Lub pijanego barana
I ostrzegam już od rana.

Niezły aktor
Był aktorem grał postacie
Udawał diabły i anioły
Miał talenty był uparty
Nagle zniknął gdzieś go wcięło
Towarzystwo się wypięło.

Wypadek zbója
Powiadasz waść że życie jest niczyje
A właściwie po cholerę
I zbój wyrzucił siekierę
Ba niechcąco trafił w siebie
Nie będzie na swoim pogrzebie.

Nagusek
Biegać nago to odwaga
I wiele hartu wymaga
Ale nigdy pod publikę
I z wywalonym językiem.

Dobre jedzenie
Zupa kawa i banany
Proszę tak się nie obżerać
I zadziwiać tak Wegmansem
Grubasem być czy szympansem.

Wnuczek na kacu
Wypiął tył do własnej babki
Bo listonosz z rentą zwlekał
Kac tak mocno go nawalał
Biedak rana nie doczekał.

Miara bohatera
Jaką miarą mierzy się bohatera
Co taki po sobie zostawił?
Czy kogoś ważnego zabił?
Ile posiadał kasy?
Dziwne te nasze czasy.

Sprawiedliwy
Był taki jeden sprawiedliwy
Co w każdym coś niedobrego dojrzał
Ale bardzo się kiedyś zawiódł
Gdy we własne oczy spojrzał.

Pszczoła
W tłum się wmieszała pszczoła
Bo gdzieś wyczuła miód
Ale szybko uciekła
Bo to był zwyczajny smród.

Zmiękł
Co on takiego zobaczył
Że mu zmiękł.

Nie czyń
Nic złego bliźniemu nie czyń
Broń Boże używać szabli
Bo możesz stracić członka
A niech to wszyscy diabli.

Język
Język masz jeden to chroń go
I nie używaj zbytecznie
Bo kiedyś się zapomnisz
To może być niebezpieczne.

Gaz do dechy
Aż tyle to znaczy ile
Kombinował i dodawał
Raz do przodu raz do tyłu
I na drzewie się skończyło.

Obelga
　　Obelga to słowo niechciane
　　Proszę się nie oblegać
　　I nie utrudniać życia
　　　　　-　　Kicia.

Słowa
Słowa słowa dziwnie puste
Rzucane na wiatr nieostrożnie
Przez fałszywych proroków
Co czynią niepoważnie.

Za darmo
Przekażę wszystkie swoje długi
Na czyjeś konto　　za darmo.

Udało się
Jednemu się udało
A drugi zaszedł za daleko.

Gorzej czy lepiej
A kto wie kiedy będzie lepiej
Gorzej czy lepiej
Niech się ujawni.

Czy tam
Czy tam gdzie nas nie ma
Jest ktoś
Kto wie
Że my tu jesteśmy?

Czy ktoś
Czy ktoś kto się w słuch zamienił
Słyszy siebie inaczej?

Istota rzeczy
Istotą każdej rzeczy
Jest rzecz.

Suweren
Suweren to taki gość
Co dobrze zna teren
Co wierzy i się nie zgubi
I siebie lubi.

Poliż
Poliż mnie powiedział pies
To ci powiem jak to jest.

Tytan
Za tytanem jak za panem

Moje tytanowe serce
Jest wieczne i go nic nie zmywa
Tak bywa.

Nowości
Nowości były będą
I być mogą.

Paraliż
Paraliż samochodowy
Wszyscy mają pierwszeństwo
A co na to maleństwo?

Hormony
Hormony nawały szpitalne
A to pierony nachalne
Zwinęły się w harmonijki
Tylko wystają im ryjki.

Bzyk
Baczność spocznij nie dotykaj
I nie bzykaj.
                 - Pszczoła miodna.

Powrót
Nie do wiary to Ignacy

Ten dopiero wraca z pracy
Cztery lata nie był w domu
Bo pracował po kryjomu.

Połknął
Połknął konia stracił krowę
Zabrał się za wieloryba
Chyba.

Zorro
Zorro ubierał się w morro
Ale żonę miał ze zwisu
I nie bywał nigdy w sejmie
Zapominał długopisu.

Siwy dym
Siwy dym się wije
Lecz nie całkiem siny
A z jakiej przyczyny
Bo w węglu był kamień
To zamień.

Pożyczki procenty
Procenty jak nadęta otchłani
Dolary ruble i franki
Coś kusi i pożyczać ktoś musi.

Jeż i papuga
Toż to nie ja to jest jeż
Wilkiem byłam w tamtym życiu
Chwaliła się papuga w ukryciu.

Miara
Komu teraz można wierzyć
Czym pomierzyć możesz złość
Proszę dość.

Nie było
Prosiła   nie zabierajcie go
Ale naprawdę to jej nie było
Nie było też jego
I tych co go zabierali
I jeszcze się o coś spierali.
A o co i to nocą.

Rola krat
Kraty służą do nie robienia krzywdy
Ograniczają pole widzenia.

W sklepie
A właściciel w pewnym sklepie
Sprzedał to czego nie było
A czytelnik się obawia
Że to wszystko się zakończyło

Szukasz głupca
Nie było kupca.

Rozłąka
Po takiej rozłące na łące
Spotkały się dwie małe myszki
I dostały zadyszki.

Posty
Ograniczenia to rozmowy o poście
Brzuszne rozmowy bezduszne
I skwarki skarżyły się
Bezmyślne beztłuszczowe i bezmięsne
Obierki z ziemniaka prawda jest taka.

Zalety muzyki
Przyjedzie przypłynie a może przyleci
A muzyka rozweseli dzieci i starsze baby
I każdego kto jest już słaby.

Zegar
Non stop wskazuje godziny
A oni robią bezmyślne miny.

I co grubasku
Tyle jest na świecie planet

Co ziarenek ziemi piasku
Schudnij bo ich nie będziesz widział
Jak spasiesz się grubasku.

Sałata
W Rzymie na Krymie w lato
Musisz liczyć się z sałatą
Ale taką nie w radlinie
Pomyślały dzikie świnie.

Sen i pościel
Spał beztrosko na pościeli
Ktoś poduszkę za...
Następnie zwinęli kołdrę
Zrobiły to duchy niedobre.

Kapela
Kapela złożona z decybeli
Nietypowa uczulona głośna
Zazdrosna o własne struny
Szkoda że tylko z gumy.

Grunwald
Siekierami i mieczami
To walczyli pod Grunwaldem
Ale trzeba było je często ostrzyć
Bo mięso z głów było twarde.

Portfelik w kosmosie
Zgubiony portfel w kosmosie
Szukał długo właściciela
Aż go kosmos gdzieś przygarnął żywo
I wydał kasę na piwo.

W zakładzie
Powie potem co on myślał
I długo się zastanawiał
Nie miał czasu pod tym względem
Wtedy właśnie ludzkość zbawiał.

Zębi
Jak Zombi został dentystą
To popieprzyło się wszystko
I mamy otwarte gęby
A po drodze leżą zęby.

Nam i wam
Wam to dobrze nam to źle
A tamtym to nawet lepiej
Jak to słyszę to mnie trzęsie
Nie mówiąc o stęchłym mięsie.

Lodówka i gotówka
Kup lodówkę teraz latem

A najlepiej za gotówkę
I to najlepiej nową
Ale jej nie sprawdzaj głową.

Kopia
Czy to prawda czy utopia
Śmierci nie ma jest jej kopia
Zginę czy też się utopię
Ale sam się nie zakopię
Prawda to i mamy kopię.

Koncert zwierza
Krowa muczy owca śpiewa
Ale osioł to olewa
Niech się cieszą osioł myśli
On nie musi bo to wyśni.

Baba i wrzeciono
Baba kręciła wrzecionem
Dobrze było w prawą stronę
Zmieniła w lewą i potem
Wkręciło ją w kołowrotek.

Za co płacisz
Dlaczego to świnia się ślini
Tak żałuję szkoda świni
Ale o to też się boję
Że się ślini lecz za moje.

Na klęczkach
Dlaczego klęczysz człowieku
I to w takim młodym wieku
Pewnie znowu przeskrobałeś
Przejadłeś się w majtki zrąbałeś
Za to nie ma przebaczenia
Ale nawet pocieszenia.

Pośpiech
Wbiegł do sklepu kupił wieniec
Na twarzy miał kraśny rumieniec
I myślisz że się wygłupił
Zanim umarł wieniec kupił.

Przejdę za kogoś
Szmat drogi przejdę za kogoś
Komu się nie chce
                - Metrówka.

Wysyłka
Wysyłka na roboty przymusowe
Bez opłat
                - Mile widziana watówka.

Potrzeba
Potrzeba brzydka dziewczyna
Do straszenia niemowląt

Niekoniecznie młoda.

Poznam
Poznam pana który nie chce mnie poznać
W Poznaniu.

Bocian
Polecę za darmo do ciepłych krajów
W roli bociana.

Wynajem
Wynajmę się do noszenia tacy
Tylko w niedzielę
 Po pracy.

Falstart
Okazało się falstartem
Gościu przegrał w szachy z czartem
Powiodło się złemu przyznać muszę
Bo tu chodziło o duszę.

Po co
Po co bzdury opowiadać
Wpierw powinien się przebadać
I na głupotę i lenistwo
I to wszystko.

Frajer
Taki frajer jego bajer
To nadaje się na śmieci
A sam nie wie o co chodzi
Płacą to co mu szkodzi.

Podobać się
Jednej podobał się zwykły strach
Zakochana w nim że ach
Teraz z bachem w innym strachu
A pierwszy położył lachę.

Trzymaj fason
Trzymaj fason kapcie z gazu
Linie pieszych bardzo blisko
Niechcący potrącił przechodnia
Nie dolewaj oliwy do ognia.

Namiar
Namierzyli gościa w metrze
Co niósł dziwną walizkę
Okazało się że w walizce
Przewoził dla konia pług
Jak on tak mógł?

Cwaniak
Wynikało z jego mowy
Że był to cwaniak rządowy
Aż zwaliło onych z nóg
A ten zmyślał ile mógł.

Zmora
Zmora to jest wnuczka czarta
Ciągle zła wredna uparta
Dziwne to że do tej pory
Nikt nie namierzył tej zmory.

Śpiewam
Śpiewam tak aż skóra cierpnie
A włosy nawet na łysej głowie
Stają dęba.

Wyręczę
Wyręczę psa w szczekaniu
Na poczekaniu ugryzę niekoniecznie.

Przecena
Dziś padlina jest z przeceny
Zleciały się chytre hieny
Ale to padlina z osła
Nikt nie ruszył szef się wzruszył.

Płacz
Płacz rencisty to skowyty
A emeryta jeszcze gorszy
Ale to jest nie ich wina
Tylko zwykle głupiej forsy.

Zaproszenie
Sam się zaprosił do knajpy
Bardzo go to bawi
Może zjawi się głupszy
I drinka postawi.

Różnica
Czy w różnicy jest różnica?
Zapytaj w kontroli
To się wtedy okaże
Ale ja w to nie włażę.

Namawianie
Namawianie do nierządu
Chodźmy proszę na chałupę
A to wszystkim jest wiadomo
Że chodzi tu o d...

Ślizgał się
Wysmarował się gościu woskiem

Skóra wszystko wchłonie
Ale wyszło to niefortunnie
Ślizgał się na żonie.

Aetna
Aetna jest wulkanem
Czyli zwyczajnie górą
Ale co to i za różnica
To i to pod chmurą.

Zwinął się
Sklep się zwinął zebrał półki
Wyprowadził do stodółki
I się wypchał zwykłym sianem
I to nad samiutkim ranem.

Problem życia
Ze starości można umrzeć
A w młodości już niedużo
Aniele stróżu nie pij tak dużo.

Błąd w sztuce
Przywiązał się do drzewa
I wyrzucił klucze
Ekologiczny błąd w sztuce.

Mama i synek
Mamusia ważyła trzysta kilo
A synuś tylko pięć deko
Jak tu udać się na spacer
Z taką maleńką pociechą?

Napocząć
Napoczęli i nie dokończyli drogi
W końcu ją zwinęli
Co oni zatem robili
Czy dobrze widzieli?

Sumienie
Sumieniem zhandlować
Przykrości przysporzyć
Lepiej by się może i opłaciło
Długich lat nie dożyć.

Gest konia
Koń przeczytał książkę
I pokiwał z gestem
W końcu poznał prawdę
Dlatego tu jestem.

Czarnoksiężnik
I pojawił się czarnoksiężnik
Przez okno wleciał

Żeby się nie ruszała
To by ją p...

Narzekanie
Ciało sprawne z duchem w środku
Czego tak narzekasz kotku?

Nie dogonią
   Nas nie dogonią
   A was też nie
   Któż to wie
   Kogo i kiedy?
      -     Dwie biedy.

Wzion
Stała laska koło laska
Niezły pociąg śliczna maska
Nagle się pojawił on
I ją wzion.

Problemy
Kto ma władzę ma problemy
Wszyscy o tym dobrze wiemy
Jego władza także kocha
A bez kasy to wynocha.

Siedzieć cicho
Kupić lampę bez żarówki
Jeszcze przy tym się podniecić
To już lepiej siedzieć cicho
I przykładem sobie świecić.

Kosmos
Był w kosmosie na urlopie
A po drodze same bary
A kolega po powrocie
Wyglądał napity aż stary.

Komórki
Używanie komórki w czasie jazdy
Jest niedozwolone
Ostrzegam że jak namierzą
Jest przep...

Dziwne
Odwrotność i przewrotność
To są przyrodnie siostry
To dlatego nóż z jednej strony
Jest tępy ale z drugiej ostry.

Więzień
Odmienią się moje losy
Gdy trafię kiedyś szóstkę

Ale przedtem będę musiał
Załatwić z więzienia przepustkę.

Pysek dumny
Jeden to ma w swojej szafie
Koło dwóch medali
Pysek ma już ich tysiące
I się tym nie chwali.

Operacja
Chorego chirurg na stole
Kiedyś operował
Ale go nie pozszywał
Bo go ten nici schował.

Słońce
W którą stronę słońce zachodzi
A z której powstaje
Nie jesteś taki mądry
Jak ci się wydaje.

Opanuj się
Opanuj się człowieku
Nie posiałeś to nie zbieraj równo
A w dodatku to się nie spieraj
O nie swoje g...

Za co
Za siebie się modli za darmo
Za innych trzeba mu płacić
Chodzi o to by nie swoje
Ale czyje tracić.

Skarga
Zaskarżył Nerona
Że mu uwiódł żonę
Jak udowodni w sądzie
Że to przedawnione?

Bat
Bat sam konia uderzył
Koń w to nigdy nie uwierzył.

Tak dobrze
Nasza wódka wasze gardła
Nowa era się otwarła
Nie ma czego się obawiać
Ktoś ma pić a inny stawiać.

Chałupka na wodzie
Na wodzie powstała chałupa
A w środeczku niezła d...
A to jakaś paranoja
Bo chałupka trochę ciasna

Ale d... moja własna.

Korcia
Korcia to psiak od reklamy
Sama siada na sedesie
Pułkownika nie osika
To wynika z fotografii
Że Korcia to wszystko potrafi.

Szczupak
Wyrąbał szczupak
Dziurę w lodzie
I to dużą taflę
I zobaczył rybaka
Ale draka.

Ewa
Szaleństwa Ewy
To nocne śpiewy.

Zasady
W sporcie błotnym są zasady
Musisz wiedzieć kiedy przestać
Można nawet nie wyjść z tego
I przez przypadek luzem ze...

Satysfakcje
Satysfakcje od głowy w dół
A to zawsze znaczy pół.

Jaja
Jeden wołał jaja kurze
Inny zaś indycze
To nie jaja to mikrusy
Protestował jakiś byczek.

Zejść po linie
Zejść po linie nad przepaścią
Trzeba się ze spadkiem liczyć
Lecz uwaga bez pośpiechu
Bo można się przejęzyczyć.

Szamotanina
Szamotał się pastor z kropidłem
Patrzy w ręku trzyma widły
Kropić teraz ale czym
I to jeszcze widły z Chin.

Chciał
Chciał wyciągnąć baran owce
A ktoś ukradł mu manowce.

Para
Tata z mamą niezła para
Krowa z koniem to obora
Popatrzcie tak zatroskana
Jeszcze wczoraj narąbana.

Pustki
Smerfowało by się czasem
Ale w portfelu pustki
A jeszcze jak portfela brak
Wtedy nie wiadomo jak.

Nie ma czym
Pochwaliła się sąsiadce
Że uwiła gniazdko z mężem
Ale jak się okazało
Ten był jadowitym wężem.

Nie łatwo
Żołnierzem to łatwo się nie jest
Gdy się ma dowódcę
Po co taki problem stwarzać
I jeszcze przy wódce.

Kop
To miało być i kawał chłopa
A ktoś przysadził mu kopa
Taki mikry mały giętki
Że uciekł niedostrzeżony
I dotąd jest zagubiony.

Bond
Lubił piwo i szaszłyki
Pewien facet z Ameryki
Jak się znalazł w Europie
Dwa tygodnie i po chłopie.

Dziwny ślub
Miłością do bliźniego pałał
Wtedy wyszła sprawa cała
Ale za to dostał dziób
Bo nie zdążył na swój ślub.

Poślizg
Śliska jezdnia nie uważał
Pedał gazu i do dechy
W buzi jeszcze trzymał skręta
To mu babka zapamięta
Ale chyba teraz nie
Poślizgnęło się.

Piorun
Piorun zawsze musi trzaskać
A to nie jest żadna łaska
Przestań waść gadać głupoty lepsze
Psuć powietrze　bo przypieprzę.

Owca
Owca wylazła z pokrowca
Gdzie udawała gitarę
Baran gdy tylko to dojrzał
Natychmiast nastroszył grzbiet
Ale za co dostał w łeb?

Oczęta
Wypłakać oczy że coś tu nie gra
Ale to problem może niemały
Proszę powiedzieć bo nie rozumiem
Gdzie się te łezki z oczu podziały?

Biznes
Ma na imię kupiec biznes
I nie idzie na łatwiznę
Pluje ogniem walczy mieczem
I to cały Boży rok   Smok.

Poprawiam
Poprawiam życiorysy
Ale nie wszystkim.

Dlatego
Dlatego zginął?
Bo nie zdążył
Uciec przed kulą.

Próbował
Uczony próbował sam udowodnić ważność
O której jeszcze nie pomyślał.

Prośba
Poprosił doktora o tabletki od bojenia
Nie zadziałały. Bał się jeszcze bardziej.

Słońce
Słońce wzeszło i jej nagość
Została ukarana przy słonecznie.

Zapytała siebie
Zapytała siebie co robiła wczoraj
I zrezygnowała ze względu na płeć
W czym rzecz?

Umarły
Wzięli kasę za usługi
On leży w ciemności jak długi
Ale nie jest wcale dumny
Zapomnieli go włożyć do trumny.

I znowu
I znowu się wylała stronę rzeki
Co na to woda?

Zniechęcony
Piorun nie trafił w brzozę
Bo była za wysoka
I na co jej to było?

To właśnie
To my żyjemy
I dobrze że nam się to udaje.

Spłonął
Dach spłonął
Bo ogień się wcześniej nim zajął.

Wystrzelał
Wystrzelał cały magazynek ale bezskutecznie
Kule i tak z powrotem wróciły do lufy.

Zmień
    Zmień doktora głowa prosi
    On już nic ci nie pomoże
Ten już umarł miesiąc temu
Coś takiego o mój Boże.

Pocałunek
Pocałował się z ropuchą
I nie uszło mu na sucho
Bo mucha wszystko widziała
Do komara wybzykała.

Święty z obrazka
A z obrazka patrzy święty
Jakoś dziwnie nieprzystojnie
On zginął na wielkiej wojnie
A zabijał w każdym razie
Dlatego jest na obrazie.

Twist
Każdy kto pokochał twista
Jest nieskromny oczywista
Bo po twiście popijawy
Alkohol i inne sprawy.

Nałóg
Był z butelką za pan brat
Przekręcał zawsze do denka
Śnił o zamkach i o cnocie
On odchodzi ona w błocie.

Prosto i zawsze
Przekonany jestem święcie
Aż od tego boli głowa
Od dzisiaj nigdzie nie skręcę
A co dalej inna mowa.

Wiatr
Wiatrem nazywa się wkurzone
Powietrze bez możliwości orzekania
O swoim losie.

Piłka
Piłkarz ustanowił piłkę
Do teraz nad nią się znęca kopiąc.

Umarł bo
Umarł ze śmiechu
Bo śmiał się w dół.

Nadejdzie
Nadejdzie taki dzień
Gdy kobieta udowodni
Że jest mężczyzną.

Powołali się
Powołali się na niego
I został powołany w celu powołania.

Ściema
Żeby szybko się wzbogacić
Za coś czego nie ma płacić
I nigdy nie czekać w kolejce
Na towar którego nie ma
Ale ściema.

Amnezja
Czy amnezja to jest błąd?
Ale to się bierze skąd?
Jak poezja to się kręci
Witajcie zaniki pamięci.

Katolik
Katolik to jest jak stolik
Kładą na niego całe tony
A ten cierpi i się żali
Tam będą na niego czekali.

Życzenia cioci
Krzyż na drogę długą ładną
Niech po drodze go napadną
Ludożercy albo zbóje
Tak się rozstawała ciocia z wujem.

Ujrzeć niebo
Ujrzeć niebo znaczy kipnąć
Inaczej wyzionąć ducha
A może odłożyć na później
Będzie lepiej nawet luźniej.

Tamto życie
W tamtym życiu moje bycie
Było przeplatane bólem
Walczyłem prawie codziennie
Z jakimiś wodzem często królem
A teraz to wszystko pieprzę
W najlepsze.

Został
Cóż miał robić jak miał talent
Politykiem być czy posłem
Wcale mu to nie pasuje
Został osłem.

Nie posłuchał
Nie posłuchał się siostrzeńca
Sędziego a nawet klechy
Wpadł na pomysł wlazł na jabłoń
I zwędził wiewiórce orzechy
I nieszczęściem dostał w oko
Ale nie spadł za wysoko.

Początek
Popatrz Fela Genio strzela
A to początek wesela
A później może być różniej.

Mądra głowa
Rysował jak umiał
I puszczał w pamięci
W końcu wpadł na pomysła
Stale głową kręci.

Zamiana płci
Chciał zmienić płeć własną

Kupił biustonosze
Ale nie pasowały
I co zrobił proszę
Przyszył sobie zwyczajne
I to krowie cycki
A jako bonusa
Dostał ser tylżycki.

W delcie
W delcie żyło małe kacze
Może już tę powieść znacie
To napiszcie że w porządku
Wiedziałem to od początku.

Nerwowy lament
Lament za oknem aż nerwy szarpie
Nóż się otwiera na tę melodię
Zanim się stanie to coś strasznego
Zróbcie porządek proszę przechodnie.

Andersen
Andersen tworzył bajki i baje
Przy tym palił długą faję
Zwiedzał łąki i ruczaje
A może się tylko tak nam wydaje.

Męsko damskie
Męsko damskie różne sprawy

Życiorysy i zdarzenia
Czasu nie ma tak na co dzień
Począwszy od urodzenia.

Finish
Jak zażegnać niepokoje
Napady i wszelkie rozboje
Odpalić co teraz mamy
I otworzą się nam niebios bramy.

Rozkosznie
Rozkosznie to znaczy fajowo
Lepiej być pewnie nie może
W noc ciemną ciepłą majową
Udzielać się w sadzie lipowo.

Wypadek
Naści babo placek bułkę
A taki to znalazł stodółkę
Nie dość że z drabiny zleciał
To go byk zabłąkany przeleciał.

Wymiana
Wymieniono złoto na srebro
Musiałem się jakoś bronić
Wiedziałem że ze mnie zedrą
A więc skoczyłem z mostu
Po prostu.

Tylko patrzeć
Tylko patrzeć będą boje
Moje twoje wszystko jedno
Kwiaty znikną mózgi zmiękną
Zapowiada się nie piękno.

Himalaje
W Himalajach na rozstaju
To wszystko za darmo dają
Ale jeden problem koleś
Jest wysoko jak tam doleść.

Zalety
Kręcić głową nosem tyłkiem
To przytulanki znaczenie
Tylko proszę bez przesady
Bo można stracić nasienie.

Zmuszanie
Zebrać zmusić się do pracy
Rano trudniej niż wieczorem
To jakby na rzece bez wody
Zbudować ogromną zaporę.

Wczasy
Wczasy takie na zadupiu
Kosztują niewielkie grosiki
Wóda często podrabiana
A rozrywka bez muzyki.

Marzenia
By marzenia się spełniły
Trzeba jeszcze się urodzić
Chodzić przodem nigdy tyłem
Nie narzekać i nie szkodzić.

Na nowo
Ciągle nowo narodzeni
Nasza ziemia droga matka
Ale ciągle podzieleni
Wielka przepaść na niej kładka.

Płuca
Płuca na dym się skarżyły
Że pali je w środku
A to prawda jest niestety
Widać jasno na wychodku.

I co jeszcze
Popychać ciągnąć
Nadymać się i pchać

I co jeszcze psia go mać.

Dywan
Dywan wściekł się na trzepaczkę
  Ty się sama zołzo trzep
  Chcesz w łeb.

Ustalenie
Ustalono że od dzisiaj krowy
Mają cycek zapasowy
A do czego jest ten cycek
Tego nie wie nawet Wicek.

Nadzieja
Mam taką nadzieję że
Zostanę dobrodziejem
Zaszyję się w knieję
I niech mi się dobro dzieje.

Szi hi
Szi to ona
Hi to on
A co to znaczy
Dziwi się koń.

Zasiadł
Zasiadł na tronie moim
Tak sobie ot po prostu
I jeszcze się nie ogolił
Z powodu zarostu.

Spodziewanie
Spodziewałem się tego po nim
I było mi bardzo niemiło
Ale się okazało później
Że jego to nigdy nie było.

Księgi i uczony
Czytał księgi taki uczony
Główkował mądrzył się często wypaczał
A na każdą stronę pluł
         Co lubił i nie lubił
Stało się ukarany został
Ślinę zgubił.

Zegar
To nie zegar chodzi
To wskazówki się kręcą i brzęczą.

Tego
A do tego teraz przyszło
Żeby dla psa łóżko ścielić

A kota usypiać do snu
To nie mieści się po prostu
Trochę głupie chyba w d...

Za wężem
Za wężem się ogon wlecze
Co się wlecze nie uciecze.

Napisane
Napisano tu się nie kąp
Nie posłuchał utopił się głąb.

Adoptować
Sam się chciałem adoptować
Pomyliłem z katapultą
I za późno pomysł utknął.

Bohater
Ten co został bohaterem
W imię czego po ch...
Za to że się z prawdą mijał
Kłamał bluźnił i zabijał
A medal to dali mu tamci
Tacy sami jak on kłamcy.

Nie bój się
Bać się Boga a dlaczego?
Jak jesteś prawie już święty
Tylko wypij te pół litra
A już będziesz wniebowzięty.

Kpiny pogodowe
Deszcz grymasi burza będzie
Piorun czeka żeby pieprznąć
Wiatr uciszył się tak nagle
Słońce próbuje odetchnąć
A na pole wyszły mole
W tę pogodę to głupole.

Mówca
Pienił się przez długie lata
Darł się z trybuny i chwalił
W końcu nie wytrzymał tempa
Politycznie się przewalił
I dosięgła go pokuta
Umarł w butach.

Za co nie wie
Będziesz siedział żebyś wiedział
Tylko za co będziesz siedział
Więc odpukał swoje lata
I pyta się adwokata
Za co siedział?
Ten też nie wiedział.

MacDonald
A kelnerka od Habalda
Przepieprzyła MacDonalda
Facet jeden wpadł w taką śpiączkę
I doznał wielką gorączkę.

Opona
A to był przypadek szalony
I wszystko z winy opony
Bo pompowała naprędce
I ją wcisnęło w dętkę
Winien kierowca czy owca?

Teatr
Tak teatrem się zachwycał
Kokę z marychą przemycał
Aż się w końcu teatr spalił
I swój własny swąd wąchali.

Dzielić
Podzielić zero na połowę
Na dwie części i co dalej
                            Nic
A może polityk powie?

Kij i pała
Raz go kijem a raz pałą
Żeby tylko nie bolało
Jak to zrobić na receptę
Odwiedzić doktora korektę.

Fucha
Fucha to robota zła
Narzekała bezrobotna pchła.

Defilada
Czołg za czołgiem defilada
W górę szpady topory i kije
Rozejrzałem się dokoła
Z braku wojska same ryje.

Luzem
Luzem można wodę pić
Ale proszę z tym uważać
Bo jak woda na bok spieprzy
To się płuca zapowietrzy.

Podobanie
Nie podobasz się sobie
To się wal
A najlepiej wbić na pal
Poleca   Kmicic.

Zostańcie
Zostańcie katalończycy przy Hiszpanii
Jesteście tacy fajni.

Odchudzanie
Grubości moja i własna
Kolejna koszulka za ciasna
Odchudzić by się zdało
Ale co się stanie z p...

Złamany nos
Stało się to na ringu
Dwa uderzenia a jeden cios
Skarżył się nos.

Wynalazek
Ten co teściową wynalazł
To dalcko zaszedł w górę
Dostał za to nawet Nobla
Zbiorowego i z osobna.

Rozmyślił się
Długo trzymał lufę przy łbie
Chciał zginąć lecz bał się huku
Nagle zaczął głośno warczeć

I ugryzł się we własne ucho.

Wynalazek
Zając został profesorem
Trafił w szóstkę przed zapustem
I od razu się powiodło
To proste wynalazł kapustę.

Tempo życia
Tempo życia idzie tempo
Orał długo jedną skibę
A stało się to na wodzie
Bo to teraz jest na modzie.

Sęp
Co sęp znaczy czy to ptak
To po prostu powiem tobie
Więc się połóż gdzieś przy żłobie
To ktoś ten ci oko wydziobie.

Dynamit
Dynamitu ten nakupił
I choć nie był wcale głupi
To zapomniał kupić lonta
Kto teraz po nim posprząta?

Montaż
Zamontował gościu wannę
I się zraził bezpowrotnie
Bo nie przeczytał instrukcji
I zamontował odwrotnie.

Z zasady
Z zasady brzydkich słów nie używam
Bo się Pysek nazywam
Czasem się wkurzę to przeklnę
Ale się zaraz przelęknę.

Markotnie tak
Zmarkotniał pies
Niby coś mu jest
W sercu otwarta rana
To wina rózgi pana.

Wineton
Wineton był bohaterem
Dawno i nie byle jakim
Skakał beztrosko po drzewach
Sprytny był bo jadł robaki.

Obraza
Obraził się wczoraj na żonę mąż
A na siebie dzisiaj rano

Ale żeby coś tak zrobić
Lepiej było nic nie robić.

Zasługi
Pomniejszać swoje zasługi
Przez czas może bardzo długi
Oddać wszystko co posiadać
I jeszcze się z tego spowiadać.

Polityka
Polityka to nieskromność
Nie jest to i sprawą składną
Najpierw taki się dorobi
I nie czeka aż okradną.

Zmiana klimatu
O zmianie klimatu mowa
To już sprawa narodowa
A to wszystko przez lodowiec
Powiedz.

Składka
Gdy na wojnie niespokojnie
To po co ją tworzyć
A może by wydane fortuny
Na biednych odłożyć.

Wycofać
Wycofać świństwa z obiegu
Spalić wszystkie zbędne rzeczy
I zamknąć wszystkie więzienia
Proszę patrzcie jak się zmienia.

Trwanie i upadek
Wymarzona miłość zgasła
Chociaż trwała całe lata
Ale czyja w tym jest wina
Że film się skończył bez kina?

Pies i zysk
Kupił pieska z dużym pyskiem
Na aukcji za marne grosze
Teraz mamy wielki problem
Gdzieś znikają biustonosze.

Nagonka
Praca nie hańbi i wysiłek sprawi
Kręgosłup pęknie sam się naprawi
Posypiesz nawóz to zniknie stonka
Jak to się stawia pewna nagonka.

Manna z nieba
Zabrakło manny bo znikło niebo
Ziemia w układzie słonecznym znikła

Ostał się jeno krem do golenia
                          I tępa brzytwa
Pachnidło zwiało gdzieś na rozstaje
I pannę młodą teraz udaje.

Rozgrywka na polu
Trąby zagrały stanęli woje
Zaraz rozpoczną się krwawe boje
Zdecydowałem to pole moje
Tu nie ma prawa przejść żaden wuj
Ale teoria z prawdą się kopa
I nie ma chłopa.

Mrówka
Dobierała się do słonia
Do konia i do lamparta
I to taka zwykła mrówka
Mała dziwna i uparta.

Sen i ja
Istnieję bo jestem
Ważę mierzę i myślę
Ale kiedyś pomyślałem
Czy sobie samemu się przyśnię?

Zagrać
Zagrał o wszystko czyli o dumę
Zabrakło czasu więc pali gumę.

Satelita
Satelita się pomylił
Ledwie tylko schylił głowę
Przyfasolił dziobem w sosnę
I rozerwał się na połowę.

Non stop
Non stop na podsłuchu
Zatrudniono po to ucho
Zapłacone ma niech słyszy
I jeszcze to zdjęcie na kliszy.

Szambo
Jeśli szamba nie ogrodzisz
To wpadniesz tam i się spocisz
Nawet stracisz dobre imię
Odradzam zrobić to w zimie.

Tabaka
Sytuacja była taka
Było pole a na nim tabaka
Kto pretensje ma do raka
Pole gospodarz czy tabaka?

Beczka
Uroczystość znaczy święto
Właśnie beczkę napoczęto
A w kolejce nowe wina
Czy aby głowa wytrzyma?

Facetowo
Facetowo to jest miasto
Bo mieszkają tam faceci
Są samotni i bogaci
I nikt na nich nie poleci
Mają samoloty i kłopoty.

Kwarantanna
Kwarantanna na robaki
Aż wreszcie znalazł się taki
Co polał te gady miodem
Ze zdziwienia poszły przodem.

O co chodzi
Powodzenie czy to sztuka
Która to się z życiem rodzi
A to wiąże się z nauką
I wiadomo o co chodzi.

Kuźnia
W kuźni było głośno tłoczno
Raz kowal się słabo poczuł

I odwrotnie podkuł konia
Koń sprawę jemu wytoczył
Cały proces się rozegrał
I kto przegrał?

Sojusze
Sojusze się opłacają
Tylko nie wiadomo z kim i kiedy
Sól za swoje pieprz za cudze
Co też wydziwiają ludzie.

Pretensje
Tak bardzo sprawy popieprzyć
I jeszcze się nie dać opieprzyć
Ale jeszcze mieć pretensję
I jeszcze podwyższyć pensję.

Umowa o dzieło
Cudzołożnik to bezbożnik
Coraz więcej ich się mnoży
Czyj to wymysł skąd się to wzięło?
Czy to umowa o dzieło?

Szansa i gwizdek
Szansa szansie jest nierówna
Dziś masz sto a jutro trzysta
A tak na wszelki wypadek
Do czego używać gwizdka?

Sąd
Gdy niezbite masz dowody
Wygrasz wszystkie sprawy w sądzie
Ale wyjdzie sprawa gorsza
Do tego niezbędna jest forsa.

Smutno i rezolutno
Smutek powstał w nockę ciemną
A to skutek wesołości
Która raz się zagapiła
I nie ukłoniła miłości.

Pogmatwało się
W zimę się zaczęło lato
Jesień bardzo wpadła w nerwy
Wiosna ogłosiła alarm
Deszcz się wściekł i wody nalał
Niedźwiedź dźwignął się z szelestem
    Gdzie to ja właściwie jestem?

Chciał być
Chciał być kiedyś inżynierem
Ale studia ukończył z zerem
Wkurzył się i zbójem został
I posadę dobrą dostał.

Tancerz
Wybrał się na potańcówkę
To tak czuprynę ulizał
Pomalował też paznokcie
Ale łokcie poobgryzał
Jak oprze się teraz przy stole
I ma problem ja p...

Wynalazek
Ale w medycynie sukces
Wynaleziono proszek co leczy
I podniesie każde prącie
Tylko po spożyciu tego
Cztery doby leżysz w kącie.

Nie zapłacisz
Nie zapłacisz to kolejka
Stoisz długo siedzisz klęczysz
I jeszcze mają pretensję
Że doktor ma małą pensję.

Długi do spłaty
Kazał spłacić jego długi
Nie ma czasu bo wczasuje
Utrzymuje takie laski
I ma problem z czym nie powiem.

Kradzione
Nie chcesz zupy i schabowego
Ugotować możesz flaki
Lecz uwaga bo kradzione
I można trafić do paki.

Niebo
A kto ma pilnować nieba
Pewnie tylko chrześcijanie
Oni widzą z innej strony
Po nowemu i swojemu.

Bieda
Bieda obok biedy przejdzie
Człowiek z człowiekiem się zejdzie
A co zrobi zwykła ryba
Kiedy ujrzy wieloryba?

Prototyp
Każdy z nas jest prototypem
Od ideału odbiega
Będzie wtedy idealny
Gdy nie będzie zjadał chleba.

Bocian i żaba
Bocian stanął żaba zbladła
Sama jedna i bez opcji

Do adopcji.

Wojna na wojnie
Na wojnie znalazła się wojna
Jest zdziwiona patrzy trupy
Co niektórzy bohaterzy
Nie zdążyli pochlipać zupy.

Wkurzona żona
Jego żona jest wkurzona
To nie susza urojona
Taki twierdzi w knajpie nie był
Ktoś za niego wypłatę przepił.

Pies i buda
   Bałamucić co to jest?
Myślał uwiązany pies
Nic nie zrobił i nie podpadł
A pan go z wolności okradł.

Szalej duszo
Szalej duszko ciało dumne
Wiwat alkohol napoje
A najlepiej to używać
Z różnicą bo nie za swoje.

Pokazali
Pokazali co potrafią
A kiedy dostali głosy
To tym co tam głosowali
Za długi wyrwało włosy.

Dobrali
Dobrali mu się do skóry zwykli ludzie
A moc mieli wielką taką
Kto pomyślał o ziemniaku?

Układy
Należy układy ro...
I kogo trzeba opieprzyć
Rozpocząć dokładne rozsady
I odezwały się gady.

Testament
W środku puszczy powstał lament
Znalazł się króla testament
A królem okazał się lew
Co tysiąc lat temu zdechł.

Szamotanina
Szamotał się zając z koniem
Nic nie reagują słonie
Do akcji wkroczyła mysz

I spokój jest tam do dziś.

Rzeki
Rzeka Warta dużo warta
A i Wisła niezawisła
A co na to inne rzeki
Stąd przecieki.

Wymienili
Wymienili całą ramę
Koła dętki nie te same
Wyszło nowe przebojowe
Ktoś ma głowę.

Sparcie
Sparł się jeden z takim jednym
Spotkali się z innym owym
Ale trochę postrzelonym
Ale po co i to nocą
Ze strachu się włosy pocą.

Grzech
Grzech to plaga nieuwaga
Wymaga pewnie poprawy
Jak masz grzechy to się nie martw
I napij się mocnej kawy.

Filon
Mój Filon miły został w piosence
Naprawdę gość ten żył w Ostrołęce
To prawda bliska aż serce ściska
Bo to przyjaciel pisarza Pyska.

Ubolewał
Ubolewał i się martwił
Aż się skończyła nafta
I usnął zapaliła się płachta.

Tango
Syberyjskie tango mrozowe
Stosowane dla niepokornych i nieposłusznych
W wykonaniu bezdusznych.

Poszczę
Poszczę poszczę poszczę
Zeszczał się
Bąk się zląkł i uciekł
Opuszczanie.

W środku
Wymieniono wszystkie zamki
Wyjęto szczeble ze schodków
Nie przewidziano jednej
Że to złodziej mieszkał w środku.

Proszki
Zjadasz proszki na choroby
Nie masz wyjścia bo chcesz żyć
Ale nieraz wpadasz w furię
Sam ze sobą chcesz się bić.

Ręka rękę
Ręka rękę myje prawda
Głowa głowy myć nie może
Spróbuj przekręć się dosłownie
To już nic ci nie pomoże.

Przydać się może
A to się może przydarzyć
Ktoś próbował mleko smażyć
Albo rybę w wodzie zważyć
Jakieś leszcze czy coś jeszcze?

Opieprz
Już za późno tak biadolić
Należy siebie posłuchać
Najpierw siebie opierdolić
A potem dopiero wybuchać.

Święty
Pokazywał lat czterdzieści
Zwalał dobro nieugięty
Ale w końcu go walnęło
Został ścięty.

Po czuprynie
Po czuprynie nie rozpoznasz
Po długim nosie czasami
Ale co posiada w duszy
Świadczą odstające uszy.

Kamienie na sercu
Na sercu wiele kamieni
Ale czy to coś i zmieni
Choćby cały nacisk kładł
Jeden kamień z serca spadł.

Chwalił się
Chwalił się i czynił dobro
Ale żonę miał niedobrą
Co sprawiła że żałował
I za życia ją pochował.

Niepokój
Atmosfera jest do kitu
Niepokój ten zasiał pies

Ale tak przeważnie bywa
Kiedy żarcia mało jest.

Kozi róg
Zapędził by w kozi róg
Gdyby tylko dużo mógł
Ale ktoś go dziś wygwizdał
Co ma robić płacze p...

Nagrody
Taki dureń i niemłody
Aż tu nagle trzy nagrody
Ale polityczne kurde
A kto dał mu także durnie.

Kuropatwa
Sprawa dotąd aż się gmatwa
Rozjuszona kuropatwa
Przypieprzyła się do strzelca
I odtąd to chodzą słuchy
Zwinęła mu nabój z lufy.

Wisielec
Ale tam się strasznie stało
Jednemu powiesić się chciało
Lecz się wtedy bardzo zbiesił
Najpierw się odciął a potem powiesił.

Miłosierdzie
Miłosierdzie ktoś tam głosi
Od poniedziałku do piątku
A w sobotę robi przerwę
Czy to aby jest w porządku?

Maliny
Po co szukać gdzieś przyczyny
Wyprodukować maliny
Ale nie trzeba przesadzać
I w maliny nie wprowadzać.

Deszcze
Duże deszcze szkodzą glebie
Często wkurza i telepie
Co niezdrowo to za dużo
Proszę nie przeginaj burzo.

Psia rola
Przydzielono mu psią rolę
Rozgląda się na wszystkie strony
Zanim się zaczęła akcja
A już został pogryziony.

Pachole
Dół na górze dół na dole

Rozpłakało się pacholę
Pomyślało jak to jest
Łańcuch jest ważniejszy niż pies.

Sam na siebie
Pracodawca zmienił plany
Ogolony nie zaspany
Teraz to się lepiej czuje
Od dzisiaj na siebie pracuje.

Sprawę rypło
Rypło sprawę cień zadziałał
Zdążył i tak nakłamał
Aż wszystkich wcisnęło w fotele
Tele mele.

Nagi
Nagi dorwał się do władzy
A do tego był na bani
Ale coś mu nie pasuje
Bo wokół są wszyscy ubrani.

Pacnął
Pacnął gościa jeden taki
Ale tak dla niepoznaki
Trudno ten nie przeżył ciosu
I stąd tyle jest rozgłosu.

Poszkodowany
Poszkodowany zaciął się brzytwą
To wygląda bardzo brzydko
Drugi to się pociął mydłem
To jeszcze bardziej przebrzydło.

Fuszerka
Fuszerka to jak rozterka
To coś źle pozamiatane
Kto nie sprząta to do kąta.
A jak nie ma przechlapane.

Czyrak
To wrzód na ciele robotniczej klasy
Mowa o ucisku dla kasy.

Rozum
Rozum jest niezbędny
Ale czasem też bezwzględny
Przekazuje pewne sprawy
W sposób dziwny i głupawy.

Szkodzić
Człowiek człowiekowi szkodzi
A do tego tym się szczyci
Choć jesteśmy z jednej gliny

Czegoś ciągle się boimy.

Różnice
W zimę mrozy w lato upał
Na jesieni zwykła plucha
A to dlatego że pory roku
Pogody się nie chcą słuchać.

Liczyć na
Na kogo liczyć komu wierzyć
Na siebie czy na sąsiada
Liczyć to ma się opłacić
I uważać można stracić.

Kochać
Kochać wszystkich nawet żmiję
Choć wczoraj ugryzła w szyję
Chociaż może nie przeżyjesz
I daleko już nie zajdziesz
Lecz wtedy miłość odnajdziesz.

Witał i żegnał
Witał myśli czasem żegnał
A w końcu to myśleć przestał
Nic go teraz nie dotyka
Udziela się groźnie z pomnika.

Wytrwałości
Wytrwale do czegoś dążyć
Zdarza się że można nie zdążyć.

Dym
Czy dym być musi akurat
Z drewna czy węgla?

Nie uciekać
Po co uciekać jeśli nie gonią
Czy zbierać kasę jak inni trwonią?

Złe sny
Złe sny trafiają się nierzadko
To jest skutkiem niedostatku.

Nie wiedzieć
Nie wiedzieć co będzie jutro
                              Jest lepiej
                              Czy gorzej?

Każda świnia
Każda świnia ma klapki na oczach
Bo się wstydzi wszystkich.

Malarze
Być malarzem to jeszcze nie wszystko
Trzeba mieć pieniądze na farby.

Kochali się
Kochali się tak bardzo
Pomimo że ocean im tego zabraniał.

Zamknięty
Zamknął się w czterech ścianach
Ale zapomniał zamknąć dachu.

Teściowa
Teściowa zaryglowała się w zamrażalce
By nie dopuścić do łamania postu w piątek
Przez zięcia.

Koniec
Koniec świata nastąpi wtedy
Gdy ulotnią się nasze myśli
I marzenia diabli wezmą.

Zło
Zło jest na dwa miesiące
Tylko wtedy kiedy jest nam dobrze.

Transakcja
Bogaty sprzedał biednemu wysoką górę
Chodziło mu o to żeby biedak wysoko zalazł.

Zakochanie
W medycynie jak w kobiecie
Można się zakochać
Niestety też zdarzają się potknięcia.

Uczeni
Uczeni nawarzyli tyle piwa
Że do tej pory się rozlewa.

Doszedł
Doszedł do tego wniosku
Chociaż nigdy się z nim nie zapoznał.

Export
Nikt się do tej pory nie dowiedział
Kto eksportuje tyle węgla na słońce.

Dinozaur
Żaden dinozaur nie odważył się
Dotrwać do naszych czasów
Bo by się musiał za nas wstydzić.

Znęcanie
W końcu znalazł się taki
Który oskarżył diabła
Na sądzie ostatecznym o znęcanie.

Suknia
Suknia panny młodej
Była cała w koronkach z drewna.

Trójkąt Bermudzki
W końcu namierzyli tego
Który kolekcjonuje zaginione rzeczy
Na Trójkącie Bermudzkim.

Płuca
Płuca przestają boleć
Jak zostaną wyplute
             -   Gruźlica.

W próżni
W próżni ludzie żyją dłużej
Nawet nie wiedzą że żyją.

Istota rzeczy
Istota rzeczy istnie zawistna
Podstępna wściekła nieczysta płeci
Diablicę wzięło w piekle dzień trzeci
A z nieba anioł z gaśnicą leci.

Co zrobić
Co zrobić z piekłem pomyślał Anioł
Tylko pomyślał już tym się zajął
Przyznał pożyczkę dla Lucyfera
A duży procent tak diabła zmógł
Czy tak chciał Bóg?

Procenty rosną
Bulisz się kulisz procenty rosną
Kiedy się niebios wrota otworzą
I będziesz wolny to ci umorzą.

Niełaska
Pastor wpadł w nerwy przy tym w niełaski
W dalekiej stronie poderwał dwie laski
Burzy się ciągle nie wszystkim schlebia
I jeszcze musi babki uwielbiać.

Ze złego
   Ze złego nie przelejesz co dobre
Zapytano kobrę

Odpowiedziała jak?
   Fuck.

Nacisk
Gdzie się kładzie największy nacisk
Na ogień w piekle czy dobro w niebie
Zapytaj siebie.

Nastrój
Jaki jest nastrój człowieka
Gdy czynności odmówiły mu płuca
Błędnie warczy czy kuca
Blednie tylko w dni powszednie.

Kłamstwo
Jest to wytwór wyobraźni
W odwrotnym kierunku.

Wielcy
Wielcy uczeni też zaczynali
Od abecadła.

Do życia
Do życia łatwo się przyzwyczaić
Tylko się trzeba przedtem urodzić.

Nitka
Nawlec nitkę mając trzy i pół promila we krwi
Jest łatwiej niż wjechać samochodem do garażu.

Wynalazek
Człowiek wymyślił piekło
A dopiero później powstała straż pożarna.

Głupota
Głupota zaczyna się wtedy
Gdy mądrość dostaje szajby.

Kręcąc się
Między niebem a ziemią
Kręcą się przebierańcy.

Dowód
Tak naprawdę to nikt nie dowiódł
Że piasek to jest piasek.

Waga
W końcu uczonym udało się zbudować wagę
I okazało się że ziemia waży dużo więcej niż powinna.

Przylot
Po wylądowaniu na lotnisku
Okazało się że samolot
Przyleciał bez paliwa.

Molestowanie
Mole i molestowanie
Jest to prawie to samo
Tylko mole się wykluczają.

Robot
Robot wyręczy człowieka we wszystkim
Tylko nie da rady się wypróżnić.

I to i to
Jest dobro i zło
A co jest pośrodku?

Co będzie
Jutro będzie nowy dzień
Ale przed nim noc
A wczoraj nic nie było.

Czy to?
Czy to co wyprawia śmierć
Zalicza się do biznesu?

Karty historii
Karty historii mają oczy
Tylko gdzie?
    W rękawie.

Studnia
Studnia ma dwa dna
Jedno z góry drugie z dołu.

Myślą
Myślą możesz być drugi raz
Tam gdzie byłeś fizycznie
A odwrotnie to jak?

Być sprawiedliwym
To nie dać się ponieść emocjom.

Mięsożerny
To taki człowiek który żre mięso
Trzy razy dziennie i popija krwią.

Wyrok
Dostał wyrok trzy tysiące lat więzienia
Ale wyszedł po dwóch tysiącach

Za dobre sprawowanie.

Wszyscy
Wszyscy dobiegli pierwsi do mety
Ale meta jeszcze nie dojechała.

Dawne czasy
W dawnych czasach nie było samochodów
Ludzie sami chodzili.

Atrakcje
Atrakcyjne dziewczyny wyjechały
I atrakcje się skończyły.

Najpierw
Najpierw żniwa
Później orka i siew
Czy odwrotnie jest to samo?

Nie wszystko
Nie wszystko da się podzielić
Na dwie nierówne połowy.

Ściemniać
Ściemniać to kłamać

Czy to jest to samo co rozwidnić
A nocą to co?
Nocnić.

Trąba
Słoń cały zwinął się w trąbę.

Wrócić
Wrócić z sinej dali
Czy to jest samo co iść
W siną dal?

Ustalono
Ustalono wolny dzień przed świętami
Wolny dzień od pracy po świętach
Ale świąt nie będzie.

Wygrać
Jak wygrać wojnę z nieprzyjacielem
Który nie istnieje?

Ten
On cały czas wyobrażał sobie własną wyobraźnię
Która nie była w wyobraźni do wyobrażenia.

Zakaz
Na całym świecie przestali produkować
                kierownice samochodowe
Ponieważ stwarzały one zagrożenia w ruchu lądowym.

Produkcja
Wódki obecnie produkuje się bezprocentowe
Gdyż procenty zagrażają życiu i zdrowiu
I dochodzi bujanie znaczy chwiejność.

Eksport import
Szczęście opłaca się importować
Za to jest problem eksportować nieszczęście.

Nie
Ci co nie zarobią
Na własny pogrzeb za życia
Będą zdyskwalifikowani
I pozbawieni prawa do śmierci.

Kto to słyszał
Kto to słyszał żeby osoba na pomniku
Odprowadzała podatek od nadgodzin.

Urodzenie
Urodził się w sobotę

Tylko nie pamięta w którym roku.

Pot
Pot to jest płaczące ciało
Ze wszystkich stron.

Jak
Jak może mieć obywatelstwo
Skoro się jeszcze nie począł?

Lżej
Człowiekowi który posiada drugą parę oczu
Jest lżej w życiu.

Na księżycu
Na księżycu są szkoły bezpłatne
Tylko nie wszystkich jest na to stać.

Zapracować
Zanim zapracować na chleb
Należy wpierw pomyśleć o mące.

Zanim
Kto się boi wysokości
I coś takie wyobraża

Nigdy nie trafi do nieba
Bo tam lękliwych nie trzeba.

Ten
Ten się poświęcił
Sam się wyświęcił
Teraz rozgrzesza
Panie pociesza.

Dużo racji
Dużo w tym jest i racji
Skrzyżowania do likwidacji
Światła wygasić dla kobiet w ciąży
A karać tego kto przejść nie zdąży.

Domysły
Polityczne bzdurowanie
Domysły pindolenie i zgroza
A kogo to teraz obchodzi
Komu nie dała koza?

Odmowa
Koń odmówił żarcia owsa
Siana wody nawet piwa
W słomie cały się zakopał
I się wkurzył ogon skopał.

Bóle nóg
Nogi bolą z braku soli
Alkoholi zwykłej waty
Od stania w kolejce na bani
I od spania podczas pracy.

Nagroda za
Udowodnił że węgiel z dymu pozostał
Za to nawet Nobla dostał
A teraz siedzi i mruczy
I abecadła się uczy.

Nie wszyscy
Solidarni a czy wszyscy
I nie od nas się zaczęło
Co niektórych pokrzywiło
Inaczej mówiąc pogięło.

Za darmo
Praca ludziom szczęście darmo
A nieszczęście przyszło samo
Tylko nie wiadomo kiedy
Jak nie do mnie to pół biedy.

Rypło się
Prawda szczypie często boli
Ale się oszukać nie da

I pomyśleć tak solidny
A nie jedną duszę sprzedał.

Nadciśnienie
Nadciśnienie trzeba leczyć
Czasem zdrowego przyciśnie
Krew się w żyłach migiem zatka
Może też zniekształcić buzię
I nie zdążysz ugryźć jabłka.

Co dzień nowe
Co dzień nowe i naprędce
Każdy za czymś gdzieś tam lata
A nie lepiej przespać życie
Nie czekać na koniec świata.

Abrakadabra
Abrakadabra
Pies połknął szwagra
Chociaż go lubił na łapach nosił
A to zlecenie dała teściowa
I teściu który też go nie znosił.

Wolni
Wolni na duchu jednak na wodzy
Chociaż zawzięci i bardzo srodzy
A nienawidzą nie kochają siebie
Czy dla nich miejsce znajdzie się w niebie?

Deszcz
Deszcz tęgi lunął i zmył kokosy
Na łysej głowie wyrwało włosy
Może to nawet bujda i trochę
Ktoś po fasoli zrąbał się grochem.

Odmiana
Boląca prawda odmiana fałszu
Tacy nie kłamią a tylko patrzą
I żeby duszę lecz swoją zbawić
Czy trzeba nogę bliźniemu podstawić?

Być kartoflem
A być kartoflem z jakiej przyczyny
Komuś odbiło lecą łupiny
Zupełnie nagi w gorącej wodzie
Takie znęcanie teraz na modzie.

Ciągle nowe
Ciągle nowe dnie i noce
Polityczne przepychanki
I proce przeciwlotnicze
A kamieni nie policzę.

Być teściową
Być teściową to jest sztuka
Taka ciągle guza szuka
Ale tak się często zdarzy
Że i sama przyfujarzy.

Myśli
Myśli groźne i te błahe
Skromne niekiedy upiorne
Dotykają świat współczesny
I stwarzają ciągle wojnę.

Inwestycja
I po co tyle obciachu
Zainwestowano w strachu
A prawda o Halloweenie
Jęczenie i biadolenie.

Nic nie rób
Nie wąchaj kiedy płuc nie posiadasz
I nie spowiadaj się z grzechów nie swoich
Nie podnoś się z ziemi jak nie upadasz
I nie lamentuj że coś ci nie stoi.

Strony
Dwie strony życia z jednym balansem
Oczy do tego nadzieje błysną

Tylko od czasu spojrzysz do dołu
Nogi zaplączesz i możesz p...

Miarka
Miarka się może przebrać każdemu
I pastorowi i bogatemu
Że w tych wypadkach powstaną ciarki
I źle się stanie gdy zabraknie marki.

Nasz świat
Nasz świat współczesny gości judaszy
Skorych do zdrady i strasznych rzeczy
Minutę temu skłamał i zabił
I srebrnikami będzie się bawił.

Żałować za
Żałować za cudze grzechy
To się można bardzo zawieść
To tak jak się najpierw wypróżnić
A potem się dobrze najeść.

Nieszczęście
Pieniądze nieszczęścia czasami przynoszą
Stąd wojny i ciągłe agresję
Masz pieniądze kupisz wszystko
Pastora i całą procesję.

Żywot wieczny
Żywot wieczny jest bezpieczny
Nic nie boli i nie kłuje
Nikt nie zwinie ci z portfela
Nie krzyczy i nie opierdziela.

Kłótnie
Ludzie wciąż się o coś kłócą
W szpitalu zginęło płuco
Ktoś postradał się nereczki
Wysiorbali krew z układu
Co masz robić   zdychaj dziadu.

Na pokuszenie
Kto wodzi na pokuszenie
Ma piekło na tysiąc procent
Nie ważne czy sługa boży
Doktor sędzia zbój czy docent.

Loteria
Sprawiedliwość jak loteria
Nie przysługuje każdemu
Ujdzie wszystko i się spełni
Ale tylko zamożnemu.

Problem
Pies rozpłakał się na dobre

Bo mu w nocy znikła buda
Przywiązana do łańcucha
Nie do wiary takie cuda.

Nowe wymogi
Będą zwijać drogi na noc
W dzień rozwijać jak dywany
Nowoczesne czasy mamy.

Ziemia
Ziemia ponoć jest niczyja
A kosztuje bardzo drogo
O piach człowiek się zabija
I często dostaje w ryja.

Oko tuczy
Oko pańskie konia tuczy
Koń dziś chodzi pod krawatem
Ćwiczy jogę i karate
I nikt go nie straszy batem.

Dawno temu
Dawno temu było lepicj
Wszystko darmo było w sklepie
Wódka żarcie i napitki
Harce tańce inne zbytki
A obecnie to jest lipa
Za darmo jest tylko grypa.

Zajść
Zajść wysoko i coś znaczyć
W roli króla się wyróżniać
Widzieć tak tyle o ile
Konia od wozu odróżniać.

Cyrki
Cyrki teraz już nie modne
Nie ma komu grać wariata
Koń nie da się zrobić w osła
I co nam ta przyszłość przyniosła.

Horror
Na horrorze duża forsa
Może nawet w pół godziny
Ale może się przydarzyć
Że nie wracasz do rodziny.

Nic nie musisz
Nic nie musisz skoro nie wiesz
Oddychać nie poprzestać na brudziach
Kiedy to wszystko wykonasz
Wtedy się poznasz na ludziach.

Z czasem
Z czasem myśli się zmieniają
Człowiek robi się nijaki
Dotąd będzie się naprawiać
Aż zajmą się nim się nim robaki.

Zaprzeć się
Zaprzeć się samego siebie
Na zawsze swój obraz zatrzeć
To ma znaczyć że od dzisiaj
Mam zakaz na siebie patrzeć.

Na psy
Na psy schodzi świat
I to jest tak bardzo dziwne
Tak się dzieje i to ujdzie
Lepiej może jest po psiemu
Korzystniej niż to robią ludzie.

Ingerencje
Ingerencje w pewne sprawy
W sposób brzydki nie przystojny
A później wielkie zdziwienie
Że tworzą się burdy i wojny.

Kto
Kto się przejmuje i martwi co będzie jutro

Jest frajerem i zwykłym dupkiem
Bo zmaga się umysłowo
Z nieistniejącym słupkiem
A jeszcze gorzej się czuje
Że za grzechy nie swoje żałuje.

Zawirowania
Jak zawiruje albo zakręci
I myśli spieprzą gdzieś na pustkowie
Ta sytuacja może zniechęcić
Lepiej niech o tym nikt się nie dowie.

Wolne wybory
Wolne wybory to zwykła lipa
A głosy lecą jak z głowy włosy
Tylko co będzie jak tak się stanie
Gdy się dowiedzą o tym niebiosy.

Zajęci
Zajęci sobą własnym wyglądem
Zapominamy zwykle o duchu
Zamiast się drapać ciągle po d...
Może czasami drapnąć przy uchu.

Wieści
Czas się kończy jak wieść niesie
Znak stopu przed tobą stanął
I urywa się coś w zuchu

Zakaz ruchu.

Ktoś kiedyś
Ktoś kiedyś chciał się przekonać
Że na ziemi jest gorzej niż w niebie
I zaczął zjadać siebie od nóg
Jak on tak mógł?

Adrenalina
Adrenalina u szczytu
Wilk się zakradł do garażu
Młodzi z tego nic nie robią
I beztrosko siebie skrobią.

Wycieki
Wyciekły ciekawe newsy
Rozmnażają się platfusy
Na stopę żeńską i męską
Z pieśnią na nogach zwycięską.

Podróże
Dalekie i bliskie podróże
A trafiają się ronda zwyczajne
Ale odmiennie to idzie
Jak śmigasz po piramidzie.

Gdzie?
Gdzie mieszkali ludzie
Jak ziemi nie było
Na pewno w przestworzach
Żyli wspólnie na wietrze
Może to było i lepsze.

Fotograf
Tym pochwalić się nie muszę
Chciał sfotografować duszę
Ale to się nie udało
Sfotografował ale ciało.

Należałoby
Żeby tak umysł ludzki odświeżyć
Przy okazji głupotę i chciwość wywietrzyć
Po powrocie na ziemię
Osobnik by nie mógł tak bzdur pieprzyć.

Osobnik
Osobnik o wyobraźni kurzej
Co miał szajbę
Nabył łajbę i udał się na koniec świata
Bez adwokata.

Rozwalić
Rozwalili porządek nabyli nowy

I z głowy.

Szybko
Kto myśli szybko czy zgodnie z prawem
To jest ciekawe o tym niebawem.

Nie zastąpi
Płaczem nie zastąpisz śmiechu
- Pociecha.

Na pocieszenie
Na pocieszenie tylko mnie wódz stary
A nie przy pomocy gitary.

Sławny
Był bogaty miał kulturę
Jedno mu się nie udało
Bo nie zrobił kupy w górę.

Kto winien
Pogryzł go pies pewnie przez stres
Kto tu winien stres czy pies?
A może ten winien co kupił złego psa
To za to niech teraz ma.

Nowe podatki
Podatki od mądrości i liczby gości
Czterdzieści dwa procent od debilizmu i prymitywu
Płatne bez sprzeciwu i jeszcze od nadziei
Od zawiei nie dotyczy tylko złodziei.

Uczucie
Uczucie rozpalone do czerwoności
Co zrobić jak serce jest słabe
A żeby życia nie stracić
Trzeba babę przekabacić.

Tradycja
Tradycją jest wódki picie
W domu w barze w lesie w życie
Niefortunnie flaszkę stłukło
Dlatego tak w lesie hukło.

Wiek
W pewnym wieku życie miłe
Zdrowie iskrzy w parze z popytem
Lata przeszły nasza klapa
Ciężko jest udźwignąć pytę.

Zez
Z zezem oczu to należy uważać
Żeby tego nie powtarzać

Patrzeć tam gdzie oczy poniosą
Można nie zdążyć za kosą.

Szczęście
Szczęście nie każdemu sprzyja
Nieostrożnie rozdarł ryja
I wykrzyknął tu mnie biją
I po ryju.

Alpinista
Alpiniście raz odbiło
Zszedł z góry wpierw niż wlazł
Szkoda że ostatni raz.

Przypadek
Koniowi ktoś kopyta buchnął
Zagapił się na miedzy usnął
Gospodarz zachodzi w głowę
Skąd wziąć na kopyta nowe.

Wypadek
Potrąciła mrówka słonia
I to na rondzie w sobotę
Zapłaciła dwa mandaty za szybkość
A słoń jeden mandat   za ślepotę.

Nie ufaj
Nie ufaj nocy
Nie chodź samotnie
I nie za długo bo nogi bolą
A jak znienacka ci przy...

Skromność
Żyj szczęśliwie i skromnie
Nie podżynaj pana
Nie nadymaj się za bardzo
Bo wypchanym inni gardzą.

Zuch
Imię i nazwisko
To jeszcze nie wszystko
Doszło ciało w ciele duch
Teraz dopiero toś zuch.

Smoki
Po smoczemu myśleli
Połykali ale zapomnieli strawić
Nie słyszeli jęków ze środka
Ogłuchli i w końcu wybuchło
Już nigdy nic dobrego ich nie spotka.

Zbawić
To znaczy w pokoju zostawić w spokoju

Dziwna sprawa.

Szorstki czas
Szorstki czas dla nas
Nie pyta a często boli.

Duch jest
Duch jest na czasie
A czas żyje w duchu
Cała reszta na podsłuchu.

Jesteś
Że dla siebie jesteś pan
Jesteś jak gliniany dzban
A czasami nawet pusty
Z powodu glinianej rozpusty.

Raty
Żyć na raty codziennie od nowa
Dziwne myśli i puste słowa
Nie potrzebne i zbyteczne
Czasem nawet niebezpieczne.

Kawałki
Po kawałku zapisywane życie
Ubarwione przerywane co chwilę

A przyszłości niewiadoma bezsensowna
A niby to do kogo pretensja?

Wymogi
Wymagamy nagród i pochwał
A niby za co i kto ma je nam dać
Za otwarte szeroko gały i spojrzenia
Nie nagradzać a uczciwie należy sprać.

Dlaczego?
    A tak dlaczego to oni przyszli na mój pogrzeb?
    Żeby nażreć się i napić do syta
Wkurzony wstał z trumny i zapytał.

Wybielanie
Wybielają się co niektórzy przed własną siłą
Przeszłych grzechów i złych czynów nie słyszą
A niektórzy to humorują i warczą
Plują na siebie i smarczą.

Rozpacz
Przelana rozpacz we mnie i w tobie i onych
Zaciemnione źrenice drgnięcia ostatnie
Krawat zwisa
To koniec tygrysa.

Opresje
Rambo wdepnął w szambo
I jak zwykle wyszedł z opresji
Ale pastor się nie popisał
I sp... w niedzielę z procesji.

Atak bociana
Z pieśnią w dziobie
Na skrzydłach z bojowym duchem
Tak teraz bocian atakuje
Ciężarną ropuchę.

Wolność
Nasza wolność to jest ściema
Bo nigdy jej nie było i nie ma
Wolność jest formą miłości
Tylko bez miejsca na kości.

Żałować
Żałować za to na co nas stać nie będzie
Zmieniać to co jest niegodne
I ściemniać gdy jest widno
Czy się powinno?

Ci co byli
Ci co byli przed nami
Nie będą nigdy za nami

A ci co będą za nami
Mogą nie mieć przodków
Bo ich nie będzie.

Przelać
Czarne wino przelać do białego dzbana
Czy to przystoi?

Scenariusz
Czarny scenariusz nie sprawdzony
Z kosmosu przywiało demony
I groza zawisła wszędzie
Za chwilę planety nie będzie.

Przybieża
Do ziemi się zbliża kometa
Ma pieprznąć ze grzmotem i blaskiem
Ale co się stanie z piaskiem?

Ciułacze
Zbieramy euro dolary i ruble
Gromadzimy w sejfach szufladach nawet w kuble
A tak dlaczego i po co?
Żeby się martwić nocą.

O zgrozo
Coś takiego w dużym mieście
Gdzie kultura wieżowce i światеł słupy
Jeden mądry wstał z fotela
I zapomniał podnieść d...

Stan
Stare oczy nie kłamią
Młode kości nie bolą
Ale co dalej z głupolem
Gdy go myśli nagle rozbolą?

Można
Można nigdy nie pracować
Nie uczyć się nawet nie spać
Ale czy to jest możliwe
Jak się chce to się nie ze...

Ze sobą
Jestem ze sobą całe życie
Forever co nieraz robić
Ale co jest najdziwniejsze
Podobam się tobie nie sobie.

Kup drabinę
Kup drabinę bardzo tanio
Opłaci się i nie żałuj

I na najbliższe święta
Sufity na ścianach pomaluj.

Sen
Wczoraj śniło mu się niebo
W nocy wyszedł za potrzebą
Pomyłkowo narobił na rondzie
Rano jest na wiecznym sądzie.

Układy
Na układy nie ma rady
Raz się pokłóciły gady
Jeden z epoki kamienia
A drugi z epoki jelenia
I to o co? O pogodę
Kogo tu winić? Przyrodę.

Frania
Frania bulgocze pierze wulgarnie
Efekt jest straszny wygląda marnie
Pory na szmacie czarne zostawia
Uprany rower jak wyprasować
A jeszcze ramę trzeba wyprostować.

Winien
Winien że się pociąg wykoleił
Że ropy zabrakło w samolocie
A jeszcze jest bardziej bezczelny

Że jeździ na nie swoim kocie.

Trafiło
Trafiło to na cymbała
Rybak by się nie odważył
Konia na haczyk złapał
I na patelni usmażył.

Rezerwy
Rezerwy rozumu miał w głowie
A głupi był jak but bez cholewy
I ten głupi rechoci śpiew po śmierci
Bez żadnych przyczyn
Niezły wyczyn.

Rzekł ten
    Zejdź mi z oczu rzekł ten do siebie
Tamten się wzruszył niepotrzebnie
Użył noża i o dziwo sam blednie.

Choroba
Zmora zachorowała
Na trzęsawkę pod dębem
Ale nic jej nie będzie
Zżarła żołędzie.

Piękność
Narysowała swoje piękne oczy na niebiesko
Na zielono i czerwono jak w niebie
Okazało się że jest niepodobna do siebie
Stąd obrzydzenie i zatwardzenie.

Rzecz straszna
Rzecz straszna kret knajpę rozpieprzył
W obronie barmana stanęła mysza
Kap udawał że nic nie widział i nie słyszał
I też go źle potraktowała mysza.

Promocja
Dziś promocja na klaksony i sygnały
Jaki jest ten świat raz duży raz mały.

Uwaga
Sam się nie buntuj
Swojego nie rusz
Bo Hera się tobą zajmie
I wkurzony Zeus.

Boli
Jak ciebie boli i wlazł ci kolec
Jesteś przyjaciel też ma cię boleć.

Gusta
Gusła to wiara w jakieś dziwadła
Objęte grzechem straszną pokutą
Chcesz się przekonać i z pewnym skutkiem
To spożyj trutkę.

Nie igraj
Nie igraj z losem
Bo jak się wkurzy
Jak jesteś mały
Staniesz się duży.

Dzieło
Dzieło było w samym dziele
Jak to potrzeba niewiele
I tak musisz ciągnąć nogi
Oderwawszy od podłogi.

Od zaraz
Nie starać się o wszystko od zaraz
Bo to się stwarza ambaras
Biały czerwony czarny
Nie wszystkie kolory i naraz.

Wygłupić się
Można nieraz się wygłupić
A później bardzo żałować

Udziki z kurczaka kupić
A baranie ugotować.

Na raz
Wszystko na raz przesada
Ucieczka w pole
W środku żyta goła dziewica
Co tu począć ja p...

Pomyłka
Zabrali go i siedzi
Jeszcze gorzej po spowiedzi
Niegrzeczny jest stuka w celi
Wzięli nie tego bo nie widzieli.

Dentysta
Dentysta z długoletnim stażem
Usuwa zęby z tatuażem.

Tak bywa
Tak bywa jak rządzą padalce
A ktoś na to patrzy przez palce
Jest bierny uwagi nie zwróci
Aż o swoje się nogi przewróci.

Zakażeni
Zakażeni wirusem mamony
Na czarno ubrane demony
A mózgi wyprane w pralce
Zwyczajne nieludzkie padalce.

Czego
Czego się nie bać
A czego się bać?
Kiedy nie gonią
Nie trzeba wiać.

Gdzie
Gdzie się podziali ci sprawiedliwi
Uczeni w piśmie i mądrej mowie
Czemu ci właśnie łamią zasady
Kto to zrozumie to ten się dowie.

Noc
Noc czarna nieznośna ohydna
Nielubiana beksa na nie na niby
To dlatego nie jest wskazane
By nocą się wybierać na grzyby.

Samotność
Na odludziu zamieszkać samotnie
Odzywać się rzadko do siebie być dla siebie kompanem

To czy mieć w głowie źle poukładane?

Jest fajnie
Jest fajnie gdy nic nie dolega
Gdy na koncie się uzbierało
Ale choćby i było dużo
To i tak zawsze będzie za mało.

Po czym
Po czym poznać można prawdę
Po czuprynie czy po wzroku
Po tuszy czy po zapachu
Po rozmowie bez obciachu.

Nieprawdziwość
Historia nie jest całkowicie prawdziwa
Bo człowiek ją po swojemu ulepsza
I dlatego dziesięciu próżnuje
A jeden na nich za...

Tak i tak
Jest mi źle wtedy narzekam
A jak dobrze to się puszę
A jak będzie tak nijako
Jak żyć z sytuacją taką?

Wolne drogi
Wolne drogi do sukcesu
Choć po drodze wiele stresów
A po stresach już na mecie
To się podagra przywlecze.

Różnie bywa
Z przyjaciółmi różnie bywa
Taki czasem obok pływa
Do przyjaźni coś tam dopisz
Pomoże ci jak się utopisz.

Cele
Cele są więzienne i inne
Kłótnie państwowe i rodzinne
A co to właściwie znaczy
Kłótnia zawsze coś wypaczy.

Statystyki
Statystyki często mylą
Żyjemy tak jedną chwilą
Ale w życiu zwykle bywa
Gdy chwilę coś nagle przerywa.

Z sobą czy bez
Z sobą jesteś czy bez siebie
Na uwięzi życia falach

Ten co znaczy coś naprawdę
On się nigdy nie przechwala.

Piszczysz
Piszczysz narzekasz gagatku
Że pogoda dziś zawiodła
Lepiej załóż kask ochrony
By cię pszczoła nie uwiodła.

Zagubieni
Zamyśleni zagubieni i mali
W codziennej gonitwie za chlebem
Zapominamy że cały czas mamy
Do życia nadzwyczajną potrzebę.

Statystycznie
Statystycznie coś od siebie
Mocne słowa w polityce
To coś takiego co kiedyś
Osioł obiecał indyce.

Pomieszało się
Pomieszało to się w głowach
Co niektórym rzeczywiście
Coś takiego na zlecenie
Na suficie grabić liście.

Niefortunnie
Niefortunnie prawie dziko
Na księżyc z motyką drewnianą
Wczesną wiosną w środku zimy
W czarną przestrzeń niezbadaną.

Komórki
Komórki obecnie na czasie
Przy uchu lewym i prawym
A video na samym środku
A rozumu tyle co na spodku.

Idealny mąż
Być idealnym mężem
Prać koszulę majtki w kratkę
To trzeba przy tym rozwiązać
Niejedną trudną zagadkę.

Słoń
Wysmarował się pachnidłem słonisko
Że czuć nim z daleka aż z bliska
Obraził królową mrowiska
Dlatego tak bardzo się ciska
I sypią się w stronę słonia wyzwiska.

Skończyć i zacząć
Głupio zacząć skończyć mądrze

Być na czasie i z postępem
To nie golić się tak często
Używać tylko żyletki tępe.

Rodem z piekieł
Rodem z piekieł niebezpiecznie
Czy to diabłem być koniecznie
Więc po drodze się nawrócić
Z powrotem do piekła wrócić.

Wygrać
Wygrać bitwę z koniem z małpą
To nie jest wcale tak łatwo
Ale ze sumieniem jeszcze trudniej
Niebezpieczniej i paskudniej.

Co czarne
To co czarne to nie białe
Zielone to nie różowe
Stała się rzecz bardzo straszna
Mądremu odjęło mowę
Nie otrzymał pensji obiecanej z góry
Obdarto mu język ze skóry.

Strata
Do portu zawinął statek
Zapomniał zapłacić podatek
Skończyło się niechybnie kłopotem

I musiał zawrócić z powrotem.

Nie ma
W niebie nie ma koloru czarnego
Jeno błękitne niebieskie smugi
A grosicki nie pojedyncze
Tylko forsy całe strugi.

Nie żałuj
Wolności nikomu nie żałuj
Daj darmo niech o nią nie walczy
Muzyką jednak nie szafuj
Jak zagra to niech tak zatańczy.

Dogadać się
Skracać drogę i przez wodę
Kiedy taka płynie ciurkiem
Trzeba będzie dna poszukać
Albo dogadać się z nurkiem.

Na rozstaju
Jak to zwykle na rozstaju
Różne drogi się rozstają
Każda idzie tam gdzie zechce
Nie ma takiej co to nie chce.

Pytanie
Zapytała ryba gruba
    Ty nie znosisz wody chyba
    Darmo pijesz tę deszczową
    Zużytą ale firmową.

Zjawy
W nocy się trafiają zjawy
I do tego są obawy
Okazyjnie mogą otruć
A co gorsze nawet podkuć
Dwie podkowy i masz z głowy
O litości nie ma mowy.

Wytwarzanie
W lodziarni wytwarza się lody
W fabrykach zwyczajne rowery
A myśli się rodzą w mózgu
Zwyczajnie u każdej sknery
Czasami wyprane rózgą.

Istna dzicz
Dzicz nie żyje tylko w borze
Spotkasz ją w lokalu i na drodze
Wariuje bałagani i syczy
To są cechy ludzkiej dziczy.

Oziębłość
Oziębłość nie tylko zimą
Zdarza się latem i pod pierzyną
Jak walczyć i wygrać z kimś takim
To przykryć się cegłą lub pustakiem.

Rodeo
Rodeo wygrać być bykiem lub torreadorem
To jest widowisko tak bardzo chore
I godne czasów Nerona
I ta publiczność wk...

Wrażenie
Mam wrażenie że to moje pokolenie
Jest nieudane i kwaśne
Jak się choć trochę nie zmieni
To szlag nas trzaśnie.

Żarłonia
Żarłonia to ochota na żarcie
Chorobliwa oferty ostoja
Nie pierwsza i nie ostatnia
Pajda chleba i garnek kaszy
Jest moja.

Nerwy
Film się zaczął z potężnym szelestem

Wkurzyłem się bo na ekranie nie jestem
W mojej roli jest Turek z Madrytu
I w dodatku z moją własną kobietą
Jeszcze gorzej ma facjatę zakrytą.

Po ropuszemu
Czy błoto może odbić nierówno
Zmęczone oczy oglądają czego nie chcą
Ludzie kupują na ekranie g...
I głupotą wewnętrznie się łechcą.

Nasze czasy
Korniki wkłuwają się w mózgi
Za kropidła poświęcone rózgi
Dobrobyt kwaśnieje i się kurczy
A w brzuchach niejasności burczy.

Rozmowa
W dwójkę raczyli się z trzecim
Czarnym panem w barze nad ranem
Pierwszy pisnął ale przedtem wcisnął gaz
I widzieli się niestety ostatni raz.

Bądź taki
Tak zwyczajnie sobie bądź
Zapytali jak masz wziąć
Wtedy dadzą jakbyś wiedział
I nie będziesz darmo siedział.

Demon
Demon dał nam demokrację
I w pewnym sensie miał rację
Za darmo kiedyś przed czasem
Żeby ją później ogłosić
I prawnie podatki podnosić.

Pocenie się
Z bólem serca z płaczem oczu
Dlaczego to ludzie się pocą?
Bo zło wycieka pod postacią wody
Niezależnie od osoby czy stary czy młody.

Czy to czy to
Ropień czy wrzód
I to boli i to boli
Na ciele całego narodu
I niekoniecznie w niewoli.

Syberyjski walc
Syberyjski walc
Oni tańczą i nie marzną
A ty marznij i się patrz.

Działanie wody
Czy woda święcona działa
Na ciążenie ziemskie
Z pewnością tak ale to drogo kosztuje
A taki ktoś albo nie chce albo nie czuje.

Plan
Plan się nie powiódł
              Jak nie żyje
To się chyba już naprawdę rozwiódł.

Komplikacje
Przez stareństwo komplikacje
Zestarzał się ale czy miał rację
Młodemu się nie udało odważyć
Stary musiał się niestety zestarzeć.

Myśli
Myśli się tworzą same
Piszą rysują się i kłopoczą
Trwa to nieprzerwanie dniem i nocą
A dlaczego tak właśnie jest?
Bo mają gest.

Zero
Nie zaczynamy od zera
Bo zero to jest już coś.

Lud
A kto teraz się zalicza do ludu
Obdarci bosi głodni i nadzy
I kominiarze od sadzy.

Opcje
Żyć dostatnio nie martwić się
Co będzie jutro
Pracować na kogoś i nie mieć
Nie grzmieć.

Dochodzenie praw
Kto dochodzi praw które nie istnieją
Musi się często osłupieć
Bo nie wszystko za pieniądze
Można kupić.

Kto by pomyślał
A kto by kiedyś pomyślał
Że nadejdą za nas jeszcze dzieje
Obkładają teraz podatkiem
Za zwyczajną ludzką nadzieję.

Współczesność
Och ciemnoto współczesna od kiełbasy

Pomyliły się co niektórym czasy
I mózgi im kler dosłownie pierze
Aż litość jak się patrzy bierze.

Reguły
W życiu są reguły których nie ma
A jak się czasem trafiają to ściema
Trzeba nieraz wiele rzeczy zaniechać
I zawsze w prawą stronę się uśmiechać.

Nie muszę nic
Mogę nie pracować
Kombinować i coś modzić
Ale czy można chcieć
Czy nie chcieć się urodzić.

Nie wiadomo
Nie wiadomo do tej pory
Jak stworzyły się kolory
Czarny nocą biały we dnie
A reszta to jak popadnie.

Widać
Nierówność widać w inteligencji
W dobrobycie
W podnoszeniu ciężarów i boksie
Zależy czy się jest na koksie.

Zabronić
Pracowitemu zabronić tyrać
Leniwemu lenić
Ale nie można zabronić
Łące się zielenić.

Memory
Memory jest pamięcią przewlekłą
Jak coś przebytego po stadium
Jeśli chodzi o pastora
Konieczność wpłacenia wadium.

Coś jest
Coś nie tak jest z piekłem
Wszystko tam podrożało
I skąd na wszystko wziąć
I jeszcze nie wolno kląć.

Reguła
Na życie reguły nie ma
Ani żadnego pokrycia
Najważniejsze jest prawo do jedzenia
I na lewo coś do picia.

Mocne słowa
Mocnych słów używają króle

Politycy i zbóje z pałami
W gniewie rozpaczy nie na luzie
Dziwnie wykrzywiają buzie.

Wynika
Co wynika z tego z czego nie wynikło
To czego nie było być nie musi
Zapytał się konia o drogę
Nie odpowiedział tylko ramionami wzruszył.

Odwrotność
Zmęczenie to odwrotność odpoczynku
Do czego jest łatwiej zachęcić
Korzystniej byłoby odpoczywać
I nie dopuścić żeby się zmęczyć.

Dziwne
Jak rysują to tak widzą
Co niektórzy tak dziwnie się wstydzą
Że pszczółka na nosku się opala
I z radości skrzydełkami nawala.

Przypadek
Przypadkiem Cezar rzymski
Znalazł się w sejmie
Zatkało go jak przemówił kaczor
Tak się zląkł że pod ławę się schował
I z nerwów bardzo się rozchorował.

Filozofia
Filozofia to albo
Urodzony z garbem lub bez garbu
Był mądry a głupio nauczał
Zamiast śpiewać to piszczał i kucał.

Wytrawni
Wytrawni życiowi niby spece
Gracze myśliciele z innej łaski
Przyjdzie wicher i wszystkich wymiecie
I zerwie z facjat opaski.

Dziecinada
Polityka ma w sobie coś z dziecinady
Piaskiem w oczy sobie sypią stare dziady
A rozumu zostało tylko ćwierć
Może modlić się lepiej o rychłą śmierć.

Być
Być czy nie być
To nie ma znaczenia
Kim się jest i kim się będzie
Czy to coś zmienia?

Życie
Życie to typowa walka o dzieło

Nikt nie wie i nie dowie się jak się rozpoczęło
A skończy jak jemu wygodnie
O tak beztrosko nożęta wyciągnie.

Czy być
Czy być dobrym człowiekiem to być biednym
I myśleć zawsze o jednym
Cały czas błędy w duszy naprawiać
Potrzebuję pomocy wymawiać.

Drzemie
Zło drzemie w człowieku to jest prawda
Na pewno kiedyś się na tym poznasz
Gdy dostaniesz otwartą dłonią w policzek
Zło sprawi że natychmiast oddasz.

Zajrzeć
Przestraszyć się samego siebie
To zajrzeć naprawdę w głąb duszy
I ujrzeć coś złego na kacu
Na urlopie i poza pracą.

Wypatrzeć
Wypatrzeć oczy na co dzień
To widzieć jaśniej i prościej
Ujrzeć to co by się chciało
I o czym się nawet nie słyszało.

Stanisław Pysek Prusiński

Każdy dzień
Każdy dzień jest zwyczajnie inny
Taki sam się nigdy nie powtórzy
Tak jak urodziłeś się kiedyś malcem
Z matką i ojcem na wersalce.

Każdy
Każdy pośpiech jest wskazany
I ma nieraz mocne strony
Ale najlepiej sprawdzić
Czy jest się na przykład gonionym.

A co można
A co można nazwać patriotyzmem
Przynależność do klarownej parafii
Co wynika z unieważnionego związku
Przekreślenie Bożego obowiązku.

Kręcić
Coś polepszyć coś rozpieprzyć
Kręcić lody pod kapuchę
A zło triumfuje w najlepsze
Kręcąc duchem jak obuchem.

Pogarda
Kto ludem gardzi dręczy i straszy

Choćby był królem na wielkim tronie
Wcześniej czy później za swe uczynki
W ogniu piekielnym w nagrodę spłonie.

Co ostatnie
Co stanie się gdy zabraknie tchu w płucach
A oczy błądzą w przestrzeni
O czym myśleć o piwie czy winie
Kto przy tobie tego nie oszukasz
To widać po dziwnej minie.

Zdarzyło się
Koń się wkurzył niemożliwie
Z trzecim piwem się uporał
Rozwinął ukryte skrzydła
I całe powietrze zaorał
A ranek nastał i dnieje
Kto teraz zboże posieje?

Świat
Świat nie był i nie będzie okrągły
Kwadratowy czy owalny
Świat jest piękny i uroczy
Jest taki jakim widzą go oczy.

Na okrągło
Oczy z przodu z boku z tyłu
Na okrągło całą dobę

Może lepiej wszystkiego nie widzieć
Bo można wpaść w ciężką chorobę.

Pajda
Pajda chleba ćwiartka wódki
I oto widzimy skutki
Zamienił się z koniem na pługi
Oj nie pociągnie czas długi.

Drabina
Drabina jest dwulicowa
Wejść po niej i sufit ulepszyć
Ale uwaga na szczeble
Źle staniesz i możesz się sp...

Z reguły
Z reguły to oni są źli
A my jesteśmy dobrzy bo nie chcemy
Różnica w tym oni to chamy
A my nie chcemy bo mamy.

Widok
Oj śmiała się jego dusza
Na widok zwykłego platfusa
Co kroki stawiał nierówno
I czasem rozdeptał g...

Racja stanu
Racja stanu mówię panu
To jest utopijne brzemię
Ktoś z góry na złotym żwirze
A reszta mu z dołu stopy liże
W noc ciemną zimną i głuchą
A do tego na podsłuchu.

Moim zdaniem
Moim zdaniem świat jest mały
Słaby bezbronny i płochy
Ale człowiek jest olbrzymem
I dlatego stroi fochy.

Podróż
Podróżując po Saharze
Zgubił całą dolną szczękę
Chciał przywitać się z tygrysem
Ten mu w zamian odgryzł rękę
Żeby przetrwać nabył lasek
I zakopał głowę w piasek.

Pewien radny
Pewien radny był bezradny
Bezradnością się promował
Komornik zajął mu pole
Ciągnik do lodówki schował
A co teraz jest na modzie
To ciągnik zostawił na chodzie.

Urodzeni
Pierwszy rabin urodził się
Przed drugim rabinem
A mieli wspólną pierzynę
Która strasznie była droga
Dlatego sypiali w nogach.

Rozłąki
Telepatia i teleskop
To zupełnie sprawy różne
Tak jak nieraz na balecie
Nogi stają się podłużne
Wykręcone jak pałąki
Z powodu przemyślnej rozłąki.

Oczywista
Zwijać myśli i rozwijać
Może każdy oczywista
A to się tak tylko wydaje
A co jest jak rozum nie staje?

Stało się
Stało się aż wszyscy pobledli
Całe prosię z rusztu zjedli
O deserze nie ma mowy
Prosiak trafił się stalowy
A ucieszy się dentysta

Bo od łebka dostanie trzysta.

Stwierdzenia
W zwisie to zazwyczaj wszystko jest kuse
Z przykrością to stwierdzić muszę
Rozumy to jeszcze może niewiele
Ale niestety wywiało im dusze.

Role
Akordeon organy i skrzypce
Ważną rolę odgrywają
Tylko jeden ważny szczegół
Bez człowieka nie zagrają.

Wyniki
Ktoś się nieraz dobrze czuje
Ot udaje że pracuje
I z niemałym też wynikiem
To się łączy z politykiem.

Poezja
Poezja jest wynikiem amnezji
Zniewala i pobudza uczucia
I może tak rozkołysać
Zapomnieć też co ma się napisać.

Gbur i rura
Gbur i rura skrajne zwroty
Rura z gburem to kłopoty
Jak rozmawiać z takim gburem
Który zawadził o chmurę?

Oj niedobrze
Oj niedobrze ten tam zrobił
Cudzą rybę w rzece złowił
Nie przystoi na kowboja
Wczoraj moja dzisiaj cudza
Wiele kontrowersji wzbudza.

Wielkie słowa
Wielkie słowa małe czyny
Tworzą rodzaj dziwnej matni
W rezultacie z jakiej przyczyny
Każdy ma swój hymn ostatni.

Wymysł
Ktoś wymyślił pieniądze kiedyś
Oj bardzo się bardzo wygłupił
Ale nie było przypadku
By ktoś rozum za pieniądze kupił.

Książka
Krok po kroku i ku słońcu

Wyszła książka o zającu
Ten tylko tytuł przeczytał
Uciekł natychmiast w redliny
Pociął sałatę na wstążki
I bardzo potępił ząbki.

Nie zaczynać
Z czartem lepiej nie zaczynać
Nie kłaniać się mu i nie hołdować
Wyzwolić w nim rechot i śmiech
Żeby się wkurzył i zdechł.

Stało się
Stało się jak strażnik usnął
Ktoś ze smoły buchnął stołek
A jak śledztwo wykazało
To zrobił to roztropny aniołek.

Lenistwo to nie wszystko
Lenistwo to forma bajki
Zawiera niemal wszystko
Leniwemu się zieleni
Z powodu jeleni do pracy
A przykro są i tacy.

W parku
A w parku ławka
Fajna zabawka

Hymn leci głośno i to się chwali
Weteran konia po grzywie wali.

Zwisa
Czasy zwisowskie trochę niechlubne
Decyzje raczej głupio koślawe
Daliście głosy takiej hołocie
A ta przepiła olała sprawę.

Co drugi
Co drugi sędzia to pierwszy poseł
Osioł ostatni i nigdy pierwszy
Głupi rozumu próbuje dosiąść
A ogon z przodu a koń jest pierwszy.

Sprzedam
Sprzedam mydlane bańki
I małe i te duże
Kolorowe co wy na to?
Okazyjnie bo bez vatu.

Kopie
Problem jest nawet niemały
Kopiowane są cymbały
Najwięcej na samej górze
Wbrew rozsądkowi i kulturze.

Kłopot
Płotka w wodzie w nerwy wpadła
Rankiem szminka jej wypadła
Szczupak połknął ją i z rana
Cały dzień nie malowana.

Widok
Bez litości i bez skruchy
Na wszelkie badania głuchy
I mamy tego wyniki
Co wyczyniają pomniki.

Aktorstwo
Aktorstwo to gra na czasie
A na wszystko przyjdzie pora
Najgorzej jest zagrać czarta
Bo rola ta g... jest warta.

Pożyć trochę
Żeby jeszcze trochę pożyć
I kłopotów nie przysporzyć
Gotować fasolę z cebulą
Nie lubią niech uszy tulą.

Nigdy
Nie zrozumiesz tego nigdy
Że każdy ma w sobie coś z pierza

I coś z najgłupszego zwierza
A może poradzić się jeża.

Skala
Bezrobocie to kłopot na wielką skalę
Ktoś się spocił na upale
Aż wachlarz się zrobił czerwony
I ogromnie zadymiony.

Najpierw
Najpierw był zbójem
Wnet się nawrócił czuprynę skrócił
Brodę ogolił i wniebowzięty
A teraz święty.

Na wznak
Nie drżyj o zdrowie nic ci nie będzie
A w nocy kładź się do snu na wznak
To tylko tak.

Nlechciany
Niechciany jesteś a więc jest prośba
Do domu starców nie daj się oddać
Nie martw się i tak ci życie dokopie
Może się utop lecz nie w ukropie.

Ze sobą
Nie być samotnym ze sobą gadać
Sam się rozgrzeszyć i wyspowiadać
Łykać tabletki starać się nie sapać
Tylko po swoim tyłku się drapać
Bo jak po czyim to już przestępstwo
Można ukradkiem lecz niezbyt często.

Nie dla wszystkich
Nie dla wszystkich komfort i luksusy
Drogie ośmiorniczki i kawiorek
Tylko dla elit przez nieudolnych
Wybranych za kiełbasę
Trwa walka i wyścig z czasem.

Spojrzeć na życie
Jak życiu się tak dokładnie przyjrzeć
To jest warte tyle co płomień świecy
Zanim się włączy i wartko zapłonie
Nie wiadomo kiedy przeleci.

Podziały
Narody zamiast się łączyć dzielą
Komuś na tym tak bardzo zależy
Bo sumienie za pomocą centymetra
I zawartością portfela się mierzy.

Nie widziano
Nie widziano nie słyszano
A to się stało i wtedy
Ale nie wiadomo gdzie i co
A to nie było to.

Cuda
A co tam się zastanawiać
Trzeba działać jakieś cuda
Znajdzie się ktoś kto w to uwierzy
Jak komuś na tym zależy.

Nie można
Nie można wiele od życia wymagać
Ale trzeba sobie nawzajem pomagać
Jak pomagać to sekretnie
Z kieszeni ale bezpiecznie.

Często
Często nie zdajemy sobie sprawy
Że uczestniczymy w przemijaniu
Samego siebie.

Uczucia
Płomienie uczucia rodzą się
Niezależnie od nas samych.

Naiwność
Naiwność i stosunek do wielu spraw
Bardzo prostych sięga zenitu.

Język
Język też się poci i ślini
To widać u zwykłej świni.

O przyszłości
O przyszłości myśleć to utopia i bezsens
Przyjdzie jak zechce
A nastąpi jak jej się nie chce.

Bezsilność
Tak nieraz bezsilność narasta
Osiąga rozmiary kolosu
Że nic się nie chce nawet skowyczeć
I drwić z nieszczęsnego losu.

Porównanie
Bałwany na morzu potworne i duże
Trzaskają pioruny i powietrzne bruzdy
Są mniej niebezpieczne i bardziej sprawiedliwe
Niż wyprane spalenizną człowiecząze mózgi.

Błahostka
Ot błahostka pękła kostka
Bardzo boli cóż poeto
A doktorzyna troskliwie napisał
Skierowanie do baletu.

Miłość
Miłość się pojawia w różnych falach życia
Jednej się powodzi druga żyje w nędzy
Ale rzadko zdarza się że niektórych
To można pokochać ale bez pieniędzy.

Coś takiego
Pies go się wstydzi
Małpa się brzydzi
Koń pod sufitem co ma nierówno
Któż by pomyślał to takie proste
Zwyczajne g...

Podryw
Taki jeden w karnawale
Poderwał woskową lalę
A było to na odpuście
Aż wosk jej spływał po biuście.

Wyprostować
Wyprostuje się i jałówka

Proszę na liczniku stówka
A wysoko też podskoczy
Gdy oberwie w ogon z procy.

Obrzydliwość
Obrzydliwość nie ma miary
Pastor odchodzi od wiary
Bo zakochał się w mamonie
A parafia w długach tonie.

Proszę sprawdzić
Proszę sprawdzić co tam śmierdzi
Coś takiego darmo p...
A roboty tam nie za wiele
Zabrać spod tyłków fotele
I jeszcze taki incydent
To podobno pan prezydent.

Orzech
Ktoś nie musi gryźć orzechów
Bo wysiłek niepotrzebny
Dziwne że w tym konkursie
Wygrał jeden i bezzębny.

Lipa
Była lipa i po lipie
Pocięta w kawałki i zipie
A pod lipą dziadek w czapce

Oświadczyny złożył babce
Choć zrobił to już nie młodo
Ślizgając do ziemi brodą.

Ubogo
Zubożały wsie i miasta
Wszedł podatek od wszystkiego
Nawet podatek od garbu
Nie dotyczy bogatego
Choćbyś tyrał całą dobę
G... z tego.

Zakaz
Odezwa równi wolni i ubodzy
Piękności i zwykłe straszydła
Od września przyszłego roku wchodzi
Zakaz używania mydła
Wszelki bunt będziemy tłumić
Więc lepiej się wcześniej do przodu umyć.

Sny
To że sny są często głupie
Jakieś zjawy maski trupie
Ale jak się wyśni kopa
Obudź się bo szkoda chłopa.

Numer
Oto wiadomości ranne

Koń w kościele wypił wannę
Pełną święconej wody
Zrobił się rześki i młody
I szkapa rozochocona
Sytuacja się zaostrza
Gadkę strzela za proboszcza
A pastor dla konia zbiera na tacę
I cieszy się że ma pracę.

Lżej
Świni lżej jak ryj odetną
Nie musi już z koryta żreć
Jak można do tego dopuścić
Żeby wcześniej żreć niż chcieć.

Zmiana
Zmieniają się czasy na co dzień
Piękniają kobiety jak łanie
Niestety co jest możliwością
Głupota nie musi a zostanie.

Tak bardzo
Tak bardzo kochamy wojny
Niektórzy nawet tacy porządni ludzie
A bardzo się często dziwią
Że szczupak za płotką w ogień pójdzie.

Projekt
Nowy projekt teza
Zapłacisz podatek od zeza
Twój problem że krzywo widzisz
Podniosą ci jak się zawstydzisz.

Nieszczęsny
Nieszczęsny dziś twoja renta
Czy wszystkie płatności pokryjesz
Jak chleb zdrożeje i ziemniaki
Do końca miesiąca nie dożyjesz.

Na co dzień
Wciągani w życie na co dzień
Patrzymy na ręce nie swoje
I ciągle chcemy tak więcej
Nie o swoje a twoje się boję.

Gracze
Wojenni gracze bohaterzy metalowcy bezmózgi
Skupieni na zdobywaniu władzy i zaszczytów
Wasza praca idzie na marne
Krótko mówiąc tak po chłopsku do kitu.

Nie patrzeć
Nie patrzeć na życie krytycznie
Udzielać się trzeba publicznie

O pewnych sprawach nie wiedzieć
To wtedy nie pójdziesz siedzieć
Jak trzeba opuścić chałupę
Wynająć nie swoją d...

Ojczyzna jego
Kochała go zawsze ojczyzna
Bo stawał ciągle w jej obronie
Lecz nigdy się nie domyślił
Że diabłu służył w koronie.

Na pokaz
A co tam dzisiaj na pokaz nie ma
Za pieniądze wszystko się nabędzie
Jeno wspomnień i przyszłości
Nikt nie kupi i nie zdobędzie
Tylko tego nikt na świecie
Nie potrafi i miał nie będzie.

Damy radę
Prawdą jest że trzeba się ciągle uczyć
Mimo że po drodze dole i niedole
Na górę zdążymy jeszcze później
Póki co wykonujemy swoje role.

Korek
A kto by przewidział
Że nawet sam szatan utknie w korku

I będzie stał w kolejce
Od niedzieli aż do wtorku.

Wzrasta
Kiedy myślenie wzrasta
Maleją opory
Do tej pory był mądry
A głupi po tej porze
To już nic mu teraz nie pomoże.

Po co tobie
Według teorii pastora
Jesteś bogaty oddaj wszystko
Po co to tobie?
Szkoda że ten mądrala
Nie pomyślał o sobie.

Duchowa tożsamość
Czym zadziwić duchową tożsamość
Modlitwą mądrością służebnością
Dla ubogich oddać należną część
Uwaga nie przesadzić do przodu
Żeby samemu nie umrzeć z głodu.

Interes
W czyim interesie jest smucić się
Śmiać się płakać i być
Siebie samego tamtych czy tych?

Nie widzą
Nie widzą a cię piszą
Bardzo często także dzielą
Nawet może bezpodstawnie
I bez przyczyn prz...

Mucha
Czy taka przeciętna mucha posłucha
Musi bzykać tak się bawić
Tak do końca prowokować
Że w końcu trzeba ją będzie zabić.

Cukier w cieście
Cukier w cieście ciasto w cukrze
Smakowity kąsek w buzi
Zwabi nawet maleńkiego
A połechce i dużego.

Grymas
Nie wykręcaj buzi z bólu
Kiedy jeszcze mały problem
A broń Boże tak od łgarstwa
Bo na to już nie ma lekarstwa.

Normalność
Codzienna normalność czyli atrakcje
Mycie śniadanie i praca
Brakuje miejsca na kaca.

Obecnie
Obecnie we filmach jest tak
Co pierwsze słowo to fuck
Co drugie bulsiet
Na początku ktoś obrywa w łeb.

Sytuacje
Wymieniamy się czym naprawdę
Podglądamy się technicznie ze spokojem
Jak zrozumieć że tak bardzo często i niepotrzebnie
Obrzucamy się zwykłym śmierdzącym gnojem?

Pokażcie
Gdzie jest miejsce na ziemi bezpieczne
Gdzie nie dosięgnie zaraza
Czy zabłąkana strzała
Szansa niestety jest ale mała.

Ucieczka
Uciekać nie wiedzieć przed kim i dokąd
To znaczy tak po prostu żyć
Nie martwić się co jutro przyniesie i da Bóg

Starać się nie dać zapędzić w kozi róg.

Zawsze szary
Szary człowiek teraz i przedtem
Zawsze był pod batem
Głodny i bosy zimą i latem
A to dlatego że się nie poddał
Często był bity ale nie oddał.

Dlaczego?
Dlaczego czerwona jest krew
Ponieważ zawiera gniew
Ale i miłość się trafia w niej często
Gdy mamy na myśli krew gęstą.

Ziarenka prawdy
Ziarenka prawdy pod mikroskopem
To wyglądają bardzo prawdziwie
Ale wcielone w mózg osobnika
Zmieniają kształty prawda zanika.

Chcesz
Chcesz utrzymać cerę młodą
Musisz palić w piecu wodą
Nie rozczulać się nie grymasić
Uczucia nigdy nie gasić.

Uczucie może
Może zaważyć uczucie
Gdy zostało w jednym bucie
I w krawacie bez koszuli
A masz kogoś kto rozczuli.

Na pochyło
Na pochyło Pysek pisze
Wychodzą mu fraszki zabawne
Małe średnie i te większe
Wesolutkie zgrabne ładne.

Halucynacje
Najpierw był kredyt później procenty
Początek niezły ktoś wniebowzięty
A z biegiem czasu odkryte rację
Rosną ogromne halucynacje.

Ułożone
Pojeść popić i polubić
A gdyby tak bank poślubić
Więc wyjść za dużą mamonę
Ma się życie ułożone.

Nawijać
Jak się rozwijać to dobrze nawijać
Za bajery dobrze płacą

A tym niekonfliktowym zgodnym
Pozwalają nawet marzyć
I zwolnienie z podatku
Od dostatku.

Do rosołu
Do rosołu się rozebrać
To potrafi tylko kura
Ale musi się narąbać
I ktoś główkę jej odrąbać.

Czuwanie
Słońce nie śpi ciągle czuwa
Za lasami za górami
A księżyc rzadko i traci
Może mu się nie opłaci.

Prawda to
A to prawda że uczeni
Są często po...
Wymyślają takie sesje
Że nawet rzygać i płakać się nie chce.

Zaraził się
Zaraził się od konia wielką siłą
A to w zapusty było
Od teraz tak go pociąga
Że na raz trzy pługi ciąga

A biega tak jak szalony
W międzyczasie szuka żony.

Wydaje się
Wydaje się nam że jesteśmy tacy bardzo mądrzy
Że niewiele odbiegamy od ideału
A po prawdzie nad pewnymi sprawami
Zastanowić by się naprawdę przydało.

Chwile
Każda chwila w której jesteś sobą
Jest inna nie gorsza czy lepsza
Z tą różnicą że w żołądku burczy
A w głowie od myślenia napieprza.

Namalować
Namalować świnię podobną do siebie
Bo można się i tak wygłupić
Ale trudno to zrobić po trzeźwemu
Więc polecam się przedtem upić.

Zdążamy
Do wieczności zdążamy wszyscy
Nawet pies z kulawą nogą
Z tą różnicą że o niejednakowych czasach
W jedną stronę ale każdy inną drogą.

Przewidział
Przewidział własny zgon
Ten on
Umarł tak jak gdyby nigdy nic nie mówiąc nikomu
Nie przewidział powrotu do domu.

Szczęście końskie
Co koniowi do szczęścia potrzeba
Na pewno nie siodło
Nie pług nie zboża łan
Tylko uczciwy i dobry pan.

Rządzenie
Rządzenie przez człowieka światem
Często kończy się dramatem
Buduje oszczędza i z głodu aż piszczy
Następnie rujnuje i niszczy.

Widno i ciemno
Dzień się kończy na nocy
A noc po dniu następuje
Widno i ciemno a czas jest tylko jeden
Dni powinno być zatem osiem
A jest tylko siedem.

Podeszły wiek
O czym myśli gość w podeszłym wieku

Po sześćdziesiątce i powyżej
O czymś co jest nieuchronne
I ciągle jest bliżej i bliżej.

Pokuta
Dni lecą czas zbiera żniwo
Nie wiadomo po co i na co
To coś w rodzaju pokuty
I też nie wiadomo za co.

Śmieszne
Ruszyła śmiechu lawina
Do tej pory nie przestali śmiać się jeszcze
A tak naprawdę z niczego
Z pupy popryskanej deszczem.

Wymyślono
   Wymyślono biedę
   Odwrotność bogactwa
   Nie ma na to rozgrzeszenia
      Zrozpaczona Genia.

Kolory
Złość jest koloru czerwonego
Gniew z reguły czarny
A radość ma kolor zielony
W zależności od mamony.

Ćwiczenia
Żeby biegać trzeba chcieć
Ćwiczyć wolę i bicepsy
Lecz uważnie delikatnie
Bo można się nieźle wypieprzyć.

Do oporu
Do oporu ciężka praca
Nie ma czasu leczyć kaca
A skąd wziąć kasę na wódkę
Nie ma sprawy zrobimy zrzutkę.

Reklamy
Reklam teraz są tysiące
Niebieskie czerwone płonące
A to graniczy z rozpustą
Kiedy jest w portfelu pusto.

Wybaczyć
Może nie da się wybaczyć
Komu kto jest i niegodzien
Może trafić się policjant
Albo jeszcze gorzej złodziej.

Obciach
Czy być biednym to jest obciach

O tak sobie z perspektywy
To pierwsze to można zrozumieć
Ale biedny i na dodatek chciwy.

Wyśpiewać
Wyśpiewać błędy wykrzyczeć prawdy
Udać się może tylko nielicznym
Najlepiej widać to na rozróbach
Z tym co związane jest politycznym.

Związki
Partnerskie związki i obowiązki
W dobrym się guście na czarne mają
Ale po drodze mnóstwo potyczek
Nie wymieniając widocznych pstryczek.

Uda się
Czy uda się przekroczyć bariery
Które stwarza życie codziennie
Tak bardzo urozmaicone
I dla każdego odmienne.

Otworzyć oczy
Otworzyć oczy na obraz świata
Może się kiedyś trzeba odważyć
Ale i zawieść na tym widoku
Nawet przerazić.

Wyobraźnia
Zło sami sobie wyobrażamy
Czarne rogate zwykle niedobre
I przesuwamy nasze woalki
Zamiast natychmiast wrzucić do pralki.

Nim
Nim pierwsze zorze na niebie błysną
To w pewne sprawy gromy się cisną
Niby tak proste prawie bajeczne
W rzeczywistości tak niebezpieczne.

Moja wolności
Moja wolności tak mnie pociąga
To się jak guma zwykła rozciąga
Twardnieje nieraz czasem znów miękne
Lecz mam nadzieje nigdy nie pęknie.

Ideał
Czego nie robi się dla idei
Wabi kaleczy żywych dobija
Zmienił się system zostałam z niczym
 I wszystko mija.

Zmiana
Jesień nas psychicznie zmienia

Dziwnie czujesz się na duchu
Basen jeszcze pełen wody
A nie skoczysz młody zuchu.

Kuszenie
Nieprzyzwoitości jak kusząca powaga
Roznegliżowana niebezpieczna prawie naga
A to jest ta rzeczywistość i tak być musi
Dlatego też tak często kusi.

Rodzaje grzechów
A grzechy zdarzają się różne
Kwadratowe okrągłe owalne i głupie
Rodzą się w mózgu i bardzo często
Znaleźć je można nierzadko w pupie.

Zmiany
A my tak sobie czas zmieniamy
O tak jak się nam podoba
Bo on nieraz tak się wlecze
Jak postępująca w nas choroba.

Nie bój się
To jest tak nie tędy droga
Proszę cię nie bój się Boga
Ani diabła choć to zbój
Samego siebie się bój.

Emigracja
Emigracja była i będzie
A jeszcze robi postępy
Co poradzi ktoś taki przeciętny
Gdy na zewnątrz czyhają sępy
Straszne dziwne w długich kiecach
I straszą że wrzucą do pieca.

Przed nami
Najlepsze przed nami i dniem i nocą
To jest to czego nie wiemy
A najgorszego nie będzie
Bo i po co?

Wynika że
Co może wyniknąć z tego
Z czego nie wynika nic
Czy może teatr jest ważniejszy
Albo jednak w środku widz.

Wynalazek
Ten kto wynalazł wynalazek
Musiał go bardzo mocno lubić
Broń Boże tak się udzielać
To można i włosy pogubić.

Natchnienie
Skąd wziąć natchnienie na drgnięcie umysłu
Skoro już pisze się epopeje
Nie będzie może cudu nad Wisłą
Ale jakieś nadzieje.

Redukcja
Jak zredukować zło minimalne
Pomyśleć o tym działać globalnie
I nie przejmować się zbytnio bujdą
Nie dać ognia sami pójdą.

Kpina
Kpina kpinie jest nierówna
Kpić z jedzenia i marudzić
Więc najlepiej się odchudzić
I żeby było wygodnie
Nie narobić z głodu w spodnie.

Moda
A na modzie jak na lodzie
Bluza w pasy majtki w kratę
Po terminie biustonosze
Ale cycki zawsze świeże
Przy okazji takiej mody
To stary robi się młody.

Latać
Komu lata niech tam lata
Jak wylata się przestanie
Nie posadzili ziemniaków
A już pora na kopanie.

Szanse
Szanse duże szanse małe
Kto ma je po sprzeczce z szympansem
A za karę siedzi w klatce
Bo odziedziczył po matce.

Spacery
O tak sobie spacerujemy po ziemi
Z musu czy też z przyjemności
Wydaje się nam że na stałe
A jesteśmy tylko gośćmi.

Prawda o życiu
Żeby poznać prawdę całą
O życiu wiemy tak mało
To że krótkie to normalne
I nigdy nie idealne.

Pora
Przyszła pora na znachora
Bo zagadki nie rozwiązał

Tego co się z Wpisem związał
I został wrzucony do lochu
A tam pogniwa po trochu.

Polityka
Z polityką jak z kobietą
Wczoraj takie miała chęci
Dzisiaj wszystko jest na odwrót
Zżyma się i czymś tam kręci.

Rysunek
Rysunek to zwyczajne kreski
W lewą stronę w prawą i równo
Picasso pewnego wieczoru
Namalował zwykłe g...
Niektórzy twierdzili że to słońce
I że jarzyło gorącem.

Udzielać się
Kto się udziela rozumnie
Dużo społecznic tyra
Może kiedyś niefortunnie
Znaleźć się w szponach wampira.

Pracować
Za kogoś pracować czy za siebie
Jakaż jest tutaj różnica
Na siebie za ciebie i jego

Tak się pracuje ale dlaczego?

Demokracja
Wywalczyli demokrację
Chwała im wiwat i cześć
Wolni lecz zakłopotani
Bo nie mogą z głodu jeść.

Porównanie
Z Robinsonem chciał się zrównać
Ale nie był w jego typie
Bo trzeba samotność kochać
A nie chodzić na głowie w pończochach.

Ujma
Czy to ujmą w życiorysie
Że popierał i udzielał się w Zwisie
A obiecał premier Krysi
Że stać będzie a tam wisi.

Nowa partia
Ale wyszła niezła chryja
Coś takie jak partia niczyja
Nie rządowa nie ludowa
Bez modelowa damska
Grecko niemiecko hiszpańska
Masz swój program to cię ogram.

Co to znaczy?
Co to znaczy musieć żyć
Pracować tak sobie beztrosko
Wymalować tatuaże
Na klacie dole czy nosku
I mieć śliczne niebieskie oczy
I biegać co koń wyskoczy.

Uciekli
Wszyscy uciekli on jeden został
I nagrodzony został przez tych których nie było
To bardzo miło z ich strony
Szalony.

Walka
Walka o taką wolność
Coś tu się z prawdą mija
To jak wygląda świnia
Głupawo bo bez ryja.

Obawy
Nic to dziwnego i obawy budzi
Postęp w technice zabraknie ludzi
Zastąpią ich pracujące roboty
Nawet w wolne soboty.

Nie wygodne
Niemodne już i niewygodne
Na pogrzebie bogacza rozpaczać
Niech każdy płacze za siebie
Na swoim własnym pogrzebie.

Niezgoda
Kto nie zgadza się ze zwisem
To teraz już musi wiedzieć
Koniec z jego życiorysem
Jutro rankiem pójdzie siedzieć.

Coraz więcej
Coraz więcej za pochówek
Obsługa i pastor się pasie
A ten leży tak beztrosko
Podnieś tyłek powiedz coś rusz się grubasie.

Przyjdzie
Na konika przyjdzie siadać
Kurek przykręcili z ropą
Ale siadać na leżącego
Pijanego i za szopą.

Uchodźcy
Z uchodźcami to tak bywa
Coraz więcej ich przybywa

Trzeba już niedługo wiać
A od dziś zaczynam się bać.

Przemijanie
Uciekają młode lata
Wczoraj synek dzisiaj tata
Wczoraj panna dzisiaj żona
Wczoraj śpiew dzisiaj suchoty
Bez jedzenia do roboty.

Śmiać
Śmiać się to nie wypada za dnia
Że ktoś w zimie chodzi boso
Ale śmiać się to beztrosko
I iść gdzie oczy poniosą.

Postawić na
Jeśli komuś życie miłe
To musi postawić na siłę
A nie na jakiś tam obrządek
To wtedy będzie porządek.

Starożytni
Starożytnym też się wiodło
Na Olimpie mieli niebo
Taki Zeus robił na dół
I nie biegał za potrzebą.

Porobiło się
Porobiło się na świecie
I to już we wszystkie strony
W modzie kolorowe ryże
Plastikowe makarony.

Wielkie plany
Wielkie plany są na świecie
Dobre kuszą na zwycięstwo
Teraz wpadli na pomysła
By powiększyć kulę ziemską.

Myśli
Myśli same nie przychodzą
Wiatr beztrosko je przygania
Bardzo często potargane
Ubrudzone zapaćkane.

Atrakcje
Co się kryje za atrakcją
Piękne kosztowne wakacje
Planowane na Ugandzie
Oparte na propagandzie.

Teatr
Świetny teatr wielkie sceny

Bardzo tanio i z przeceny
A nagle rozbłysło światło
Na widowni miejsc zabrakło
Tylko w górze miejsca leżące
Słońce łąka i zające.

Dobrodzieje
Dobrodzieje się zdarzają
Tylko w Andersena bajce
Po naszemu to na co dzień
Grisza z Nataszą w kufajce.

Pokuta
Ktoś się wcielił w dziwną postać
Postanowił świętym zostać
Modlił się klęczał płakał i dumał
Nie doczekał świętości bo wcześniej umarł.

Rozpoznać
Dzikie prawa i obrzędy
Jak rozpoznać takie mendy
Użyć kija czy kropidła
By przestraszyć te straszydła.

Byli i będą
Poeci istnieli i będą zawsze
W różnych czasach przyszło im tworzyć
Ukazywać prawdy w toku

Dodawać do życia uroku.

Sojusze
A z sojuszem jak z platfusem
Można przegrać i wygrywać
Dokazywać z pierestrojką
I mieszać bimber z zapojką.

Podpaść
Można podpaść być w niełasce
Z poglądami i czynami
Kto to słyszał sto lat w d...
A ogląda się za dziewkami.

Pogarda
Poszła owca na manowce
Pogardziła samym bacą
Co ma robić taki baran
Dla wilka udziela się z tacą.

Psycholodzy
Nasi drodzy psycholodzy
Leczą chociaż też często bujają
Ale co się temu dziwić
Sami w głowach siano mają.

Zawzięty
Uwziął się i jeden taki
Więc żyje o wodzie i chlebie
Ale jest i jeszcze inny
Co nie zje a robi pod siebie
I jeszcze to potem zjada
Choć to może nie wypada.

Odwrotność
Odwrotności się zdarzają
W powietrzu wodzie na lądzie
Zdarzy się że ktoś się pomyli
Tyłem do fryzjera usiądzie
Lecz jak urodzić się odwrotnie
Żyć do końca bezpowrotnie.

Mina
Wszedł na minę zrobił minę
Rozrywało go godzinę
A to chyba wada miny
Bo wystarczy trzy godziny.

Uderzyć
Uderzyć kogoś i kantem
I przekroczyć linię ciągłą
To lepiej będzie bejsbolem
A i boli na okrągło.

Rządy osła
Kiedy państwem rządzi osioł
Wszyscy tyłek mu podnoszą
I całują w sam środeczek
Tak na wszelki wypadeczek
I jeszcze świeczka goreje
Że koń się nieraz głośno śmieje.

Media
Piszą zagraniczne media
Tak jak zwykle groch z kapustą
Że wystrzelono rakietę w przestrzeń
Bezwietrzną i pustą
Ale nie wiadomo kiedy
I to jest jeszcze pół biedy.

Przymiarka
To przymiarka do zwycięstwa
Jak tu oprzeć się naturze
Od dzisiaj głowy na dole
A nogi będą na górze
Czy to jest pomysł na pieniek
Nie uwzględniono sukienek.

Koniec roku
Kończy się rok zaczyna nowy
Kalendarz z głowy.

Beznadzieja
Beznadziejną sytuację
Narysował na obrazie
Na olejno babę chwiejną
I baba dostała urazu
Stało się   spieprzyła z obrazu.

Spadł
Spadł z obrazem Maciej Święty
Bo robił dziwne przekręty
Pan malarz malował go na bani
I cosik kolory pochrzanił.

Trening górski
Trening czyni mistrza naraz
Po litrze na górę zalazł
Jak wytrzeźwiał na wierzchołku
To myślał że jest na dole
Ale zdziwiony był w locie
Szkoda że nie w samolocie.

Nie narzekać
A po co i tak się wściekać
I na warunki narzekać
Czy to w pracy czy w robocie
Położyć się i po kłopocie.

Długo żyć
Żeby tak starości dożyć
Trzeba się po prostu otworzyć
Na bóle kryzys grymasy
I nabyć nowe zawiasy.

Nie wydaje się
Żeby tak się nie wydało
Trzeba pokpić sprawę całą
Choćby bolało i żałość żarła

To przeżyjesz dinozaura.

Nadejdą czasy
Nadejdą może i te czasy
Te które obiecują emeryturę
I niedołężny do tego dodatek
Nie ciesz się zapłacisz podatek
Który jest dwukrotnie wyższy od emerytury.

Malarz
Był malarzem z dużym stażem
Malował mydlane bańki
Na rocznice i na święta
Lecz kolorów nie pamiętał.

Przyda się
Wszystko co się może wydać
I komuś innemu przydać
I paść do jego stóp w nocy
Wystrzelone niczym z procy.

Karmiony
Rybami karmiony nigdy nie będzie tłusty
Bo ryba nie zawiera kapusty
Dlatego przy stawie na łące
Rybka ma kłopoty z zającem.

Lista
Grzechów lista rzeczywista
Nie pokrywa się z praktyką
Ale żeby wygrać z szatanem
Trzeba użyć jego tryków.

Trzeba nóg
Przejść kulę ziemską na pieszo
To byłby nie lada wyczyn
Nie jeden zrobić by to mógł
Ale jak brakuje nóg.

Nie być
Nie być to znaczy być
To brzmi nawet trochę lipnie
Zasłużyć i nie być inaczej
Kto nas teraz orderem odznaczy?

O taki
Czy piłce którą podrzuciłeś
Do góry czy odbiłeś o ziemię
Nie jest wszystko jedno?

Lęk
Nie przeląkł się grzmotu
Pioruna ten w kogo on nie uderzył
Ale zrobił smutną minę

Gdy ten się tylko przymierzył.

Jak jest naprawdę
O nieszczęście to nietrudno
A jak jest naprawdę ze szczęściem?

Dążyć
Dążyć do spełnienia marzeń jest niełatwo
Trzeba jeszcze wiedzieć
O co w tym naprawdę chodzi.

Strata
Umarły nic nie traci
Ponieważ nic już nie ma do stracenia.

Dochodzić
Dochodzić praw w kraju
W którym nie ma prawa
Graniczy z głupotą.

Jestem
Jestem taki jaki jestem
W tej chwili gdy to piszę o sobie
A co potem
Czy będę taki sam?

Wolność słowa
Wolność słowa ma każdy
Nawet ten który jest w niewoli.

Nie musi
Dobry pracodawca nie musi rozdawać
Ale starać się nie oszukiwać.

Dobre słowo
Rozjuszonego lwa uspokoić dobrym słowem
Na pewno się nie opłaci.

Prośba
    Rybaku puść mnie proszę
Prosi rybka
    Na pewno się nie utopię
Puścił ją nieszczęsną
I pływa w ukropie.

Nie da się
Nie da się tak od zaraz
Świata zawojować
Prędzej można się pomylić
Albo rozchorować.

Nie proste
To nie jest takie proste
Jak nam się wydaje
Żeby butów nie założyć
A słoma wystaje.

Pomysł
Do sprzedania mam pomysła
Nie kosztuje bardzo drogo
Dla odmiany kopnąć się w tyłek
Nie lewą a prawą nogą.

Jesień
Jesień nastawa liści nawiewa
A drzew tak szkoda tak się ogołocą
A jak by było tak i odwrotnie
A niby po co?

Wierzyć
Wierzyć że będzie lepiej na ziemi
Niż później w niebie czy się opłaci?
Więc po co starać się o to niebo
By później stracić?

Fochy
Ci z wiochy to robią fochy
Udają miastowych na mieście

Ale rozpoznasz takiego bez trudu
Po głupiej minie i dzikim geście.

Przed niedzielą
A sobota przed niedzielą
Czas spędzić i nie dać się nabrać
Kupić wódki i zakąski
By w niedzielę narozrabiać.

Straszyć
Po co straszyć głupim smokiem
I to jeszcze małe dzieci
Smok nie głupi on za darmo
To z Wawelu nie przyleci.

Zakup
Nabył gościu silną babę
Zapomniał że nerwy ma słabe
Raz kałsnęła nie wytrzymał
Policzył do pięciu i zsiniał.

Horror
Horror tak jest po mojemu
Gość ma kaca wlej mu szklankę
Szklankę zabierz mu z powrotem
Zauważysz horror potem.

Zabłyśnie
Gwiazda zabłyśnie i mnie i tobie
Życie się spełnia a niebo w górze
Czy w drugiej turze?

Lżej jest
Wariatom łatwiej bo rozumieją
By nie brać życia tak na poważnie
I z byle czego tacy się śmieją
Jak najpoważniej.

Zostałem sam
Zostałem sam zupełnie tak na poważnie
Chociaż wokoło tylu przyjaciół się kręci
To nie jest ujma i nie obwiniam losu
Odeszli nie rozumieli sobą zajęci.

Panika
Panika gdy w sadło żar dopieka
Nagle sumicnie we wnętrzu się odzywa
Przepadło to czego nigdy nie odzyskasz
Tak bywa.

Kategorie
W kategorii myślenia co ważne
Jest najbardziej prawidłowe
Chcesz pomyśleć to się spełni

Ale najpierw umyj głowę.

Użyć
Kamień rzucić użyć siły
Przeciętny zjadaczu chleba
To się trafić w swoje czoło
I jest wesoło.

Zanim jeszcze
Umarłem zanim jeszcze byłem
Lecz przedtem fortunę zrobiłem
Chyba zupełnie niepotrzebnie
I nie dla siebie.

Staraj się
Posiądziesz niebo psia mać
Staraj się na pewno cię stać
Nie musisz trudności się bać
Lecz najpierw płać.

Ratunku
Przed stresem szukał ratunku
                W kościele na urzędzie
                W barze
                Przy wódce z lodem
Z braku podnośnika przez koło zapasowe
Umarł na głowę.

Bez skrupułów
Panowie w czarnych sukniach bez skrupułów
Pasieni przez lud niedouczony i głupi
Możecie nawijać non stop swoje teorie
Nikt wierzący w Boga tego nie kupi.

Kto ważniejszy
Ważniejszy jest koń czy pług
Telefon czy jego dźwięki
Czy piekło co dawno zamknięte
Skąd zatem wychodzą te jęki?

Ktoś tam
A ktoś tam taki to i lubienie kupił
I wydał na to fortunę
Ale tego nie żałuje
I beztrosko żuje gumę.

Co i co
Wywalić się to znaczy spaść
A wywietrzyć to wypieprzyć
Coś tam może się nie udać
Co innego nie polepszyć.

Sytuacje
Sytuacje się zdarzają

W zależności od pogody
I niezależnie od wieku
I czy tłuste pijesz mleko.

Wypełnić czas
Czas wypełnić cóż to znaczy
Wydorośleć zmądrzeć może
Ktoś kto geny ma nijakie
To już nic mu nie pomoże.

Ktoś tak
Ktoś tam widzi swoje zyski
A ci inni to frajerzy
Jak im każą tacy płacą
Nawet jak nie wiedzą za co.

Nie zgrzytaj
Nie zgrzytaj choć się dech kończy
I wysiadło ostatnie płuco
Tylko pomyśl jak zaniemówisz
Na spadek najbliżsi się rzucą.

Nie będzie
Tak się cieszę że mnie nie będzie
Na tablicach zasłużonych dla ojczyzny
O życiorysach zszarganych okropnościami
I szarej pospolitej zgnilizny.

Cuda
Wierzyć w cuda to radocha
Jak masz to cię i każda pokocha
A więcej masz to jeszcze bardziej
A jak biedny szkoda posłanie twarde.

Odmiany
Human żywi się chlebusiem
Szatan to wyłącznie ogniem
Wilk wybiera białe owce
A baran zostaje wdowcem.

Dokąd to?
To najpewniej sprawka czarta
Gdzie pędzi ta kolejka uparta
Z braku szyn pod samo niebo
Niechybnie za swoją potrzebą.

Nie ma sprawy
Kto uwierzy nie ma sprawy
Nie umiera się dla zabawy
Tylko normalnie i nie pochopnie
Najlepiej zwyczajnie roztropnie.

Zabłysnąć
A czym by to tak zabłysnąć

Siłą rozumem prostotą
Co niektórym wszystko jedno
Jak błyskają wtedy bledną.

Zaprzeć się
Tak się kiedyś osioł zaparł
Wrósł w ziemię łożyska zatarł
Na panewkach dostał luzy
Ruszył jak się zrobił duży.

Być czy nie być
Być czy nie być
To mieć pamięć
Po co zatem
Żyć by chamieć?

Zaczepka
By nikogo nie zaczepiać
Nie opieprzać bez powodu
Ponieważ to niebezpieczne
I krok pierwszy do rozwodu.

Napaść
Grzech to na kogoś napadać
Wpierw się trzeba wyspowiadać
I zrobić to z taką siłą
By się nigdy nie zdarzyło.

Nie mamy
My nie mamy wy nie macie
A kto ma że się zapytam
Oni mają nie chcą dać
To nie znaczy zaraz sprać.

Trasa
Długi kawał drogi przeszli
Ale trumny nie donieśli
Bo po drodze była knajpa
I z pochówku zwykła plajta.

Wyciąć numer
Wyciął numer i to sobie
Na własnym weselu choć stary
Wynajął muzykanta bez akordeonu
Wyobraził sobie walca i zatańczył po kryjomu.

Nie żartować
Z duszą lepiej nie żartować
Niech siedzi aż sama wyjdzie
Na każdego co ją posiadł
Ten czas przyjdzie.

Malowidła
Malowali piękne dzieła

Na olejno i na wodzie
Nie zważając jak wstają zorze
I falowo groźne morze.

Komu
A komu się renta należy
Nie znaczy że będzie wysoka
I uszczęśliwia się dziada
Nie zgarnie ochłapów niech spada.

Zawieść
Pamięć zawsze może zawieść
Nawet i w ważnym momencie
Tylko nie jest to wskazane
Za fajerą na zakręcie.

Choćbyś był
Choćbyś był i najbogatszy
Roztropny nade wszystko rozumny
I jesteś już po obrządku
Zdolny schować się do trumny.

Bywa
Piłka nożna oraz ręczna
Często bywa niebezpieczna
Ale nie tyle co taka piła
Ta to by ci krew wypiła.

Wydaje się że
Może komuś się i wydaje
Że ktoś komuś darmo daje
Za free to rogi przyprawią
I jeszcze wariatem nazwą.

Znał się
Gościu który pracę znał
Ale wciąż się siebie bał
Dlatego spał tylko za dnia
Bo wtedy robota mu szła.

Za duszę
A co to ma właściwie znaczyć
Ktoś nakazał żeby płacić
Za dusze w niebie czyli za pobyt
I to jest dziwne tam jest dobrobyt.

Zmiany
Pory roku się zmieniają
W telewizji ciągle straszą
Straciliśmy już swoją wolność
A każą walczyć za wolność waszą.

Zmagania
Lawina protestów i spory

I ciągłe zmagania sumień
Jednego pojąć nie mogę
A czego to nie rozumiem.

Zmiany
Czasy szybko się zmieniają
Prawie jak w kalejdoskopie
Tak niedawno smoka ciągnął
A już stary i po chłopie.

Klaskać
Klaskać inaczej bić brawa
Tylko trzeba wiedzieć komu
Co się tyczy mej osoby
Klaszcze sobie po kryjomu.

Problem
Wywołali wilka z lasu
I mają problem ogromny
Zwierzak nie jest jadowity
Lecz koślawy i ułomny
I do życia z małą szansą
W lesie nie ma insurancu.

Pogryzienie
Jaka to jędza oślizła
W kościele pastora pogryzła
A parafia płacić musi

Za wybryki tej paniusi.

Na luzie
Czasem trzeba przymknąć buzię
I zostać trochę na luzie
Nie wojować z całym światem
I wymachiwać krawatem.

Szkoła
Czy być matołem trzeba mieć szkołę
Tytuł magistra doktora klechę
Choćby i taki zdawał się mądry
Mało w cywilu z niego pociechy.

Coś piszczy
W trawie coś piszczy co nie wiadomo
Zależy czyja może być scheda
Krowa piszczącej trawy pochrupie
Cycki napręży a mleka nie da.

Zajęci sobą
Zajęci sobą zapominamy
Nieraz i nawet o całym świecie
Ktoś przypadkowo nagle się ocknął
O swoje własne g... się potknął.

Szczerzyć zęby
Zęby szczerzy jak w uśmiechu
To nie jest prawdziwy śmiech
Przypadkowo dostał dechą
Czy można to uznać za pech?

Nowy sędzia
Wykapany ojciec brata
Z pokolenia żony strony
Został sędzią na urzędzie
Oj spokoju tam nie będzie.

Totolotek
Totolotek to loteria
Ale ułożona chytrze
Do wygrania są miliony
W maju po świętym Dymitrze.

Nienawiść
Nienawidzić to choroba
I to bardzo niebezpieczna
Gorzej niż ugryzienie pająka
A na dodatek się jąka.

Wujek
Wujek z prawdą nie rozminął
I ciocię w dywanik zawinął

O włączonym odkurzaczu
I zapłacił za mszę świętą
Na darmo bo ciotkę wyjęto.

Szołbiznes
W szołbiznesie się powodzi
Lecz nie wszystkim co niektórym
Za ukłony i obroty
Wypuszczanie dymu z rury.

Rosnąć
Rosnąć w górę w siłę w męstwo
Wierzyć w dobro i zwycięstwo
Ale tak nie musi być
Bo po prawdzie z kim się bić?

Setka
Jedna setka druga setka
Jak upiła się żyletka
Przypadkiem zacięła gardło
Które głośno się wydarło
To tyle a co na to promile?

Z piekła rodem
Z piekła rodem to jak w bajce
A po prawdzie to nie ujdzie
Bo diabła nikt nie sprawdził
To anioł mu rogi przyprawił.

Przykro
Przykro jest mówić i słuchać
Potrzeba na zimne dmuchać
A nie lepiej na gorące
Regularnie świecące słońce.

Po co?
A po co to się zawzinać
Często bohatera zżynać
Nadymać się i puszyć potwornie
Lepiej milej i pokorniej.

Zapędzić
Staraj się tak jakbyś mógł
Nie daj się zapędzić w kozi róg
Umowy czytaj dokładnie
To bieda cię nie dopadnie.

Kopnął konia
Kopnął konia bo się wkurzył
Jeszcze go do sądu podał
A skończyło się tragicznie
Na rozprawie koń mu oddał.

Plany
Plany często się zmieniają
Tak jak psuje się powietrze
To wszystko do naprawienia
I oby było na lepsze.

Być muzykiem
Być muzykiem niezły fach
Grać to głośno i z zapałem
Ale lepiej nie przeginać
Żeby dachu nie zerwało.

Gniew i śpiew
Śpiew i gniew wziął się z niczego
Nie gniewaj się a nuć kolego
Tylko nie na jedną nutę
I nigdy nie za pokutę.

Wcisk
Szatan wciska się gdzie zechce
Musi chociaż mu się nie chce
Mimo że jest bardzo gruby
W nocy rankiem bardzo wcześnie
Dorwać i dokręcić śruby
I nie żałować imadła
Żeby czarna bestia padła.

Paść krowy
Paść krowy to trzeba umieć
Dodatkowo je rozumieć
W sprawie mleka się dogadywać
A łańcuchów nie używać.

Nie znosi
Bocian ropuchy nie znosi
Uważa ją za szaloną
Ale dziób mu pokraśnieje
Gdy dorwie żabę zieloną.

Symbole
Symbolem dobrobytu jest pole
Obrobione i zasiane w geście
Z tego tytułu błędne jest narzekanie
Proszę chwalić mąkę w chlebie i cieście.

Skleroza
Walczyć ze sklerozą ale jak
Najlepiej nie zapominać
Sprawdzić zawory z gazem dotknąć
Bo może ostatni raz
I można się nigdy nie ocknąć.

Pomieszania
Komuś się pomieszało w głowie

W tygodniu niekiedy w sobotę
Politycznie mu odbije
Wkurzy się i daje w szyję
Więc narzeka na komunę
Tak ostro że pali gumę.

Nie udawali
Marks i Engels się sprawdzili
To była i niezła robota
A następnie to z miłości
Podeptali zasady równości.

Doświadczyć
Żeby doświadczyć świętości
Trzeba zlikwidować nerwy
Modlić się przez całą dobę
I umartwiać się bez przerwy
I walić się po głowie młotem
I czekać co będzie potem.

Magazyn
W magazynie życia znajdziesz wszystko
Pociechę kulturę chociaż słaba
Obraz Picassa i jaja kurzęce
Trafia się i goła baba.

Banki
Banki są wszędzie w środku kapucha

Wie o tym każdy i biedny żuczek
Tylko otwarcie stwarza problemy
Bo trzeba umieć dorobić klucze.

Kroki
Krok do przodu do tyłu i w bok
I tak przez cały rok.

Odpowiedzi
Żeby odpowiedzieć na pytania
Trzeba je jeszcze zadać
Posiadasz swój własny język
A go po chińsku nie nadasz.

Kiedy
Kiedy nie boli to już wiadomo
Ale i nie ma się czego obawiać
Na wszelki wypadek drzwi pozamykać
Bo może jeszcze w dodatku zawiać.

Dobra zmiana
Dobra zmiana to wtedy
Gdy pozbyto się biedy
Wygnana rzuciła się do rzeki
I uderzyła w przecieki.

Dochodzić
Dochodzić praw których nie pośledzi
Coś w tym jednak siedzi
A to ma związek z tą sprawą
Ale gdzie jest to prawdziwe prawo?

Nawał grzechu
Postawili mur
Za nim grzechy się piętrzą
W czarnych sukniach się kręcą
I bajery pieprzą nic nie wynika
I tych opowieści bez treści.

Kręto
Kręta dróżka na ogródkach
Podglądamy krasnoludka
Który zbłądził i mu wisi
Woli Mariolę od Krysi.

Radni
To są radni teraz żadni
Psychole na trzysta procent
Jeden trafił się normalny
Hydraulik lekarz docent
Wypił drinka zapił octem
I aresztował pocztę.

Czyń
Wszystko wyrzuć żłoby zostaw
Pod warunkiem że są puste
Jak tu dociec w jaki sposób
Taki głąb wszedł w tę kapustę.

Wierzącemu
Wierzącemu nie wypada
Narzekać na złego sąsiada
Bo nie patrzy w jego stronę
Co mu uwiódł jego żonę
Musi dzielnie wszystko znosić
I jeszcze sąsiada przeprosić.

Brawo brawo
Brawo hura niewolnicy
Czarna świnia głośno kwiczy
Dalej uprawiajcie festę
Dzięki wam wkurzony jestem.

Uwaga
Od dentysty   uwaga pacjenci moi
Którzy macie bóle w zębach
Nie używajcie czekolad
Zapomnijcie o zimnych otrębach
Tak poboli na dzień trzeci
Wkurzy się ząb sam wyleci.

Nie dobijaj
Kto dobija słabeuszy
Tych na rentach głodnych czasem
Słowem czynem czy rachunkiem
Umrze na twarzy ze smutkiem.

Żądanie
Módl się i pracuj co ci zależy
Tylko uwaga jak się wzbogacisz
To tyle pastor za pogrzeb zechce
Że i umierać ci się odechce.

Komuś tam
Komuś brakuje ciepła rodziny
Sąd kogoś skazał choć był niewinny
I nie wiadomo jak na to patrzeć
Najlepiej ślady za sobą zatrzeć.

Ułożyło się
Najlepiej sobie życie ułożyć
To odpoczywać między robotą
A do kościoła śmigać na hulajnodze
I zawsze zabrać kogoś po drodze.

Nie mieć
Nie mieć rozumu to nie tragedia
Kiedyś nadejdzie może się przyśni

Ten odpoczywa sobie na plaży
Drugi się męczy za niego myśli.

Zdarzyło się
Zdarzyło się jeż pogryzł tygrysa
Czy to się może podobać
Po co tak od razu zagryźć
Korzystniej byłoby zadziobać.

Gdy
Gdy z sumieniem się popstrykam
Wtedy czuję się że znikam
Mój duch faluje bezradnie
Niekomfortowo nieładnie.

Oprócz tego
Oprócz tego że istniejesz
Grywasz w karty pijesz wódkę
Obrastasz w ogromne sadło
To jeszcze bezczelnie myślisz
Co by tu jeszcze się zjadło
A zostało tylko piekło
I gra na diabelskiej lutni
To pasuje tak jak ulał
Do czarnej farbowanej sukni.

Zdarzenia apokalipsa
Ogień się wkurzył i płonąć przestał

Deszcz spojrzał w chmurę daleką parną
Też zastopował i już nie pada
Bo co ma padać zawsze za darmo
Cóż na to słońce i reszta planet
Więc sporządzili jeden testament
Ziemia tu rządzi to nich się sądzi.

Zdarzenie
Do zdarzenia doszło w maju
Znaczy w lipcu tego roku
A to zdarza się czasami
Pociąg z szynami na górze
Wbrew logice i naturze.

Warianty
Sobie nie wezmę innym nie oddam
Co z tym zrobię czego nie mam
Zrozumiałem to uczynię
Podłożę sobie po prostu świnię.

Relaks
Na księżycu tanią działkę
Możesz nabyć dla relaksu
A żeby się mocniej błyszczało
Weź ze sobą wiadro waxu.

Opłata
Po co tracić taką kasę

Za zwyczajne zakopanie
I jeszcze najmować chłopa
Lepiej wcześniej się zakopać
Łopatę daleko wyrzucić
I o co się droczyć i kłócić.

Jakby
Jakby tego było dużo
Bez przerwy obracać buzią
To panewki mogą strzelić
Nawet język przepierdzielić.

Palić
Burn czy spalić to jest to samo
Drzewa płoną kwiaty bledną
Może spalić coś na dole
I wtedy odmienią się role.

Proces
Procesu mu nie wytoczysz
Starzeniu nie spojrzysz w oczy
Na starość to nie ma miary
To jest coś gorsze od kary.

W areszcie
A w areszcie przytuleni
Sami spece od rozróby
Jakieś gwałty i rozboje

Za pieniądze siedzą nasze
Mądrością ich nie nastraszę.

Rozpaść
Jak rozjaśnić można umysł
A więc użyć komputera
Ale ze skutkiem odwrotnym
Tak ściemniają jak ch...

Zejdzie się
Ćwiartka ze ćwiartką się zejdzie
I stworzą pół litra całe
Można więc to wykorzystać
Okazyjnie zalać pałę.

Smaki
Smak w kapuście w mięsie w zupie
Wszystko zawdzięczamy d...
I się szczęści ma się pamięć
Ale swoją kupę zamieć
Ale nigdy nie pod dywan
Odkrył Iwan.

Szczęście
Szukał szczęścia tylko gdzie
Na lądzie oceanie w przestrzeni
Na wojnie gdzie tyle nieszczęścia
Ocaleć i płakać ze szczęścia.

Mrówka i słoń
Rozdeptała mrówka słonia
Dużo na tym może stracić
Słoń nie był ubezpieczony
A i nie chce jej wybaczyć.

Sprzeniewierzyć
Sprzeniewierzyć się naturze
Niszczyć lasy brudzić wodę
Robić ziemi wielką szkodę
Kiedyś znaleźć się w niełasce
Niestety oddychać w masce.

Nie dojdziemy
Nie osądzajmy praw i wydarzeń naszych przodków
Używając przeciw sobie wideł czy młotków
Czy nawet przydrożnych kamieni
Przeszło minęło i nic tego nie zmieni.

Poszaleć
Czy za nieswoje się poszaleć nie wstydno
Chociaż ma się opinię solidną
Czy nie boli sumienie za cudze
A za swoje to się z bólem głowy budzę.

Byt
Byt to marketing
Liczysz się jak masz kasę
Ale proszę nie ciesz się przed czasem
Bo powietrza może zabraknąć w płucach za chwilę
To tyle.

Pączki
W maśle pączki rosną i kwitną
Są rumiane puszyste jak kwiatki
Wygniecione przed matczyne ręce
Spracowanej kochanej matki.

Sędzia
Kto jest sędzią niech pomyśli
Obojętnie kto by rządził
Przyjdzie kiedyś taki moment
Że to Bóg go będzie sądził.

Nie bój się
Nie mów o nocy że to jest wiedźma
Chociaż posiada ogromne moce
To tylko ściema nocy to nie ma
A to że czarno to winne oczy.

Romanse polityczne
Romansować politycznie

Przez zwyczajne omanienie
Obiecać załatwić sprawę
Udawać zadowolenie
Teraz nie wszyscy uwierzą
W romantyczne pi...

Szczęście w nieszczęściu
Szczęście życie ocalałe
Choć samochód się rozpieprzył
Gościa zza kółka wyrwało
I wyrzuciło w powietrze
Tamten truckiem mu przypieprzył
I to że tamten jechał za szybko
To ci się udało rybko.

Ku chwale
Ku chwale czego pchałeś głowę w ogień
Straciłeś zdrowie zyskałeś medale
Budzisz się w nocy drżysz jak się ściemni
O co walczyłeś na obcej ziemi.

Zostać idiotą
Zostać idiotą jest bardzo łatwo
Wystarczy wgryźć się do polityki
Pieprzyć co każą gdzieś tam na górze
Podziwiać jaja słonia i duże.

Czas w nas
Czas zjada ludzi my się zgadzamy
Nie mamy wyjścia zwijamy zadki
Ale ten proces drogo kosztuje
I jeszcze świeżo zerwane kwiatki
Wplatane we wieńce wielkie bukiety
I krótkie słowa odszedł niestety.

Koń hipokryta
Kiedyś się trafił koń hipokryta
Był tak uparty nie słuchał pana
Pan mu za karę sprzedał kopyta
Co teraz robi? Rży na kolanach.

Fotograf
Baran został fotografem
Kiedyś skręcił na manowce
Bo zapomniał aparatu
A zdjęcia robił pokrowcem
Wyszły niezłe i bez kliszy
Wśród nocnej ciszy.

Sknera
Dziwnie dzieje się ze sknerą
Płacą bo mu się należy
Pracuje na zmywaku
I każde naczynie mierzy
A to zależy od forsy
I profesor nie jest gorszy.

Nie pamiętaj
Puść w niepamięć wszelkie krzywdy
Nie oddawaj z nienawiści
Osiągniesz stan ukojenia
I marzenie ci się ziści
W zamian weź na przeczyszczenie
A osiągniesz rozwolnienie.

Myślał że
Myślał że się to nie wyda
Kiedyś go dopadła bida
Zaproponowała łapówkę
Jakiś tysiąc może stówkę
Wtedy pastor go wyręczył
I teraz sumienie go dręczy.

Amber Gold
Tak liczyli na procenty
Wpłacali gotówkę i renty
Ale proces nie wytrzymał
I bank ich spokojnie wy...

Zabić dziada
Zabić dziada nie wypada
Bo to grzech jest tak po prostu
Lepiej go pozbawić grosza
Domu pracy i zarostu

Jego problem jak się czuje
Umarły już nie choruje.

We dwoje
We dwójkę ćwiczyć to mieć podwójnie
A w pojedynkę to tylko spójnie.

Śmiem twierdzić
Śmiem twierdzić że mamy czasy niegłupie
Bywa i tak że mamy wszystko w d...
Z pracy rąk się nikt nie dorobi nigdy
Tak jak nitka nie nawlecze sama igły.

O co walczyć
Kto pójdzie na barykady
Na pewno nie robotnicy
Nie będą walczyć w imieniu pana
I bitwa jest z góry przegrana.

Zamknięte drzwi
Drzwi za nimi się zamknęły
Nic ich nie weseli i nie martwi
Ale wspomnienia zostały
Na pożółkłej fotografii.

Nic nie pomoże
Nic nie pomoże jak na mózgu plewy
Z butów wystają resztki życiorysu
Taki to prędzej da się zaszlachtować
Ale nie odejdzie z partyjnego zwisu.

Udawanie
Ryba udawała szkapę
A wszyscy dawali jej w łapę
Ale powinni w oskrzela
Kto nie daje niech sp...

Nadzieje
Za wielką wodą liche nadzieje
Taczki popychać muskuły słabe
Już nie ma siły spać na cemencie
A co dopiero przytulić babę.

Udźwignąć los
Los swój udźwignąć trzeba się zaprzeć
I być prymusem nie pod przymusem
Na pewne sprawy trzeźwo patrzeć
By tożsamości swojej nie zatrzeć.

Stoimy w miejscu
Stoimy w miejscu tak się wydaje
Ranek południe wieczorna szarość

Ino popatrzeć czasem w lusterko
By zauważyć niechybną starość.

Emigracja
Och emigracji za sto boleści
Trzeba zapieprzać nikt nie popieści
W roli pachołka albo sprzątaczki
Jak świętojańskie chore robaczki.

Nie rób
Nie miej pretensji że coś się nie udało
Najwięcej masz a jeszcze ciągle ci mało
Nie przejmuj się oczu krzywym zezem
Wcześniej czy później dobrobyt ci wylezie.

Z perspektywy czasu
Z perspektywy czasu widać
Co najbardziej się może przydać
Miłość zdrowie wiara kasa
I pierwsze miejsce w zapasach.

Dość
A gdy się zbiera na złość
Gdy wszystkiego mamy dość
I czujemy bóle głowy
Polecam kodeks drogowy.

Musisz
Musisz być sobą
Nie masz innego wyjścia.

Rozminąć się
Rozminąć się z prawdą
To kłamać w nieodpowiednim czasie.

Rozpoznać
Po włosach ich nie rozpoznacie
Bo nie posiadają ich wcale.

Pies
Głodny pies nigdy pierwszy
Nie poda panu łapy.

Ochota
Nie każdy człowiek ma ochotę
Na zrobienie czegoś o czym nie pomyślał.

Wóz
Rozpędzony wóz uciekł przed koniem
Na kole zapasowym.

Kto to słyszał
Kto to słyszał żeby kura
Do rosołu sama się rozbierała.

Kto pokonał
Kto pokonał przyciąganie ziemskie
Nie musi chodzić w butach.

Podatki
Od pierwszego wchodzi podatek od narzekania
A od uciechy na drugi rok.

Czas
Czas nigdy nie miał początku
Środka ani końca
I nie jest czasowy.

Wolny
Wolny człowiek to taki
Który wcale nie myśli
Po prostu buja w obłokach.

Komornik
Komornik zajął smoczą jamę
Ponieważ smok płacił podatek od jednej głowy
A posiada ich aż dwanaście i pół.

Dinozaury
Dinozaury wyginęły bo nie mogły
Słuchać brzydkich wyrażeń ludzkich.

Kto i ktoś
Kto żyje to mu się udało
A kogo nie ma to nie wie że nie żyje.

Zastanowić się
Czy ktoś kiedyś się zastanowił nad tym
Jakie w życiu ponosimy koszty?

Każdy dzień
Każdego dnia niezależnie od pory roku
Znajdujemy się w innej rzeczywistości.

Kto uważa
Kto uważa się za mądrego
Nigdy nie będzie mądrzejszy od siebie.

Ideał
Każdy człowiek jest dla siebie ideałem.

Czas
Trwonimy czas którego nie rozumiemy
A dlaczego nie rozumiemy
Bo nie wiemy co to jest czas.

Uwikłani
Uwikłani w różne sprawy
Zapędzeni w ośle rogi
Zmieniamy poglądy i osądy.

Idziemy
Przez życie idziemy
A tak naprawdę dokąd?
To nie wiemy.

Przyciąganie ziemskie
Nietrudno jest sprawdzić przyciąganie ziemskie
Niestety nieraz na szkodę
Skoczyć tak beztrosko z mostu
I przeżyć ciekawą przyrodę
Ale radzę nie próbować
Bo nie będzie czasu żałować.

Nie rozumieć
Dużo wiedzieć mało umieć
Ale siebie nie rozumieć
Zera do zera dodawać

I dziwne pytania zadawać
I szukać na nie odpowiedzi
Coś w tym siedzi.

Nic nie trwa
Nic nie trwa wiecznie jak niedorzeczność
A tak naprawdę co to jest wieczność?

Czym jest życie?
Życie jest baśnią
Czasem długą i krótszą
Zakończoną w pewnym momencie
Bez uzgodnienia z człowiekiem.

Pomysł na życie
Pomysł na życie jest tylko jeden
Nie martwić się
Uprawiać sport i dobrze zjeść
I tak przez całe dni trzysta sześćdziesiąt sześć.

Kombinacje
Różnie można kombinować
I na dole czy na górze
Ale musisz przejść przez żywot
W jednej i tej samej skórze.

Dziwne
Czy to nie dziwne że ludzie
Ciągle o wolność się biją?
Niestety nie wiedzą o czyją.

Brudne pieniądze
Pranie brudnych pieniędzy
To twierdzenie niepoważne
Skutki prania choroby zakaźne.

Cywilizacja
Cywilizacja jest poszarpanym
I niezrozumiałym tworem ludzkim.

Nie dowie się
Człowiek nigdy się nie dowiedział
I nie dowie w którą stronę żyje.

Kto
Uczeń który ma głupich nauczycieli
Stanie się geniuszem
Bo myśli odwrotnie.

Udowodnić
Jak udowodnić że ściemniać się powinno później
A wcześniej rozwidniać?

Przysłowie
Przysłowie powiada nam stare
Proszę nie płać za zmarłe w niebie dusze
Bo na co idzie ta kasa
To już przypominać nie muszę.

Proszę
Bardzo proszę zanim się zacznie
Pościć przez czterdzieści dni
Wybrać odległe i suche
Miejsce na pustyni
Nie dotyczy świni.

Mamy
Mamy siebie tylko dla siebie
Ale robimy pewne rzeczy pod siebie.

Rozmowa
Rozmowa w cztery oczy
Z tygrysem w puszczy
Może się skończyć niefortunnie
Nawet dla najgroźniejszego człowieka.

Co to by było
Co to by było

Gdyby czas się skończył?

Problemy
Problemów ludzkich jest x razy
Więcej niż samych ludzi.

Przemijanie
Przemijanie kojarzy się
Z zaciągnięciem długu w czasie.

Nie chciał
Taki jeden umrzeć nie chciał
Myślał sobie tak nie będzie
W nocy ciemno rankiem głupio
A więc umarł po kolędzie.

Za złotówkę
Za złotówkę można przeżyć
To jest właśnie sprawy sedno
Lecz najlepiej się opłaci
Gdy milion pomnożyć przez jedną.

Zabrać
Żeby zabrać bogatemu
Można komuś się narazić
Lecz uważać trzeba przy tym

Starać Boga nie obrazić.

Pszczoła
Pszczoła go kąsnęła w d...
Wkurzony podpalił chałupę
Bo pomylił dom swój z ulem
Został biedak z własnym bólem.

Plotki
A na świecie krążą gadki
Że diabeł ma płacić podatki
I to właśnie od kościoła
Sprawa przykra i niewesoła.

Narysował
Narysował starą gołą babę
A szkoda bo miał inne zamiary
To być miała młoda panna
Przeszkadzała mu sutanna.

Posłano
Posłano do szkoły świnię
Nie wiadomo z której partii
A cholera się nie uczy
Psa udaje nawet miauczy.

Recepta
Napisane na recepcie
Lek na pewno ci pomoże
Lecz podziałało na sraczkę
Spowodowało padaczkę
Gościu robi to nierówno
A kto winien?
                Powiesz g...

A po co
A po co Noemu arka
Fale wzburzone i morze
Nie lepiej jak zaczyna kropić
Oddalić się na motorze?

Konik
Konik mercedesa kupił
Skąd miał kasę?
Nikt nie słucha i nie pyta
Ale zamiast palić gumę
Ruszył do przodu z kopyta.

Od westchnień
Płacić podatek od westchnień
To niechybnie pomysł słaby
Proszę sobie wyobrazić
Powzdychać do starej baby
A do pastora w spódnicy
To nie ma żadnej różnicy.

Trudno
Trudno być i katolikiem
Kiedy diabeł za kołnierzem
Gdyś uwiązany na palu
A wokoło gruchy walą.

Gang
Gang rozbity szef gdzieś zniknął
Kasy nie ma w sejfie mrówki
A dlaczego tak się stało?
Bo szefem był gość ze skarbówki.

Oczęta
Rozbiegają się oczęta
Ledwo wstałem a już błądzą
Biada temu za ołtarzem
Gdy mu w sercu diabły rządzą.

Pomyłka
To jest nierząd zło i basta
Całą kasę skrył do buta
Niestety pomylił buty
Zgłupiał i chodzi jak struty
Ale w końcu i zzieleniał
Bo nigdy on butów nie miał.

Wyrwać
Jak wyrwać biednego z opresji
Mogłoby się i wydawać
To pożyczyć mu pieniędzy
A później za niego oddawać.

Podpadka
Podpadł dziad trza go utopić
Ale trzeba by go pokropić
I tu jest nadzieja licha
Nie chce żyć to niech sam zdycha.

Przykład
Żyj przykładnie nie bądź dziwny
Coś tak jak na wzór Mojżesza
Oddaj wszystko po staremu
I oczy niewidomemu.

Odsiadka
Do odsiadki cztery lata
Już nie wróci do domu na noc
A bo on naruszył prawo
Niewidomemu powiedział dobranoc.

Chodź
Do kościoła chodź codziennie
Ale plebanię omijaj

Bo tam siedzą ci co kuszą
Jak nic nie dasz to uduszą.

Kto
Kto pisze fraszki gryzie fistaszki
Będzie żył długo zdrowo i prosto
Ale to wszystko może się skończyć
Za prawdę może mieszkać pod mostem.

Zamiast
Ulepić konia zamiast bałwana
W lipcu jak parzy o wodzie i chlebie
I swoje zdjęcie oprawić w ramki
I tak po prostu modlić się do siebie.

Wyobrazić sobie
Wyobrazić sobie mogę
Taką niby prostą drogę
Zrozum zatem jegomości
Prostą znaczy do wieczności.

Kto
Kto nie płacze a łzy roni
Temu dobrze się powodzi
Ale tak naprawdę nikt nie zbadał
O co w takim płaczu chodzi.

Do rosołu
Do rosołu się rozebrać
Czy przy ludziach tak wypada
A przeważnie damskiej płeci
To zawsze jakoś uleci.

Robić
Robić rzeczy pożyteczne
Można dużo się nauczyć
Ale i te pożyteczne
Mogą stać się niebezpieczne.

Rządź
Rządź za swoje pij za swoje
Myślę o tym jak się budzę
Więc najlepiej swoje chronić
A wydawać tylko cudze.

Problem konia
Koń z problemem się uporał
Pług sprzedał nie będzie orał
Europosłem jest w Brukseli
Łyka browar i pierdzieli.

Magda
Jak się Magda sparła z Wickiem
Uderzyła męża cyckiem

W lewą później w prawą stronę
Wtedy ten przypomniał żonę.

Pakuj się
Pakuj się pastorze młody
Koniec lania zimnej wody
Bo z wiary naszej wynika
Bóg się wstydzi za spowiednika.

Niedaleko
Niedaleko pada jabłoń od jabłka
A odwrotnie to zagadka
Taki Adam się wyciepnął
I w szatańską kupę wdepnął.

Możesz
Możesz śpiewać płakać spać
Samego siebie się bać
O co chodzi psia go mać
Jak lubisz to sobie i wkręć
A z resztą to rób na co masz chęć.

Jak dzieciak
Dorosły też bywa jak dzieciak
Drzemie jest godzina trzecia
Z nozdrzy bucha jak z czeluści
A czasem to i bąka wypuści.

Do spowiedzi
Do spowiedzi poszedł kundel
W pomieszczeniu zastał burdel
Więc obsikał cztery strony
Ma z głowy nie będzie zbawiony.

Szkoda
Szkoda kota podaj łapę
Pies go schrupał na zaciapę
Złamał któreś przykazanie
Co się teraz z psiskiem stanie.

W nocy
W nocy cierpię i się budzę
Bo cierpię za grzechy cudze
A swoje też chętnie zbędę
I ciężaru się pozbędę.

Przestać
Przestać myśleć bo i po co
Od myślenia głowa boli
Jak nazbiera się na mózgu
To się całkiem popindoli.

Menda
Menda mendą się popiera

Przyjaciółmi tacy będą
Choćbyś bardzo się i starał
To się nie dogadasz z mendą.

Skąd
Skąd się w raju znalazł wąż?
I to rankiem nie mógł spać
A Pan Bóg co to wie wszystko
Nie dał Ewie o tym znać.

Jak to jest
Rozumuję często jestem
Z drugiej strony czy to jestem ja
Może kiedyś taką mądrość posiądę
Że mnie nie ma a naprawdę będę.

Nikt
Nikt do tej pory
Nawet najwięksi uczeni
Nie odkryli prawdy o życiu.

Szarość
Szarość dnia codziennego drażni
My tacy bojowi i odważni
A jednocześnie tacy tchórzliwi
Prawdomówni choć często chciwi.

Nie było by
Nie byłoby wojen bez wojska
Pobojowisk i głupiego zabijania
Odpowiedzi na to nie znajdziesz
Więc po co te głupie zapytania.

Ryby
Jak ryba wodzie tak woda rybie
A co ten rybak na brzegu gdybie.

Zamknięci
Zamknięci w czasowej kapsule
Dorastamy i starzejemy się jak w matni
Nie my pierwsi i nie ostatni
I ty i ja tego nie zmienię
Przeszkadza w tym ziemskie ciążenie .

Przyjmie
Wyobraźnia wszystko przyjmie
Widok aniołów skrzydlatych
Czy chcemy tego czy nie chcemy
Nawet osiołków garbatych.

Nie bać się
A kto się każe Boga bać
Ten być może jest bezbożny
Bóg naprawdę jest miłością

I nie jest tak wcale groźny.

Strzeż się
Nie ustrzeżemy się przed czasem
Bo nie mamy na to wpływu
Czas przeleci jak będzie chciał
Mimo naszego wielkiego sprzeciwu.

Za swoje
Masz za swoje i za cudze
Brak szacunku i miłości
Jak tak dalej wszystko pójdzie
Nie będzie już komu zazdrościć.

Życie
Codzienna walka o życie
Starania o chlebek powszedni
Cieszymy się z tego co mamy
I nie jesteśmy wybredni.

Wszechświat
Wszechświat to zwyczajna bajka
Ot taka sobie zachciewajka
Czy można by zmusić kurę
Żeby kogut znosił jajka?

Niech pomyśli
Niech pomyśli przeciętny palacz
Co dym wciąga i powoli
Że wcześniej czy później być może
Dym mu płuca ro...

Przypadki
A choroba jest z przypadku
Przyplącze się taka ch...
I stwarza się problem niemały
Z portfela pieniądze pożera.

Postęp
Zdobywamy strome szczyty
Przechodzimy przez lodowce
Powiększamy jaja kurze
A to wszystko wbrew naturze.

Chce się
Jak jest chleb to chce się chlebka
Jak jest piwko chce się wina
Czy to grzech że garbatemu
Przyśniła się prosta dziewczyna?

Nieswoja
Może ktoś się czuć nieswojo
Gdy za drzwiami w pełnej zbroi

Kacze zawodnicy ze Zwisu
Mają pole do popisu.

Do góry
Głowa do góry do dołu nogi
Trzeba iść dalej choć drogi kręte
Może flaszeczkę wziąć na zachętę.

Jak będzie?
Kabaretem żyć nie będziesz
Zwykłą wodą się nie upijesz
Najlepiej jest wybrać normalność
To jako tako przeżyjesz.

Liczył
Ten on liczył na poparcie
Darmowe żarcie ochrona i limuzyna
A głosował tak zażarcie
I po trupach parł do przodu
Ale na nic te naciski
Koń wylizał mleko z miski.

Nowe problemy
I problemy mamy nowe
Strajkują lufy karabinowe
Bo drogie nie płacą im naboje
Jakiej tu rady udzielić
Nie można się po cichu zastrzelić.

Cichy
Cichy to ten co się nie odzywa
A twardy jest jak zakalec
Nawet nie zaskrzeczy cienko
Gdy się dostanie pod walec
Pewnie ten ma wszystko w nosie
I skończy jak zwykle na stosie.

Nie dziw się
Nie dziw się że kogoś wzrusza
Że się temat w sprawie g... porusza
Ale to jest bardzo ważne
I od wieku niezależne
Ale g... jak czas przyjdzie
Bez pomocy samo wyjdzie.

Nie wiemy
My nie wiemy kim jesteśmy
Ot takie zwykłe bakterie
I straszymy się wzajemnie
Niszcząc przy tym matkę ziemię.

Trwanie
Rozgrywki w duszach w sercach zapaście
Trwają od chwili powstania świata
Czy ktoś przewidział że gdzieś w kosmosie
Kiedyś za życie będzie zapłata.

Być razem
Być razem czy to jest możliwe
Chyba że ze samym sobą
A uwierzyć w siebie to jak
Podobno leżąc na wznak.

Rankiem
Czy się radość może znudzić
A czy smutek musi się wzmóc
Wstając rankiem się utrudzić
I silnym na nowo się czuć.

Nocy
Groźna czarnawa nocy
Duchów złych ty się nie zlękniesz
Trwasz aż ziemia się obróci
A nad rankiem zawsze zmiękniesz.

Chwile na tyle
Są w życiu chwile długie i krótkie
Sprawy ogromne i te malutkie
Wysokie drzewa i małe krzaczki
A co nie żyje nic nie posiada
Czy to jest wada?

Tak nie można
Zajączek nie dał się zważyć
Ale oni się uparli
Nie pytając go o zdanie
Na żywca ze skóry obdarli
On niestety uciekł z rożna
Tak nie można.

Ktoś taki
Ktoś taki by kosmos zwyciężyć
Zbudował drabinę na księżyc
Tak długo się do góry gramolił
Z ostatniego się szczebla sp...

Luzy
Luzy zdarzają się w górze
Między innymi i w głowie
Zazwyczaj ta sama śpiewka
Jak na mózgowych panewkach.

Nagonka
Jakby to wziąć pod rozwagę
Stworzono wirusy zakaźne i nagie
I każą się szczepić masowo
Tym co mają problemy z głową.

Nie ma
Idealnych chłopów nie ma
Tylko idealne baby
Spróbuj więc temu zaprzeczyć czyli inaczej wyrazić
To możesz sobie piwa nawarzyć.

Jak jest
Jak jest źle to dupowato
A jak dobrze to przodowo
Można sobie pofolgować
Członkiem gwoździe poprostować.

Zamienili
Zamieniono kij na pałę
Winne temu to zdarzenie
Kija to się trzeba bać
Ale pałą można lać.

Powróciła
A pańszczyzna powróciła
Wójt z pastorem się trzymają
Tylko patrzeć jak niedługo
Chłopa znowu wydymają.

Wynaleziono
Wynaleziono szczepionkę
Dla konia żeby nie kopał

Niestety ze skutkiem odwrotnym
Koń się na polu zakopał.

Nowy podatek
Kto to wymyślił Antek czy Genia
Z której to partii jest bez znaczenia
Żeby człowieka robić w jelenia
A na dodatek to ten podatek
Od konia rżenia.

Super ludzie
Normalni ludzie niebawem kipną
Nie naturalnie a śmiercią lipną
Znaczy każdemu oklepią d...
I to normalnie dalej tak pójdzie
Bo na ich miejsce są super ludzie.

Prawda
Skądś ta prawda się wyłania
Co ma robol do gadania
Ktoś ma prawo go wydymać
Czy chce czy nie zechce
To musi niestety to wytrzymać.

Powtarza się
A historia się powtarza
Ale wciąż dochodzą nowe
Dawno temu dwie konewki spirytusu

Obecnie beczułka na głowę.

Na czerwonym
W komunizmie na czerwonym
Przechodzono przez ulicę nie mało
Nikt nikogo nie potrącił
Bo mu się nie należało.

Przyciąganie ziemskie
Dlaczego przyciąganie ziemskie jest niebezpieczne
A jak to działa łatwo to sprawdzić
A więc spróbować bez spadochronu
Skoczyć z księżyca i się nie zabić.

Myśli i myślenie
Myśli błądzą szepczą nucą
Bardzo często bałamucą
I nie obce im rozstaje
A to się tak tylko wydaje.

Układanka
Kiedy tworzą się układy
A zazwyczaj tam na górze
To się dzieją dziwne rzeczy
I działania wbrew naturze.

Komu najwięcej
Kto potrzebuje najwięcej
Bogaty co się nabzdyczy
Czy koń obroku w żłobie
A może świnka na smyczy?

Los
Los jest to takie coś co stwarza
Sytuacje proste i złożone
Bez początku końca środka czy bata
I niemałe figle płata.

Kolejny dzień
Kolejny dzień przemknął jak z bicza trzasnął
Niejeden humen na wieki zasnął
Nikt z stamtąd nie wrócił choćby z największą ikrą
I to jest przykro.

Otoczony
Gdy otoczy ciebie szesnastu
Popatrz im w oczy
I poproś by odeszli grzecznie
Nie posłuchają nie masz wyjścia
Zostało ci tylko ich pobić bezpiecznie.

Kapitalizm
Kapitalizm to ustrój na czasie

Lecz z przeszłością tak bardzo zmąconą
Zachorowałeś masz zaniki pamięci
Nikt za darmo ciebie na koniec nie poświęci.

Podatek od garbu
    Nie opłaci się być garbatym
Twierdzi ministerstwo skarbu
Z początkiem nowego roku
Wprowadzą podatek od garbu.

O wolność
Prawda najprostsza bo nowa
O wolność ma walczyć teściowa
Z synową zięciem i teściem
I weszła ustawa nareszcie.

Wyrok
Niewidomego oskarżono że nie zatrzymał złodzieja
Sędzia twierdzi że ślepy go widział
Ale choć i nie widzieć mógł
Mógł go przecież zwalić z nóg.

Mówią
Mówią że już było
Ale co nie wiedzą
Pewnie jest za wcześnie na to
Poczekamy przyjdzie lato.

Pojedynek
Nie miał wyjścia ścinał głowy
Ale nowe odrastały
Walczył rycerz z groźnym smokiem
Prawie że przez miesiąc cały
W końcu ciachnął go po łapach
Smok padł czym miał się teraz podrapać?

Żyć ideą
Ideą żyć dla przyszłości
Której wcale może nie być
To tak jakby przez lód na Arktyce
Na drugą stronę się przebić.

Ciągle
Ciągle słychać my walczymy
Między sobą o wolność pokój ideę
Ale to jest tylko ściema
Prawdziwej prawdy w nas nie ma.

Szczepienia
Zaszczepiony będzie żył
Nie szczepiony w drugiej turze
Koncern leków się wyraził
Nie zapłaci wtedy umrze.

Kto?
Kto poniesie za to winę
Co sprawiła tyle nędzy
I odpowie za maszynę
Do zabijania pieniędzy
I na polecenie czyje
Każdy grosik się zabije.

Uleczyć
Uleczyć wariata jest trudno
Ale zwariować jest łatwo
Wystarczy uderzyć go w duszę
A dalej to mówić nie muszę.

Różnice
Bohaterowie co zmarli za dnia
Różnią się od tych co umarli w nocy
Czynami być może orderem
A dlaczego i po jaką ch...

Po
Po miastowemu i po wiejsku
A najlepiej po naszemu
Po złości czy po dobroci
Nie zaśnie zanim coś nie spsoci.

Cele
A kiedy się cele spotkają
Te gorsze z tymi co są lepsze
Lecz nigdy się nie dogadają
A jeszcze pokłócą w najlepsze.

Wstyd
Wstyd to kraść jest i narzekać
Złością jarzyć mleko zwarzyć
Cudzej d... nie pożądać
Lecz na swoją się oglądać.

Nie dajcie
Nie dajcie się omamić demonom
Nawet tym co nie istnieją
Rada jest wypiąć się tyłem
Wtedy wystraszą się i zwieją.

Rozgrywki
Rozgrywka ze samym sobą
Może skończyć się dramatem
Zanim i coś zdecydujesz
Ale najpierw weź wypłatę.

Pracujemy
Pracujemy dla siebie przez siebie
Ale robimy tylko pod siebie.

Myśli
Myśli dalekie i bliskie
Regularnie trzymane na wodzy
Myślenie o niczym bez przyczyn
To może być nie lada wyczyn.

Bezsens
Bezsens to jest dziwne słowo
Krótko mówiąc coś bez sensu
Choć na misce szczubno równo
W rezultacie mamy g...

Na poważnie
Wszystko na poważnie brać
I ciągle się czegoś bać
Na stojąco w nocy spać
W jakim celu psia go mać
I obżerać się do syta
To wcześniej wyciągnąć kopyta.

Wolny kraj
A w wolnych krajach obywatele
To nic nie mają albo niewiele
Bo to wykładnią jest dobrobytu
Ogromna podaż zero popytu.

Zmieniać
O swoje walczyć o czyje się bić
I drżeć o cudze czy to przystoi
Zmieniać poglądy na inne przeciwne
Jest to niegrzeczne i nieraz dziwne.

Ten pan
Ten pan to był właśnie Adam
Nie miał szczęścia tak powiadam
Zachciało mu się drugiej połowy
Przy którejś z kolei niedzieli
Szczęście w raju diabli wzięli.

Nic nie grozi
   Nic ci nie grozi bo się jeszcze nie urodziłeś
   Czy jesteś szczęśliwy że ciebie jeszcze nie ma
Podpisano cinema.

Klasa robotnicza
Klasę robotniczą wcięło
Już nie walczą bo i o co
Coraz częściej umierają
Nie opłaca się żyć bo po co?

Paradnie
Głowę mieć od parady
To trzeba być kimś
Królem fryzjerem czy frajerem
A często trafiają się i zbóje
Zabija i paraduje.

Kronika
Kronika o dobrym człowieku
Nie zawiera nawet strony
Nie dlatego że nie istniał
Lecz był w biedzie urodzony.

Smok
Bardzo groźny to był smok
Ukrywał się w jamie przez rok
I używał dla relaksu
Komputera telewizji i faksu
I nigdy nie płacił taksu
A udzielał się społecznie
Bywało że niebezpiecznie.

Różnice
Płeć męska od żeńskiej niewiele się różni
A co tak niby dzieli być może spódnica
Ale to tak niewiele jak nam się wydaje
Ponieważ mężczyźnie z przodu zawsze
To coś niestety wystaje.

Nierówności
Jak to dobrze że wszystko
Nie jest jednakowe
Pałace ubiory
Wilk się różni od zająca
A małpa od zmory
Ale i my maleńcy ludzie

Nie jesteśmy dłużni
Niszczymy masowo przyrodę
A co będzie później?

Sprawa zła
Może by się na to zdobyć
Po prostu złości się pozbyć
Bo się często daje w kość
Spadaj złość.

Los
Mój los i twój i nasze losy
To jak zbłąkane pasierby
Kluczą wędrują i mruczą
I ciągle od nowa się uczą.

Nie jest tak
Dlaczego nie jest tak jak się pragnie
Zawsze coś tam przetnie drogę
A to piaskiem sypnic w oczy
Chcesz do tyłu idziesz przodem.

Brud
Ktoś kiedyś wynalazł bród
I pomyślał że to cud
A opisał to w wielkiej książce
Wyszły jaja ale końskie.

Niemiłosierny
Niemiłosierny to żałuje siebie
O bliźniego się nie martwi
Jest prosty ale się garbi.

Moda na sukces
Moda na sukces i powodzenie
Wyjesz na sali oni się cieszą
Ale podpadłeś tamtym z prawicy
Być może dzisiaj i cię powieszą.

Sprzeciw
Wujo się sprzeciwił cioci
Ale w tygodniu był zdziwiony
Na koncie samiutkie zera
A ciocia zmieniła partnera.

Topole
Rozszumiały się topole
Na wojnę poszli głupole
I to tak bardzo daleko
Nie wrócić lub zostać kaleką.

Nie żłop
Nie żłop chłopie dużo wódy
Choć taka bywa ponętna

Za dużo to rozum ci odbierze
Co tam głowę może urwać
Bo to mocna stara i durna.

Ruszcie się
Ruszcie d... proletariusze
Pokażcie co potraficie
Zamiast walczyć o wolność
Dla siebie i innych
Robicie strachy pod siebie
I szukacie winnych.

Nie podda się
Jeż nie musi wcale walczyć
Bo od czegoś ma te kolce
A jak go zaatakują
To pokłują się pierdolce.

A kiedy
A kiedy ochoty nie ma
Tak praktycznie do niczego
Ani najmniejszego celu
Do czynienia byle czego
To plunąć na własną twarz
I rzeknąć jak się masz.

Ukradziono mu
Ukradziono mu powołanie

Szukał i nigdy nie odnalazł
Został zupełnie kimś innym
I wcale nie czuje się winnym.

Kłopoty
A dywersant ma kłopoty
Wykolejał samoloty
Przyznał się że z własnej winy
Rozkręcał w powietrzu szyny
A dostał tylko w zawiasach
Bo działał w zamierzchłych czasach.

Pomniki
A zwyczajne skurczybyki
To sobie budują pomniki
Dlatego że nie zasłużone
To będą ro

Zasłużył
Rynna służy do wody
A woda do rynny
Bywa że nie zasłużył
A czuje się winny.

Atmosfera
Atmosfera tak napięta
Forsy nie ma idą święta
Pies lękliwie liże łapki

Kotek patrzy smutno w oczy
Ostał się gumowy młotek
I gruntownie się zamroczyć.

Taki jeden
Jeden nie chciał iść gdzie nie wie
Po prostu umarł na drzewie
Bo z drzewa miał bliżej do nieba
A w górze pochówku nie trzeba.

Lubiani
Ci z bajerem są lubiani
Ale często są nadęci
Oszukują okłamują
I mają zaniki pamięci
Gdzie się pojawią to burda
Politycznie co drugie to urwał.

Wziąć pod uwagę
Trzeba pod uwagę wziąć
I od dzisiaj przestać kląć
Bo bluźnierstwo nie buduje
A sumienie rujnuje.

Wcięło kasę
Gospodynię nagle wcięło
Bluźni pastor dusza podła
Bodaj się nie narodziła

Wczoraj w czasie zwiastowania
Kasę pastora zbawiła.

Sprzeczka
Kogut kurę mocno skrzyczał
W drugiej przy schodach alejce
Bo się kura do deptania
Nie ustawiła w kolejce.

Zastanowić się
Ktoś się zastanowił nieraz
Jak ważne jest słowo teraz
Teraz jestem najważniejsze
A co potem to już mniejsze.

Cień
Rozmowa w słoneczny dzień
Twardo rzekłem   słuchaj cień
   Pozorujesz na mnie napad
Zląkł się. Pod ziemię się zapadł.

Totolotek
Totolotek to typ wycwaniony
Ciągle jest nienapasiony
Mimo że posiadł miliony
A szanse wygrania minusowe
Po jednej nadziei na głowę.

Gdy się czuje
Gdy się czuje i się wierzy
Dobry los do nas przybieży
Być może z samego rana
Co mu powiesz?   Witam Pana.

Wady
Na wady nie ma rady
A mnożą się tego przykłady
Prosię często dłubie w ryju
A plecy bolą po kiju
I chleb wadliwy z zakalcem
Patrzymy na to przez palce.

Niewolnicy
Niewolnikami swoich myśli jesteśmy
Bo je stwarzamy
A czy to od nas samych zależy
Jakie myślenie mamy?

Braki
Nastał w czyśćcu czas krytyczny
Przepraszam że sprawę poruszę
Skończyły się wszystkie chloroksy
Czym teraz wybielać duszę?

Mamona
Mamona ma różne kolory
Zielony niebieski czy szary
A często pochrzani w umyśle
Że trudno dać temu wiary.

Nie przeginać
Przechodzić przez życie i nie przeginać
Piąć się do góry spadać i wyginać
Upadać często i tworzyć nowe
Ale nie wszystko jest kolorowe.

Po co to
A po co te częste rozróby
By ludziom dokręcić śruby
Wykorzystać francuskie klucze ruskie i płaskie
Niech proszą o jałmużnę i łaskę.

Orędzie
Bracia i siostry rodzice krewni
Bądźmy życzliwi i nigdy gniewni
Pijmy za zdrowie i długie lata
Ale nie kręćmy na siebie bata.

Widmo
Samochód widmo bez szofera
Może zbierać na wymioty

Człowiek na przejściu ucieknie
Ale kto naprawi płoty?

Czy
Czy życie się sprawdza w tej kwestii
Zawiera tak wiele agresji
Nieścisłości i poniżeń
Z czymś niewiadomym się gryzie.

A gdzie?
A gdzie podziały te chwile
Wesołością kołysane
                        Znikły
A mózgi zostały wyprane.

Przepowiednia
Einstein kiedyś przepowiedział
Bardzo nieciekawą sprawę
Że ludzie utracą tożsamość
I to już niebawem.

Dobrze jest
Dobrze jest ze samym sobą
Niemalże jak w samym niebie
Proponujesz sobie brudzia
A pijesz za zdrowie za siebie.

Pycha
Wywyższanie się przez pychę
Przynosi mizerne efekty
A po drodze ku przestrodze
Zdarzają się niemiłe defekty.

Przyszłości
Różnorakie przyszłości się tworzą
Ale wszystkie są jedną niewiadomą
Niestety my nie mamy na to wpływu
Bo przyszłości nie uznają sprzeciwu.

Reklama wojny
Ktoś kto reklamuje wojny
Ma ogromny z głową problem
Można się tylko przerażać
A co dalej to nie powiem.

Z okazji
Uroczystości z okazji zadymy
Kojarzonej z rozróbą wojenną
Poczyniły rozdarcia w duszach
Czyniąc pamięć nieprzyjemną.

Czyja jest ojczyzna
Czyja jest naprawdę ojczyzna prawdziwych patriotów
Co walczą prawdziwie o życie

Na pewno nie tych co na co dzień kłamią
I na ekranach ich często widzicie.

Kategorie
Kto dzieli ludzi na kategorie
Musi być bardzo bogaty i głupi
Zapomniał że miejsca w niebiosach
Za pieniądze na pewno nikt nie kupi.

Nie tędy droga
W imię fantazji
Ot tak po prostu być zwykłym bandziorem
Zabijać ludzi na obcej ziemi
I w imię czego? I to jest chore.

Czapy
Pajace w czubatych czapkach na głowach
Wzbudzacie litość i trwogę
Święcicie w imię mamony
Trupami usłaną drogę.

Nie mam
Nie mam powodu do zmartwienia
Jestem ot tak po prostu
Mam takie prawa jak wszyscy
Biedni bogaci i chytrzy.

Rozmijanie
A kto się z prawdą rozmija
Ten co tej prawdy nie zna
A jak pozna inną prawdę różną
To wtedy już będzie za późno.

Nie
Nie martwię się o głupią politykę
O człowieka co zaprzedał duszę
A właściwie to mnie nie dotyczy
Bo nie muszę.

Są chwile
Są chwile całkowicie zbyteczne
Niefortunne niechciane i niebezpieczne
I takie co nas obchodzić nie muszą
Co się dzieje wtedy z naszą duszą?

Wątpić
Wątpiącym pomóc w wątpliwościach
W pewne sprawy które być może nastąpią
Niektórzy co jeszcze nie poznali prawdy
A już od początku w nią wątpią.

Za historię
Za historię oddał krocie
Siły stracił kując młotem

Ale za wysoko mierzył
Kiedyś w czółko się uderzył.

Nie ma czym
A się chwalić nie ma czym
Ognia nie ma a jest dym
A jak tu od dymu spłonąć
Korzystniej będzie utonąć.

Iść w zaparte
Iść w zaparte trwać przy swoim
Chociaż sprawa nie jest tego warta
Pomieszały się logiki
Dotyczące polityki.

Obudźcie się
Obudźcie się co niektórzy
Będzie padać bo się chmurzy
Nie dajcie zniszczyć sumień
I krwi z żył wychłeptać
Zgnieść i prawdy podeptać.

Ujdzie
Młodej pani jeszcze ujdzie
Gdy kiedyś na lewo skręci
Ale takiej starszej z laską
I jeszcze zaniki pamięci.

Totolotek podwójny
Cztery dwójki tworzą osiem
A na połowę tylko cztery
Czy ktoś może trafi w totka
Sześć dwójek wygrane numery?

Kto straci
Głupi zyska mądry straci
Ale co się wtedy stanie
Gdy zamienią się na mózgi
Zwyczajnie przez podglądanie.

Zrozumie
Kto się urodził dzieckiem zrozumie
A kto urodził już dorosłym to nie wie
Że miejsce papugi jest w klatce
A świni zwyczajnej w chlewie.

Jest tak
Pan pije wódę pożera kawior
O konto w banku nie musi się bać
A jego sługa czuje się krucho
Ślini się często ale na sucho.

Dotknąć sprawy
Każdej sprawy można dotknąć

Niestety można się potknąć
Niczego się nie spodziewając
W szachy z wilkiem wygrał zając.

Zdobywanie
Żeby zdobyć uprawnienia
Trzeba skończyć liczne kursy
Nabyć prawa i papiery
Oczywiście i maniery
A ważne by o tym pamiętać
I uwaga na oczęta.

Odwyk
Odwykówka jest boląca
Ale uspokaja nerwy
W nerwach wóda jest paląca
Dlatego te długie przerwy.

Powrót pana
Wiatr się wzmagał niebezpiecznie
Jakby tego było mało
Wygląda pani przez okno
Cholercia pana zawiało
On wracał nad ranem od małpy
Niedaleko leśnej knajpy
Zgasła świeczka pani gibła
I powolutku zastygła.

Na oku
Mamy coś na oku
Co działamy wtedy
Lepiej jak nie mamy
To wtedy pół biedy.

Wymienić
Wymienić duszę za życia na lepszą
Solidniejszą czy ktoś potrafi
Zgłosił się pastor za pieniądze
Nie sądzę.

Dokąd
Dokąd posłać myśli swoje
A w jaki sposób to zrobić
Żeby za dużo nie stracić
A nawet trochę zarobić.

Gimnastyka
Gimnastyka i to z rana
Musowa i nawet wskazana
I dla pani i dla pana
Czyli dla zdrowia dużo dobrego
Dla małego i starszego.

Upartość
Ale ludzie są uparci

Choć niektórzy g... warci
Dążą do długiego życia
Czyniąc innym wielką szkodę
A wszystko to na swoją wygodę.

Uniwersalny
Jesteś uniwersalny pokaż co potrafisz
W pracy w teatrze na urlopie
Spraw się jak Noe na arce
Wcześniej a nie po potopie.

Ustrój
Ustrój wygląda niedobrze
Ale jak tak dalej pójdzie
I nie wszystkich zadowoli
To wkrótce się ro...

Przepowiednia
Przepowiednia mówi prosto
Umarli powstaną z grobów
A żeby to spowodować
Już teraz szukamy sposobów.

Wołania
Apele i wołania o pomoc
Nic do tej pory nie dają
Tyle chleba się marnuje
Inni z głodu umierają.

Myśleć jak
Myśleć mądrze jasno prosto
Ktoś pomyśli że to łatwo
Jak udawać nietoperza
Gdy nagle rozbłysło światło?

Przyda się
Coś takiego mogłoby się przydać
Żeby myśli było widać
A kiedy rankiem się budzę
Widzę myśli swoje nie cudze.

Pomyłka
Malarz raz pomylił farby
Na różowo machnął garby
A słońce pociągnął na czarno
A było to bardzo rano
I obraz wyszedł g...

Byli
Byli poeci sławni
A niesławni też się zdarzali
Cóż niesławni żyli w lasach
Niestety nie w naszych czasach.

Nimek
Nimek to taki gość bez ikry
Posępny niebywale chytry
Pomyśleć o tym niemiło
Udaje że go nie było.

Inteligencja
Inteligencja nie przyjdzie sama
To się zdobywa przez całe życie
I nie nabędziesz jej tak zwyczajnie
A się okaże że niewydajnie.

Nie trzymać
Z biednym nie trzymać bo nie ma forsy
Ale bogaty też nic ci nie da
I tu jest sedno. Wszystko ci jedno.

Na manowce
Na manowce poszły owce
A za nimi ruszył baran
A osła nie zabrali ze sobą
Choć tak bardzo i się starał
A dlaczego jak niesie wieść?
Nie było go komu nieść.

Radość
Radość przysługuje wszystkim

Więc prosimy jej nie burzyć
Ale trzeba się postarać
Żeby na radość zasłużyć.

Oficjalnie i nieoficjalnie
Mądrzy to tak oficjalnie
A nieoficjalnie jacyś tacy
Stan taki nijaki nie cacy.

Rąbek tajemnicy
Nie wypuszczaj pary z ust
Mimo że piorunem grożą
Piekłem straszą i sodomą
Tajemnica to wiadomo.

Upadek
Dlatego z unii wypadli
Bo mieszkańcy tego kraju podpadli
Cóż nie chcieli pić jaboli
I ustrój się ro...

Iść na całość
Nie możemy iść na całość
Kiedy posiedliśmy małość
Brak sukcesów tanie rady
Takie pospolite dziady.

Rozmowa
Rozmawiałem w swojej sprawie ze sobą
A więc wyciągnąłem wnioski
Wystawiłem sobie czeka
A ten drugi niech się wścieka.

Ogarnijcie się
Ogarnijcie się patrioci
Dojdzie taki do władzy to napsoci
Trenuje kieszeń naprawia
Obżera się i puszcza pawia.

Nasze czasy
Mamy czasy trochę lipne
A zdarzenia często rojne
Nie dla wszystkich takie hojne
Choćbyś pękł i tak nie pojmiesz.

Weteran
Weteran to taki gość
Który ma wszystkiego dość
W naszych czasach już niemodny
Bo już stary i niewygodny.

Bandzior
To politowanie budzi
Jaki jest cel zabijać ludzi

Za pieniądze na obczyźnie
Gdzieś za sterem rosomaka
Bandzior ciećwierz i pokraka.

Wygrał
Wygrać z czasem bezboleśnie
To zestarzeć się za wcześnie.

Wyprowadzka
Z kraju w tym roku w maju
Wyprowadziła się bieda
Dzieją się tam dziwne rzeczy
Że normalnie żyć się nie da
Jak stali się wszyscy bogaci
To nic się już nie opłaci.

Spieranie
Biedny się z bogatym spierał
Dostał za to mocno pałą
Bogacz zrobił głupią minę
Jak biednego zabolało.

Krytyka
Kto krytyki się nie boi
Czysty musi być jak łezka
Odporny na wszelkie pogardy
Dlatego posiada dwa garby.

Czas
Czas na świecie taki nastał
Moc ludzi ucieka z miasta
Bo na wsi nie trzeba maski
I można chodzić bez laski.

I przed i po
I przed ślubem i po ślubie
Mam w czubie kiedy to lubię
Ale można się i naciąć
I pożycie głupio zacząć.

Sataniści
Sataniści to wandale
Walczą złością zakłamaniem
Nadzieję pokładają w głąbie
A ten i tak ich wyrąbie.

Do piekła
Do piekła zawitał pies
Chciał zobaczyć jak tam jest
Załapał się na samogon
Zdążył uciec stracił ogon.

Celowo
Celowo nadepnąć na piętę niedźwiedzia

Połknąć świeżo upieczony kartofel
Za potrzebą się długo opierać
Wszystkie myśli w jedno miejsce
Pozbierać po północy we śnie
I bardzo wcześnie.

Przyjdzie pora
Kiedyś przyjdzie taka pora
A jasność mój umysł oświeci
Będę pisał nowe piękne dzieła
Dla dorosłych młodzieży i dzieci.

Jeden taki
Taki jeden lamentował
Usiłował lecz nie przestał
A udało mu się wtedy a juści
Gdy niestety przymusowo popuścił.

Sumienia
Sumienia gorące jak pochodnie
Na chwałę tego kogo nie widać
Żywo jaskrawo i modnie
I na co to komu się może kiedyś przydać?

Chwile
Chwile przeplatane płaczem
Za kogoś kto umarł czy się opłacą
Umarłego to nie obchodzi

Ci co zostali za niego zapłacą.

Koszty
Koszt za wodę święconą
Jest czasem przesadny
Obliczony na srebrniki
Czy to coś znaczy?
Kropelki zamienione
Na konwiowe litry
To dlatego ten co święci
Jest taki potwornie chytry.

Zastawa
Na czarnej ziemi suto zastawione stoły
Na nich misy z pachnącym mięsiwem
A wokoło wykrzywione buzie z historią
Rozdrapują własne rany z euforią.

Jak się śmiać
Jak śmiać się to prosto
Rzetelnie i uczuciowo
Miarowo beztrosko i sumiennie
Uczciwie postępowo nieodmiennie.

Do sukcesu
Do sukcesu pełną parą
Do boju z siekierą zadrapaną starą
Na nożynach wybieramy krzywik

A co najgorsze to wymyślony przeciwnik.

A właściwie
A tak naprawdę kogo boli bardziej
Czy tego co umarł
Czy tego co nie umarł
A do kogo i za kogo jest wtedy żal?

Był
Był żołnierzem z powołania
Walczył na niejednym froncie
Ale zrozumiał że się mylił
Kiedy mu urwało prącie.

Ślepiec
Ożenił się z kobietą
Nigdy jej nie widział
Ba i nie zobaczy
A gdyby nie był ślepcem
Byłoby inaczej.

To że
To że nie jesteś słoniem
Czy może szympansem
Docenisz to dopiero z wiekiem
Że jesteś człowiekiem.

Podpadka
Podpadło końsko chłopu
Nie chciało ciągnąć pługa
Dziwić się i nie dziwić
Stary koń a skiba długa
Co miał począć chłopina
Wygnał konia latem
Sam ciągnie pług swój własny
A ostrożnie z batem.

A co by
A co by się stało?
Gdyby Bóg wodę zabrał z kranu
Nie znalazłeś waść odpowiedzi
Zatem coś w tym siedzi.

Mózg
Mózg to skrzynia myśli w kupie
Jest ich wiele mądre głupie
Całość kryje mnóstwo włosów
I po co tyle rozgłosu.

Jest i nie ma
Są kropki linijki i kreski
Młotki gwoździe oraz deski
A któż zgadnie czego nie ma
Ale ściema.

Zostać
Wampirem zostać
To nie jest sztuka
Wystarczy wyostrzyć zęby
Nauczyć się wyć i gdakać
Ale jak połamią kości
Wypadałoby nie płakać.

Nie żeń się
Nie żeń się człowieku z osą
Lepiej odejdź choćby boso
Nawet do czarnej otchłani
Dopóki cię nie omani.

To nie to
Salceson to nie kiełbasa
A wódeczka to nie piwko
Jeśli chodzi o procenty
Przeholujesz to poczujesz.

Jak więc
Po dobroci lżej umierać
A po złości jeszcze gorzej
I w pierwszym i drugim przypadku
Święty Boże nie pomoże.

Sprawiedliwie
Sprawiedliwie jest żyć do starości
I dłużej a coś się spierać
Lepiej korknąć może wcześniej
Niż darmo powietrze zabierać.

Ująć dodać
Sobie dodał tamtym ujął
Taki sprawiedliwy kujon
A że trochę z ogniem igrał
No to w końcu się doigrał
Napił się własnego moczu
Wtedy osobowość poczuł.

Film
Film nagrali o boleści
Że to w głowie się nie mieści
Widzowie na sali się zwarli
Z żałości wszyscy umarli
Jakby tego było mało
Reżysera nie bolało.

Piekielny wynalazek
Dym wynalazł jeden taki
O tak sobie z bezmyślności
Ale w oczy mu dopiekło
I wtedy powstało piekło.

Zanim
Zanim umrzeć z miłości
Wpierw trzeba wybaczyć
Spróbować odwrotnie
Jest wtedy zupełnie inaczej.

Wcięło fraszki
Pisarz słabo dziś zabłysnął
Przypadkowo guzik wcisnął
Nagle wszystkie fraszki wcięło
Że aż mowę mu odjęło.

Błaganie
Drogie fraszki wróćcie do mnie
Pożałujcie swego Pyska
Proszę błagam półprzytomnie
Nie psujcie domowego ogniska.

Czy to coś zmieni
Boże drogi czy to coś zmieni
Dziewięćdziesiąt cztery fraszki Pysiunia
Gdzieś w przestrzeni
Tułają się po przestworzach
Oby nie wpadły do morza.

Prośba
Miłe gogle komputerze

Proszę szukać moich fraszek
Wznosi w górę swe rączęta
Biedny pisarz chory Stasiek.

Zanim
Zanim wciśniesz chłopcze guzik
W swoim drogim komputerze
To głęboko się zastanów
Bo sp... coś frajerze.

Kielich goryczy
W kielichu goryczy jest strata
O smaku piołunu pokrzywy
Ten co to tworzy poezję
Natchnieniem talentem jest żywy.

Coście mi
Coście mi uczyniły fraszki moje
Wycieczki się wam gdzieś zachciało
Asieńka was poszukuje
Już prawie godzinę całą.

Mocować
Kołatało coś w sercu moim
Nadzieje mnie nie porzucą
Liczę że fraszki moje
Do komputera wrócą.

Ulituj się
Ulituj się dolo nad Pyskiem
Uleciały w dal moje fraszki
Memu sercu tak bardzo bliskie
Pisane w noce ciche i czarne
Uczuciowo z pokorą i ofiarnie.

Zabezpieczenie
Nic mi to przeżyłem upadek
Ja syn kiedyś teraz ojciec i dziadek
Nic mi to czuje się znakomicie
Wierzę że wszystkie fraszki z dalekiej podróży
Jeszcze dzisiaj do poety wrócicie.

Fraszka na fraszki
Zanim słońce za horyzonty zajdzie
Nim się mgłą nocną zakryje niebo
Asia w komputerze wszystkie fraszki odzyska
Dla strudzonego pisarza Pyska.

Chciał być
Koniecznie chciał być ciężarowcem
Nawet trochę boksu liznął
Lecz kariera padła trupem
Kiedy kopa dostał w d...

Przegryzać
Jeść chleb i przegryzać solą
Zgodnie nawet z własną wolą
A można by odnieść wrażenie
Zawiniło wykształcenie.

Pomyłka
Grając króla z tym się zderzył
Naprawdę on w to uwierzył
Przypadkiem skazał siebie na ścięcie
A to chyba już przegięcie.

Jasnowidze
Ktoś tam gdzieś przewidział jutro
Inny zaś co będzie dziś
Ale nikt jeszcze nie przewidział
Tego czego nigdy nie widział.

Główka
Główka boli jak się spocisz
Przypadkiem ciałkiem przygrzmocisz
Zamiast robić kwaśne miny
Proszę zażyć aspiryny.

Wykapany
Wykapany jak ojciec i dziadek
Podobny do stryja matki

Bywa że i niebezpiecznie
Spali metal drewno gumę
Nazywają go piorunem.

Marzenia
Wymarzyła sobie przyszłość
Wytworne jedzenie i łaźnię
A to wszystko jest odwrotnie
Kogo winić? Wyobraźnię.

Delikatność
Delikatnie się odnosił
Do wszystkiego co stąpa i żyje
Dla biednych o pomoc prosił
Przyparty przez biednych nie żyje.

Wymysł
Post wymyślił mister Leon
Za to został świętym w niebie
Ale trochę niefortunnie
Nie brał pod uwagę siebie.

Było i nie ma
A co ma się i odwlec
Skoro i tego nie było
A jak już będzie to nie ubędzie
A z czego by i ubyło.

Wolna wola
Wolną wolę masz jak chcesz
Uwaga nie chcę nie wolę
Ale możesz zmienić zdanie
Gdy do mózgu wkroczą mole.

Chcesz czy nie chcesz
Chcesz czy nie chcesz musisz jeść
Nawet wbrew i własnej woli
Niekoniecznie musisz oddać
Gdy ci żona przyfasoli.

Prawdziwa prawda
Koń położył się na wozie
Jest nietrzeźwy i na mrozie
Jaki może być tu powód
Głośno myśli trzeźwy kogut.

Strajk kijowy
Zrobił się problem niemały
To kije zastrajkowały
Nie biją po głowie i w miskę
Liczą na dużą podwyżkę.

Liczyć na coś
Choć byś liczył na najlepsze

Wszędzie czuć tylko powietrze
A tęsknota też napieprza
Gdy się płuco zapowietrza.

Kłopoty
Ktoś tam miał kłopoty z zębem
Ciągle krzywił się na gębę
Jakby tego było mało
Uszy mu wyprostowało.

Nie stosować
Tyle razy mówię waści
Proszę nie stosować tej maści
To jest coś co tak zniechęca
Niekiedy aż buzię wykręca .

Bezradność
Teściowa też bywa bezradna
Chociaż często też bywa przykładna
Lecz zamiast miłości do zięcia
Używa nierzadko przeklęcia.

Niedaleko
Do nieba jest niedaleko
Czy mieszka się w lesie czy w mieście
Ale nie wszystkim tam śpieszno
Gdy chodzi o dal tak bezkresną.

Został kimś
Jeden został milionerem
Bo posiadł jedynki przed zerem
Nici z takiego milionera
Co nie ma jedynki z przodu
Lecz same zera.

Tańce
Tańczył z diabłem długie lata
Pili wspólnie alkohole
Dusza tego jest na odwyku
A diabła to w oczy kole.

Nabieranie
Cała Grecja w dawnych czasach
Bardzo bała się Zeusa
Z wyjątkiem jednej bogini
Nie ubrana była kusa
A kiedy miała ochotę
Nabierała go na cnotę.

Opieka
Opiekuj się swoim zdrowiem
Nie licz na to co byś chciał
Bo możesz wpaść w taką depresję
Że siebie samego będziesz się bał.

Taki ktoś
Taki ktoś się kopał z koniem
Codziennie prawie przez pół roku
Skończyło się to niefortunnie
Gość nie żyje a koń w szoku.

Reklama
Zniszczysz wszystko mrówki i mole
Używając coca - colę
W ramach racji i popytu
Podatek od dynamitu.

Dziwna wojna
Dziwna wojna i spokojna
Uśmiechają się do siebie
Z tą różnicą że ta wojna
Była ponoć w samym niebie.

Gorąca baba
Ożenił się z babą gorącą
Wszystko musiał na stojąco
I to od samego rana
I odwrotnie na kolanach.

Spowiedź
Do spowiedzi nie chce iść pies
Nie domyślasz się człowieku

Ile to grzechów bo całą moc
Wyszczeka przez całą noc.

Rambo
Rambo wpieprzył się raz w szambo
Próbował się z niego wygramolić
A chociaż zapachu nie znosił
Wszystkie g... musiał wy...

Zabronić
Komu zabronić się śmiać
Tobie mnie czy może jemu
Ale proszę nie zabraniać
Śmiać się niepocieszonemu.

Wyobrazić
Wyobrazić coś takiego
Przypieprzyć się do świętego
I pomyśleć w każdym razie
Nieżywego na obrazie.

Poszły
Za baranem poszły owce
A ten skręcił na manowce
Pomyślał przejdę może zdążę
Skutek! Zaszły z wilkiem w ciążę.

Wygonili
Wygonili wilka z lasu
Gdzie biedactwo się podzieje
Nie dość że go skrzywdzili
Jeszcze obrzygali knieje
W lesie ostał się jeno smutek
I alkoholiczny skutek.

Ktoś tam
Ktoś tam się musiał sprawą zająć
Na wilka zaczaił się zając
Ale w jamie dla niedźwiedzia
Cisza makiem nie pośledzi
Ani zająca ani wilka
Ino only jeden ogon
A na popitkę samogon.

Rodzi
Ból rodzi nienawiść i niesnaski
Musi boleć i bez łaski
Samo musi kiedyś przestać
Gdy na leki kogoś nie stać.

Dymaj
Dymaj bracie boś ubogi
Nie buntuj się bo nici z tego
Jeden procent jest dla ciebie
Dziewięćdziesiąt dziewięć dla bogatego.

Niekochany
Służba nie kochała pana
Bo ją często molestował
Sam się bawił w chowanego
Znajdował i później znów chował
Skutkiem takim że gdzieś zalazł
Już się więcej nie odnalazł.

Nierówność
Bieda jest nierówna biedzie
Tak daleko nie zajedzie
Nie uśmiechaj się na raty
Bo nigdy nie będziesz bogaty.

Szajba
Łajbie raz odbiła szajba
Wypłynęła na pustynię
Liczyła na wielkie przygody
Szkoda że nie było wody.

Nie żałuj
Nie żałuj że nie masz talentów
Co masz musisz na to przystać
Jak się trafi na zły talent
Wtedy jak go wykorzystać?

Dlaczego ?
Dlaczego dzień się na noc zamienia
Z pewnością chce i coś zatrzeć
Oddaje się wtedy nocy
Bo nie może na to co się dzieje patrzeć
A to się i może przydać
Bo w nocy to mało widać.

Co należy
Co należy się od życia
Żeby tak dla siebie wybrać
I na co się zdecydować
Żeby później nie żałować.

Gołe baby
Skąd się wzięły gołe baby?
Czy to może kaprys losu?
Ale ktoś już udowodnił
Że na sto procent z kosmosu.

Faceci
Faceci tak na dobrą sprawę
A co jest najbardziej ciekawe
Nie mają własnego zdania
Stąd te znaki zapytania.

Rozwód
Wziąłby rozwód bo ma powód
Uparł się i dalej twierdzi
Bo ta druga połowa milczy
Zamiast uśmiechać się pierdzi.

Jaki cel
Jaki cel osiągnąć w życie
I to nie przy swojej kobiecie
Cudzołóstwo zamierzone
A i zboże pogniecione.

Pewien sędzia
Pewien sędzia się narąbał
Stracił kontakt podczas sprawy
Zasądził sobie dożywocie
Zamknął się i po kłopocie.

Poprztykał
Poprztykał się księżyc ze słońcem
A straciła na tym ziemia
Noc dołączyła do sporu
Dlatego to teraz się ściemnia.

Nie ubodzie
Ryba ryby nie ubodzie
Dlatego że żyją w wodzie

A tak to na dobrą sprawę
Byłoby bardzo ciekawe.

Nie chciał
Nie chciał być szefem
Uszy mu stoją
Nic nie potrafi
A go się boją.

Zamiary
Matrymonialne zamiary
W stosunku do przeciwnej płci
Potajemnie się spotykać
I po cichu się dotykać.

Coś zmienić
To się chyba i nie zmieni
Głupota jest od korzeni
Dorasta aż pod konary
Nieważne czy młody czy stary.

Moda
Czy moda to jest wygoda
A na czasie tatuaże
Na twarzy plecach i cyckach
A na dole nie pokażę .

Wymysł
Kto wymyślił takie łyżwy
Z pewnością nauki liznął
Wtedy przyszło mu do głowy
Kiedy się na lodzie pi...

Co robić ?
Co zrobić jak pieką policzki
Użyć maści wody brzytwy
Ale nie w tym sprawy sedno
Gorzej jest jak całkiem zbledną.

Szaleństwa
Czy szalony musi być wściekły ?
Niedorobiony czy głupi
W naszym czasie wszystko da się
To widać po twarzy grymasie.

Podjarany
Jeden wyszedł na ulicę
Jak zobaczył zakonnicę
Nie dość że go podjarało
To świecę wyprostowało.

Wstyd
Wstyd na całą okolicę
Tak diabeł oszukał diablicę

Wyspowiadał się wygłupił
I jeszcze grzechów dokupił.

Próba
Zostałeś poddany próbie
Musisz sobie sam życiu poradzić
Z każdą przeciwnością losu
Niekoniecznie z długą kosą.

Ostrzegać
Jak ostrzegać to z rozumem
W taki sposób by wytrwało
Żeby ręce nie odpadły
Albo głowy nie urwało.

Dorobić się
Jak dorobić się najprędzej
By uniknąć biedy i nędzy?
Najlepiej się nie udzielać
I brzydzić własnych pieniędzy.

Trwoga
Jak jest trwoga to do Boga
Taka rola mu przypadła
Tylko czy to jest w porządku
Że to w towarzystwie diabła.

Szukać
Co się doszukiwać złego
W nocy na cmentarnym grobie
Wystarczy spojrzeć do wnętrza
Przyjrzeć się samemu sobie.

Fortuna
Fortunę zdobyć niełatwo
Długo człowiek o to walczy
A na koniec jest zdziwiony
Że mu czasu nie wystarczy.

Koń i pług
Koń nie chce ciągnąć pługa
I zaczyna kłamać
A dlatego że nie ma go kto
Z tyłu zwyczajnie poganiać.

Pić jeść umrzeć
Lekarzc mu zabronili bo chory
Jeść i pić do skutku
Znalazł więc inne wyjście
I umarł ze smutku.

Włochaty i łysy
Śmiał się włochaty z łysego
Że mu pała świeci

I za karę teraz włochaty
Spłodził łyse dzieci.

Zagadka leżąca
Kto to może być co leży
W lesie i się nie odzywa?
Nie domyślasz się kolego
To jest przecież ścięte drzewo.

Sam i sam
Supersam to sam plus sam
Dwa samy mamy
Zawsze milej jest we dwoje
Jedna strzelba dwa naboje
Sama ona plus on sam
Narzeczeństwo wyszło nam.

Pielgrzymka
Idzie pielgrzym przez pustynię
Wlecze na łańcuchu świnię
Krok do tyłu krok do przodu
Droga nigdy się nie kończy
Lecz ciekawe czy to pielgrzym pierwszy
Czy świnia pielgrzymowanie zakończy?

Drwal
Narąbał na zimę drzewa
Twierdzi że rąbał w lato

Czym więc pali w piecu w zimie
Co ty na to?

Obiecanka
Przed ślubem narzeczonej obiecał
Wierność kwiaty wczasy morze
Okazało się po ślubie inaczej
Teraz nic nie może.

Słoń i mrówka
Uszczypnęła mrówka słonia
Słoń aż zawył z bólu
W odwecie zdzielił ją trąbą
Że jest płaczu bliska
Przestań więc to robić słoniu
Bo widzowi serce ściska.

Wojna i pokój
Walczył na wielu frontach
Przeżył wojen siedem
Stracił zęby trzonowe
Został jeden mleczny
A chwalił się że wrócił do domu z wojny
Zdrowy i bezpieczny.

Rozumy
Ile waży chłopski rozum
A ile kobiecy

Proszę podać długość knota
Wypalonej świecy?

Wełna i metal
Ile wełny w pięknym szalu
Tyle drutu jest w metalu
A ile wody w Bałtyku
Tego nie wiesz mały smyku.

Kawaler
Kawalerem to już byłem
Lecz nigdy nie byłem panną
Adwokatem też nie będę
Bo mam dziwnie pod sukmaną.

Zawiódł się
Wania tak się kiedyś zbiesił
Na paseczku się powiesił
Przedtem się na koniec spił
Już nie będzie żony bił.

Koza i miś
Koza pogłaskała misia
Zrobiła to pierwszy raz
Teraz duże ma kłopoty
By wylali ją z roboty
Miś poskarżył się do małpy

Że go koza chciała zg...

Nie dokazuj
Nie dokazuj moja droga
Co ty robisz bój się Boga
W biały dzień i takie rzeczy
Obejrzałem się za plecy
I się wstydzę noc nie widzę
Same rozebrane rydze.

Wadliwy system
Komputer się pomylił wypisał złą radę
Osioł co obsługiwał komputer stracił więc posadę
A chodziło o prostą zwykłą zwyczajną logikę
Bo zamiast uczciwie pracować głosił politykę.

Pomyłka
Zamiast mleka coś się stało
Krowa daję wodę
Niechcący się pomyliła i napiła wódki
Takie są właśnie nieraz polewania skutki.

Bacówna i odmowa
Bacówna się wkurzyła odmówiła bacy
A czegoś się może domyślasz?
Nie chciał iść do pracy.

Pies i miłość
Pies z miłości do łańcucha
Uwiązać się kazał
A dlaczego on to zrobił
Każdy musi wiedzieć
Bo jak by się z niego urwał
Wtedy pójdzie siedzieć.

Kowal
Kowal się wkurzył kuźnia spaliła
Ogień ukradli i płot się przewraca
Koń zdjął podkowy i chodzi boso
Co można zdziałać w takim wypadku
Odejść gdzie tylko oczy poniosą.

Rower i nogi
Co ważniejsze jest od drogi
Rower czy zwyczajne nogi
Bo rowerem możesz jechać
I kręcić na różne strony
Ale jeśli nie masz nóg
To jechać nie będziesz mógł.

Zarobię i kupię
Jak zarobię to kupię sobie coś
Ale co kupię nie wiem bo nie zarobiłem
Więc kupię za to co zarobię
I pójdę sobie.

Ballada o kocie
Kot wpadł na minę na froncie w zimę
Więc ogłosili że to bohater
Powstały o nim różne legendy
Aż do Bałtyku do samych Tater
A kto naprawdę wymyślił kota
To dywersyjna i zła robota.

Bałagan
Po polsku to brzmi zwyczajnie bałagan
Po wschodniemu pierestrojka
Za oceanem nazywa się to mess
Tak to jest.

Biegacz
Był dobrym sportowcem biegaczem atletą
Ale niedosyt miał ciągle   to nie to
Ale co się odbijało najbardziej na jego wizerunku
To że biegał niestety w odwrotnym kierunku.

Sprawa
Sen się sprawdził złapał kapcia
Na stopie się nie zatrzymał
O włos go nie depła babcia
W nocy biega w dzień się nudzi
Chce być podobny do ludzi
Czy ty wiesz że to jeż?

Zabiło mu serce
Ostatni raz mu do niej serce zabiło
Była bardzo późna pora
Przypadkowo złapał lejca
Znalazł się na kolejowych torach
Była to lokomotywa
Tak to się dzieje po wódce
Pokrótce!

Wciskać kit
Wciskać kit nie tylko w okno
Póki ramy nie przemokną
Ale wciskać trzeba umieć
Znacznie trudniej ich zrozumieć.

Ślub
Kto ożenił się z papugą
Musi często się narażać
I wszystkie czynności codziennie
Po kilka razy powtarzać.

Rolnik
Rolnikowi nie jest łatwo
Musi zaorać i zasiewać
A kiedy nastanie susza
To i deszczu się spodziewać.

Kto?
Kto wymyślił głupie wojny
I tę politykę całą
Musiał najeść się gęstego
A rzadkie na głowę mu się wylało.

Nie da rady
Bez ciążenia nie da rady
 Nic się nie może wydarzyć
Choćbyś się ciągle odchudzał
To i tak coś musisz ważyć.

W kostnicy
W kostnicy się ocknął jeden
Patrzy na około trupy
Wszyscy rozneglizowani
Niezłe nawet gołe d...
Że to bieda tak dotyka
I nie stać na zakup ręcznika.

Rozpieszczanie
Rozpieszczać dziecko jest niebezpiecznie
Chwalić się tu nie ma czym
Gdy dorośnie taki pieścioch
To dopiero zrobi dym.

Pamięci
Pamięci bywają różne
Krótkie długie i zwyczajne
Lecz zapomnieć zrobić kupę
To już nie byłoby fajnie.

Zimno
Zima mroźna zmarznąć można
Odmrozić nogi i uszka
Nie pomogą ciasne buty
I pełna powietrza poduszka.

Nie ma
Nie ma szafy dla żyrafy
Dla słonia miejsca w psiej budzie
Dla świętego na obrazie
Co jeszcze wymyślą ludzie?

Komu?
Komu dodać komu ująć
Kiedy tę decyzję podjąć
Przed dodaniem czy odjęciem
Najlepiej przed wniebowzięciem.

Nie ma
Nie ma piekła to jest pewne
Twierdzę nie zamierzam przestać

Bo w piekle przegięli z kredytem
I na węgiel ich tam nie stać.

Najpierw
Najpierw trzeba ruszyć nogi
A dopiero potem d...
Czy odwrotnie da się zmienić
Najpierw się rozwieść
A później ożenić.

Módl się
Módl się za nich dobrze płacą
Za ciężkie grzechy zrobione
Ale skąd się wziął rachunek
Za te jeszcze niepopełnione?

Proszę spojrzeć
Proszę spojrzeć co wy na to?
Zmienili zimę na lato
W lecie mrozi w zimę grzeje
Pszczoły wyfrunęły z uli
Oj niedobrze ktoś zabuli.

Swoboda
Swoboda nie dla każdego
Taki to jest zwykle świat
Prawdą jest że na niektórych
Przydałby się długi bat.

Koło
Koło powstało tak przez przypadek
Odkrył je pewien trącony dziadek
Bo dnia któregoś zapomniał czapki
Kręcił się w kółko i szukał babki.

Bez
Radzę nie ruszać bez dżipiesa
Bo można trafić na taką bidę
Jechać przez Wietnam na Antarktydę.

Pretensje
Każdy kto otrzymał pensję
I ma do siebie pretensje
Że zarobił może za mało
Niech sobie resztę pensji dokupi
A wymyślił to niegłupi.

Uszy mokną
Uszy marzną jak deszcz leje
Tak bardzo cierpią czasami
Taki jeden wpadł na pomysł
I przybił je do głowy gwoździami.

Martwe nastroje
Tak z godziny na godzinę
Twarze nasze posępnieją
Stają się nieczułe inne
Zezowate serca brak
Czy to powinno być tak?

Przyjrzeć się
Gdy się przyjrzeć polityce
Całej upapranej w błocie
To się zdarza zwymiotować
Nawet przy wolnej sobocie.

Bohater
Kogo nazwać bohaterem?
Cesarza króla na tronie
Żeby na tym nie poprzestać
A może jednak pachołka
Co go na tę chwałę nie stać.

Okazało się
Okazało się dopiero
Co można stracić przez zero
Gdy ciało z duchem się spiera
A tętno zdąża do zera
I dziwnie się wtedy czujesz
Dlatego uszy prostujesz.

W parze
Życie biegnie z losem w parze
Nieważne jest gdzie się znajdujesz
A i tak też może być
Że ze sobą chcesz się bić.

Nadali
Diabli nam kogoś nadali
I stworzył się duży problem
A o co tu chodzi nikt nie wie
Nie chcę nie powiem bo nie
Wydaje się że nadali mnie.

Pomysł
Jeden to wpadł na pomysła
I wymyślił taką opcję
Całą ziemię wziął w adopcję
Będzie musiał nie uporać
Żeby tak wszystko zaorać.

Wojny
Wojna trzecia tuż przed czwartą
Jednemu z miski wyżarto
Na początku dnia i rano
Nawet talerz wylizano
Zaczęła się czwarta tak twierdzi
Nie jadł nie pił ale pierdzi.

Zdobyć się
Żeby na coś tak się zdobyć
I samego siebie dobić
Po prostu walnąć się w ryja
A krew niech leci niczyja.

Do szczęścia
Do szczęścia potrzeba niewiele
Upiec chociażby w popiele
Takie przeciętne gruszki
We śnie na brzegu poduszki.

Wysoko
Chwalił się że wysoko zalazł
Ten po prostu las wynalazł
Takie rzeczy kto to słyszał
 Lecz się pod tym nie podpisał.

Ładnemu
Ładnym zawsze lżej jest w życiu
To prawda gdyby nie wyjątki
Dobrze że w tygodniu jest niedziela
A nie same piątki.

Pojąć
Pojąć szczęście w nieszczęściu
Zrozumie to nawet i głupi

Pieniądze to tylko papiery
A rozumu nikt za pieniądze nie kupi.

Kiedy
Kiedy duch opuszcza ciało
A zdarza się to często i gęsto
To jest coś w rodzaju grozy
A mówią że to zwycięstwo.

Zmuszanie do
Zmuszanie do bogactwa
Jest śmiertelnym grzechem
Brzydzę się pałacem
Wolę wiejską słomianą strzechę.

Siły ciążenia
Siły ciążenia pochodzą z kosmosu
A nie był to czysty przypadek
Tylko zrządzenie losu
A może zwykła pomyłka
A ktoś taki uparty
Przypadkowo przegrał ziemię w karty.

Dziwne
Czy to nie jest dziwne
Że kosmos nie ma końca ani początku
To jakby tydzień miał się dobrze
I skończył na piątku.

Zmartwiony koń
Los odwrócił się od konia
W koniku siła przepadła
Ciekawe co pocznie gospodarz
Pewnie wyśle go do diabła.

Pojedynek
Pojedynek się zakończył
A problem nastał niemały
Dwie wystrzelone kule
Podczas lotu się spotkały
Czy to wina rusznikarza ?
To się zdarza.

Stało się
Wiecie co się stało z Wickiem
Szkoda chłopa dostał cyckiem
Zachorował i ma z głowy
A co się stało z cyckiem krowy?

Areszt
Glina aresztował owcę
Podczas skrętu na manowce
Co tirówkę udawała
Zamiast kusić to beczała.

Taki jeden
Jeden taki się wysilał
Wściekał kopał rzucał buty
Nie jadł nie pił od miesiąca
I miał pretensję do d...

Był
Był dobry i ciężko pracował
I ciągle czegoś żałował
Za grzechy całej ludzkości
Drogi wyboiste i zazdrości
Aż w końcu kropidło połknął
I żal go prawdziwie dotknął
Więc wypił wodę święconą
Dla wiernych przeznaczoną
Zadumał się i umarł.

Jeden sen
Sen się przyśnił wszystkim
Ten sam i o jednakowym czasie
Lecz się nie sprawdził stąd te pretensje
Bo tu chodziło o wyższe pensje.

Ktoś
Im bardziej pański
Tym więcej chamski
I coraz gorszy
Z powodu forsy.

Powód
Z powodu życia to istnieć trzeba
Na chleb zarabiać i wodę pitną
Za dużo sobie nie wyobrażać
I nie przejmować się wszystkim zbytnio
A kiedy gonią to wtedy wiać
Jak mocno ciśnie to z siebie dać.

Bywa i tak
Z piorunami to tak bywa
Trzaśnie taki i po sprawie
Ale spojrzeć na pieprzniętego
Nie wygląda on ciekawie.

Bystra woda
Bystra woda zwykła pitna
Oczyszczona i ambitna
Drink wypijesz z własnej woli
I w głowie się nie p...

Spienić się
Taki jeden się zapienił
Aż się prawie zazielenił
Może zabrzmi to i głupie
Ujrzał otwór w swojej d...
Nic z odjęcia i dodania
Zmienił zainteresowania.

Wolna wola
Wolna wola co to jest?
Tak się zastanawiał pies
Żadna korzyść z takiej woli
Pan go tłucze a psa boli.

Sprzedawca cieni
Niezły biznes się wydawał
Ktoś taki cienie sprzedawał
Raz te dzienne i te nocne
Wyższe mniejsze twarde mocne
Po dziesięć złotych od cienia
Nie kupujesz pożałujesz
Do widzenia.

A było się
A było się tu i tam
Zwiedziło się kawał świata
Tyle trudu i nocy nieprzespanych
Przyszła starość już nie możesz a chciej
A w płucach powietrza coraz mniej.

Bywa i tak
Różnie bywa i tak leżąc na wznak
Myślisz byle jak i o niczym
Łzy też cieknąbyle jakie
Niegodne prawdziwego płaczu
I koślawe takie.

Bez
Bez karabinu z kulą pod pachą
Tyle obciachu i to na froncie
Przepraszam bo nie wiedziałem
Że gościu był generałem.

Masz i nie masz
Czy masz dużo czy niewiele
Jesteś trzeźwy czy lekko wstawiony
Pamiętaj że którejś niedzieli
Kostucha azylu udzieli.

Są
Politycy są pieprznięci
I to na całe sto procent
Nieważne co jest przed nazwiskiem
Profesor doktor czy docent.

Poprztykali się
Komar poprztykał się z koniem
Narobił na grzywę szkapie
Koń go kopnął w pajęczynę
Że komar szuka miejsca na mapie.

Wygłup
Taki jeden się wygłupił
I wszystkie pieniądze kupił
I te lepsze i te gorsze
I to za grubą forsę.

Wyciekło
Wyciekło że w piekle są mrozy
Że smoła jest zimna jak lód
Za to wyrzucili diabła do diabła.

Pijus
Wypił klina później ćwiartkę
A następnie całą bańkę
Glina wsiadł do swojej Mazdy
Zabrał sobie prawo jazdy
Wlepił jeszcze dwa tickety
Zdegradował się na końcu
I usnął na mokrym słońcu.

Mam czas
Mam czas na odpoczynek
Nie jem nie chudnę nie tyję
A dlaczego tak się dzieje
Bo od roku już nie żyję.

Baju baju
Bajka uciekła z książeczki
Ktoś pomyśli że to ściema
Albo dym ze zwykłej fajki
Pod postacią dymnej wstążki
Sęk w tym że nie było książki.

Symulant
Symulował że jest chory
Z braku płuca nie oddycha
W sercu wysiadły zastawki
Spadł z ławki i dostał czkawki
W końcu głowę sobie odkręcił
I umarł z braku do życia chęci.

Wymysły
Co wymyślić by być sławnym
Mądrym bogatym zabawnym
Najlepiej to sprawdzić na karuzeli
Kręcić aż się popierdzieli.

Ale się stało
Niefachowo i pochopnie
Postawił drabinę odwrotnie
Wylądował gdzieś na meblach
Dobrze że trzymał się pędzla.

Bywają
Bywają na świecie i tacy
Co mają chęci do pracy
Ale z czasem to się zmienia
Wzrasta zapał do leżenia.

Rodzi się
Miłość to są ognia głownie
Nieraz długo się jarają
Lecz trzeba się z tym pośpieszyć
Nim zęby powypadają.

Trwoga
Wielka trwoga na wieś padła
Ktoś na po cichu zaprosił diabła
Dziwią się anioły stróże
Widząc w rogach dzikie róże.

Skandal
W niebie wybuchł wielki skandal
W sobotę z samego rana
Pojawiła się duszyczka
Całkiem naga narąbana
Dobrze że był trzeźwy anioł
Co się szybko duszką zajął
Ten tak bardzo się postarał
A niestety się podjarał.

Co to może
Co to może zwykle bieda
Tego się opisać nie da
Nic się nie chce nawet s.
A co dopiero się bać.

Ocet
Ocet dzisiaj dawali za darmo
Ustawiła się kolejka
Ale luzem i kto zdąży
I z wyjątkiem kobiet w ciąży.

Zima i zima
Zima zimie jest nierówna
Rano dużo na minusie
W południe Celsiusz się wkurzył
I zrobiło się na plusie
Za to w nocy Fahrenheita
Ciemno zimno bez swobody
Ale lody.

Rudy
Rudy to nie znaczy wredny
Pomylony przekwitnięty
Nie aktor poeta czy widz
Ale prosty leśny rydz.

Spadochroniarz
A ten się to dopiero pulta
Zacięła się katapulta
Blisko ziemi prawie rosa
Nie zdążył podetrzeć nosa
Dobrze że to było we śnie
Nie skończyło się boleśnie.

Roboty na drodze
Kto wymyślił takie drogi
Z Meksyku gdzieś tam na Maltę
Piasek owszem posypano
Ale co się stało z asfaltem.

By żyć
By żyć długo aż pod chmury
Na łonie ziemskiej natury
I nie zboczyć z dobrej drogi
To w górę podnosić nogi
Nie martwić się o byle co
Ot i to.

Wpadka
Na parafię wpada pastor
By rozprawić się z hałastrą
A przyprawił sobie rogi
Zaczął spychać wiernych z drogi
A skończyło się nie cacy
Samiutkie zera na tacy.

Ryba na spacerze
Na spacer wybrała się ryba
A była wkurzona chyba
Bo zapomniała ogona
I ukąsiła skorpiona.

Gra
Gra na zwłokę jest nie fajna
Jeśli o kredyty chodzi
W umowie jest 10% a 80% wychodzi.

Dylemat
Ziemia jest całkiem okrągła
A kwadratową ją wolą
A ci co nie posiadają ciążenia
To na leżąco się golą.

Pomyłka
To nieprawda że nie kwitną jabłonie i grusze
To duża propaganda kolego
Jak Katiusza śpiewała piosenkę
Wtedy jeszcze nie było brzegu
A nad wodą roiło się od mew
Dlatego to jest zwyczajny blew.

Przegrał w karty
Przegrał w karty to czego nie miał
Jak to się stało to aż zzieleniał
Chciał się zastrzelić też nie za swoje
Udało mu się przegrał naboje.

Przewlekle
Zima zima lato ciepłe
Czasy dziwne i przewlekłe
Wiosna piękna żywe kwiaty
A daleko do wypłaty.

Gonił
Gonił wilka dopadł owcę
W końcu lew na drodze stanął
Zbladł zamienił się w słup soli
Tak się nieraz po...

Sumienie
Poległ na froncie sumienie mu siadło
Tak się zdarzyło i tak wypadło
Niestety już życia drugiego nie kupi
Ktoś go zapytał coś tam robił głupi.

Nie przesadzaj
Nie przesadzaj waść z jedzeniem
Nie opychaj się do skutku

Zdrowiej umrzeć będzie głodnym
W ciasnym mundurku wygodnym.

Bat
Jeden to postąpił tak
W sklepie kupił bat na teścia
Użył go tylko jeden raz
A wygląda jak po przejściach.

Wolno
Jedz powoli i nie łykaj
Cicho siedź choć trochę brykaj
Zakładaj skarpety do snu
To ci rogi nie urosną.

Zupy
Przesolona zupa szkodzi
Ponoć po niej boli głowa
Przecukrzona jeszcze gorsza
Obniża inteligencję i potencję.

Słońce i złodziej
Jeden raz ukradł słońce
Chcesz się dowiedzieć gdzie wysłał
Kogo wsadzą do więzienia
A kto na tym zyskał?

Sprawa toczyła się w sądzie

Prawie cztery lata
Wyroku nie wykonano
Zastrzelono kata.

Karnawał i post
W karnawale się tańczy
A w poście postuje
Kto zatem ma korzyści
A kto gorzej czuje?

Ten co tańczy i ucztuje
Zyska bo się kręci
A ten drugi co postuje
Ma zaniki pamięci.

Policjant i ona
Nie chciała policjanta
Bo dwie pały nosił
A chłopisko był potężny
I choć bardzo prosił
Trafił się urzędniczyna
Bogaty niemało
Ale niezadowolona jest z niego
Bo pałę ma małą.

Rozkazy
Wydawał tylko rozkazy
Ale nie zabijał
Dlatego zaraz po wojnie
Ukręcili mu ryja.

A zatem lepiej zginąć od kuli
I być bohaterem
Czy leżąc spokojnie na łóżku
Takim zwykłym zerem.

Bandyta żona mąż
Albo zabiję siebie
Albo twoją żonę
Wrzeszczy bandyta niedobry
Strzał wszystko skończone.

Kto zatem się domyśla
Jak to się skończyło
Ja tego nie widziałem
Bo mnie to tam nie było.

Papuga mąż żona
Będę kochać cię nad życie
Mówi mąż do żony
A papuga się odzywa
Ty draniu skończony.

Czy zatem żona z męża dumna
Jest czy on ją zdradza?
Taka to głupia papuga
Dziób w nie swoje wsadza.

Teściowa zięć pastor
Teściowa miała sen okropny

Że zięć zdradził córkę
Zaczaiła się ze strzelbą
Za wysokim pagórkiem.

Przypadkowo przez pomyłkę
Zastrzeliła pastora
A u kogo się będzie spowiadać
Kiedy przyjdzie pora?

Głupi i woły
Wysłano go do szkoły
By był mądry i miły
Ale szkoły nie znalazł
Lekcje się skończyły.

Teraz płacze na łące
Bo musi paść woły
Takie same jak on głupie
Bo nie mają szkoły.

Dramat
Dramat można mieć w piwnicy
W lesie w polu na ulicy
W kinie w biurze i na linie
Po koniaku i po winie
I po tym co się nawinie.

A dramaty pisał Szekspir
Koniec przestań proszę nie pij
Dramat tata gdzie wypłata?

Order
Dostał order za zasługi
Długą strzelbę i kij długi
I go więcej nie widzieli
Więc z radości się zastrzelił.

Potem długo bił się kijem
Ale szkoda tego pana
Głupio zrobił bo nie żyje
Drugim razem już od rana.

Pies żółtaczka koń
Umarł pies na żółtaczkę
Bo zjadł żółte jajko
A to nie jest prawdą
Gospodarz trafił go kufajką.

A koń to wszystko widział
Milczy i nie pyta
Bo podpadł kiedyś chłopowi
Dlatego dostał z kopyta.

Nie pasuje to
Nie pasuje to zwiń się w kłębek
I udawaj jeża albo borsuka
Nikt nie będzie ciebie szukał.

Gdy jesteś taki bezradny
Zamyślony pomylony
Możesz spać bez przerwy

Sprzedaj nerwy do rezerwy.

Rak
Jestem wierny swojej naturze
Posiadam nożyczki tak bardzo duże
Prowadzę zakład krawiecki
Szyję koszule i kiecki.

Rak to moje nazwisko
To wszystko o mnie
Zapraszam do mnie.

Hrabia
Żeby zrobić interes
Hrabia kupił ziemię
Ludzie na niej pracują
On tymczasem drzemie.

Hrabia nic nie zarobił
I bardzo żałował
A dlatego bo spał na zakupionej ziemi
I jej nie pilnował.

Zając i wiewiórki
Zając pokłócił się z wiewiórką
O orzechy cztery
Zapomniał że wiewiórki
To są takie straszne sknery.

Gdy wszedł do swojej spiżarni

I zastał ją pustą
Jak to można orzechy pomylić
Ze zwykłą kapustą.

Zdrowym być cały czas
Każdy chciałby zdrowym być
Mieć urodę być na chodzie
Ale czasu nie oszukasz
Nie zatrzymasz nie uprosisz
Czasu nigdy nie przekonasz
Jeśli czegoś nie dokonasz.

Wszyscy za jednego
Dowiedz się co w trawie piszczy
Jeden płaci biorą wszyscy
Jak chcieliście teraz macie
Spotkamy się w dyplomacji
Życzę udanych wakacji.

Robot
Raz był beksą raz się śmiał
Innym razem głośno płakał.

Razem mieszkać z takim typem
Co wyprawia wciąż brewerie
Tata wkurzył się i wyjął
Ze środka robota baterię.

Złodziej i policjant
Aresztował złodziej policjanta
Bo ukradł dwie kury
Jedna kura się ukryła
I uciekła w góry.

Sędzia ma kłopot z wyrokiem
Myśli i patrzy w chmury
Czy ma sądzić policjanta
Za jedną czy też za dwie kury?

Mąż i ciasto i żona
  Nie jedz ciasta
   Bo cukrzyca cię zabije
Mówi żona do chorego męża
Kto ma trochę rozumu
Rozsądek zwycięża.

Mąż spojrzał na żonę
Z ogromnym wyrzutem
To dlatego to ciasto
Jest z kolczastym drutem.

Połykacz
Połykał wszystko ognie pochodnie
Pingwiny szyny metale
Nie szkodziło mu wcale.

Lecz w końcu połknął przynętę
Został rybą dostał rentę.

Księgowy
Pewien niegłupi księgowy podatki rozliczał
Najpierw każdemu oddawał a później pożyczał
Dorobił się więc chłopina niedługo w rok cały
Bo mu pooddawane pieniądze zostały.

Nie musiał się z pooddawanych pieniędzy rozliczać
Ani więcej pooddawanych pieniędzy pożyczać.

Babcia i dziadek
Kupił dziadek na rynku używaną babkę
Pomalował jej usta kupił czapkę i koronę
Myśli babcię wychowam i będę miał żonę.

Babka się odchowała szybko odmłodniała
Uciekła z młodym korona została
Cóż włożył dziadek koronę i udaje żonę.

Skończone.

Kierowca i pieszy
Kierowca przejechał pieszego na pasach
Nawet nie przeprosił
Za cztery dni na miejsce wypadku
Kwiatuszków nanosił.

A obok położył kartkę
Przepraszam czy mnie pamiętasz?
Jak wyślesz mi sms-a
To przyjdę na cmentarz.

Las i pąk i bąk
Urósł w lasku duży pąk
Nie wiadomo jak i skąd
I samotny w dużym lesie
Tak do góry sam i pnie się.

Coś takiego myśli bąk
Taki sobie zwykły pąk
Rośnie sobie tak przy sośnie.

Test i Kazio
Kazio przeszedł pierwszy test
Dziś go nie ma później będzie
Bardzo dobrze się złożyło
Do rodziny ktoś przybędzie.

To jest bardzo miły gest
Tata mama dobrze jest.

Śmierć i chory
Stoi śmierć nad obłożnie chorym
I głośno pomstuje
Ten wierci się bo go boli
Charczy ślini pluje.

Śmierć zagroziła jak nie przestanie
To sama odejdzie
Przyjdę po ciebie biedaku
Jak choroba przejdzie.

Okręt i tonący
Morze pochłonęło okręt
Kapitan spał smacznie.

Obudził się przetarł oczy
I spojrzał do góry
I pomyślał pewnie sztorm nadchodzi
Bo się kłębią chmury.

Katarzyna i koza
Koza przestała jeść trawę
Beczy w niebogłosy
Ktoś jak była zajęta
Ukradł jej papierosy.

Katarzyna to zrobiła
Trzeba ją pochwalić
Bo żeby było białe mleko
Trzeba przestać palić.

Mądry i pytania głupiego
Głupi zadaje mądremu pytanie
   Dlaczego ziemia nie stoi
   Tylko się obraca?
Mądry się zastanowił
Tak mu odpowiedział
   Żebyś to głupcze zrozumiał
   Dawno byś to wiedział.

Pastor i pokuta
Dlaczego pastor nie pokutuje
Czemu to pokuta omija pastora?
Głośno myślała i psioczyła
Taka zwykła nędza chora.

Pastor żeby załagodzić sprawę
I w końcu uprościć
Zadał sobie pokutę
Już nie będzie pościć.

Bogaty i majątek
Wyzbędę się majątku pomyślał bogaty
Po co mi to wszystko?
Oddam to co posiadam
Samolot lotnisko.

Sumienie będzie czyściejsze
I myśli przykładne
Tylko trochę poczekam
Może coś ukradnę.

Historia i pokój
Historia stwarza pokoje i niepokoje
Wojny trwogi i podboje
Same usługi w tej historii
Są złe z praktyki czy z teorii.

Pokoje zawierane historycznie
Podpisywane rozejmy nawiasem

Pękają na nowo osnutym
I pędzącym czasem.

Zdziwienie wariata
Wariat strasznie był zdziwiony
Przypadkowo się dowiedział
Niestety że jest wariatem z gazety.

I kto by tu zmyślał
On nigdy o czymś takim by nie pomyślał.

Histeryczny kulfon
Histeria to rodzaj czkawki
To wytwarza szybkie drgawki
Jako przykład z racji biurokracji
Zawiedzionej miłości czy zazdrości.

Rada prosta na histerię
Gdy stroisz jakieś brewerie
To wylej sagan wody zimnej na gorącą głowę
I gotowe.

Trąby
Trąba trąbie jest nierówna
Trąba zwykła trąba powietrzna
Pierwsza to służy do grania
A ta druga jest niebezpieczna.

Gdzie jest zatem trzecia trąba
Może jednak tu podpowiem

Słoń ma jeszcze swoją trąbę
A gdzie słoń jest to nie powiem.

Wieloryb i ryba
Podobał się rybie wieloryb
Więc na niego gdyba
Ślimak to zauważył
Rzekł   uważaj ryba.

Bo nawet jak cię przydyba
Nie wyjdziesz za niego
Ale jak wszystkie rybki
Do środeczka jego.

Miasto i wieś
W mieście to się mówi   cześć
Na wsi   witaj koniu stary
W mieście robi się fortuny
I zarabia się talary.

Na wsi tylko jest robota
W mieście luzy i spacery
Kto ma cieplej
Do ciemności teraz lepiej.

Chleb i konkurencja
Chlebek z pieca jak tra la la
Gospodyni się przechwala
A ten z miasta to zakalec
Choroba szpital i walec

Konkurencja się zemściła
Baba słono zapłaciła
Wie o tym cała dekafia
Co potrafi taka rafia.

Walka o wolność
O wolność walczyć na ziemi naszej
Z dala od kraju na ziemi waszej
Stwarzać dziwaczne różne pretensję
Wyglądać może na ingerencję.

Po co więc kluczyć wciąż po kryjomu
Walczyć o prawa nie w swoim domu.

Piorun i człowiek
Uderzył piorun człowieka
Niedużego wzrostu
Tak zupełnie przypadkowo
Wypadek po prostu.

Porażony nie przeżył
W dali się rozpłynął
Do tej pory nie zrozumiał
Dlaczego on właśnie zginął.

Polityk i zapewnienia
Polityk twierdził gdy było spokojnie
Odda za kraj życie
Zapewniał że jest patriotą

Czuł się wyśmienicie
A kiedy wybuchła wojna uciekł
Wcale się nie zastanawiał
Mówił teraz że dla takich błahostek
Życia nie będzie nadstawiał.

Strzały i wierzba
Słyszałeś że strzelano do mnie
To był pewnie spisek
Uciekłem wystraszony na drzewo
Do tej pory wiszę.

Kula cały czas mnie goni
Kręci się i lata
Lepiej wisieć niż od kuli
Odejść z tego świata.

Zegar
Zatrzymał się zegar w piątek
Zrobiło się cicho
Gospodarz się zdenerwował
Co to jakieś licho
Może to się wyjaśni
Albo to wymówki
Okazało się że nie było godzin
Lecz same wskazówki.

Kurczę pieczone i żywa gęś
Prawdy tu jest tylko część
Kurczę się piecze gęś pływa w wodzie

To jest mezalians w prostej przyrodzie.

Gęsi się udało a kurczę się upiekło
Woda jest zimna gorące piekło.

Lasy i woda
Lasy znikają woda się pieni
Zęby wypadły korzeń zanika
A to jest winna nowa reforma
Nazywana krótko to polityka.

Nowe reformy
Dożyć do około lat stu dwudziestu
Biednym odebrać bogatym dołożyć
Dużo na konto kasy nałożyć
Język angielski wprowadzić w szkole
Ziemię zalesić i sprzedać pole
Może się jeszcze i młodsza trafi
Na fotografii.

Samolot i lotnisko
Jak się temu przyjrzeć z bliska
Jest nie chlubą ale zgubą
Proszę bardzo kup samolot
A zapomnij o lotnisku
A przekonasz się po czasie
Że naprawić to nie da się.

Więc się pomódl jedź do Rzymu
Ale teraz nie rób dymu.

Spać na stojąco
Na stojąco spać jest trudno
A leżąco głupio zasnąć
Stojąc będzie dużo taniej
Nie musisz się przykryć płachtą
Co więc zrobić by się dobrze
I porządnie wyspać
Trzeba spojrzeć w górę w niebo
I zwyczajnie wy...

Niemowlę i zęby
Ząb mu wyrósł tylko jeden
A powinno być ich siedem
Zamiast mleczny to trzonowy
Zamiast w kącie to na przodzie
Cuda dzieją się w przyrodzie.

A publiczność aż zamarła
Bo mysz urodziła dinozaura.

Ryba w kosmosie
Ryba w kosmosie dobrze się czuję
Harce wyprawia powietrze pruje
Dziwi się temu basista młody
To bardzo dziwne ryba bez wody.

Czasem coś mówić trzeba się nie bać
I umiejętnie wodę polewać
Tak się basista piękny w przyrodzie
Zanurzył w wodzie.

Przemknę się
Na pewno uda się myśli Zemke
Jak się spręży to się przemknie
I się stało ciało stygnie
Towarzysz nawet nie drygnie
Nie przemknął się dosięgła go salwa.

Pomyślał ocalały Zemke
Poczekam   bo może nie przemknę.

Pornografia jest głupotą
To kosztuje bardzo drogo
Trzeba więc się nawyginać
Kręcić głową ręką nogą
I udami zawidymać.

Taki hrabia wszedł na stronę
I zobaczył własną żonę
Oglądanie zakończone.

Kara na przyszłość
Kara na przyszłość więzienie tułaczka
Malaria konwulsje być może padaczka
Pomyślał otyły czas schudnąć po prostu
Pozbędę się nadwagi i może zarostu.

I schudł na pewno niechybnie tak sądzę
Bo wpadł w tarapaty jak przegrał pieniądze.

Maszyna niszcząca pieniądze
Maszyn do produkcji pieniędzy
                Nie budować!
Przypadkowo wyprodukowane
                Natychmiast likwidować!

Odwrócić kolej rzeczy iść w odwrotną stronę
Czy myślisz że taką rozmową rozweselisz żonę?

Weteran wojenny
Walczył na różnych frontach w piechocie
W lotnictwie latał na wraku
Nabiegał się po polach walki granatów nanosił
Nigdy się nie poddawał o litość nie prosił.

Wrócił stary słaby ma serce styrane
Umarł biedak z rozpaczy nad samiutkim ranem.
I w niebie jego dusza spotkała się z tymi co ich zabił
Co ma zrobić czy wrócić by wszystko naprawić.

Bez rozumu
Bez rozumu daleko nie zajedziesz
Głupota przebrała miarkę
Nie chwal się samochodem
Domem czy zegarkiem.

Nie szczyć się że masz urodną
I wspaniałą żonę
Bo ktoś się w niej zakocha

I wszystko skończone.

Skarcona miłość
Skarcić miłość to jest łatwo
A odzyskać bardzo trudno
Żona Leona mocno skarcona
Swoje przeszła i odeszła.

Rozgoryczona w kącie usiadła
I wszystkie pączki wzięła do rączki
I co dalej sił jej starczy
Przeje się jak się nie skarci.

Produkcja skarbów
Po co skarbów szukać w ziemi i mocno główkować
Skoro można je sobie tak wyprodukować.

Tracić pieniądze czas i zdrowie
I po co i na co płacić
Można więc je wyprodukować
I szybko się wzbogacić.

Ścibulak
Ścibolił przez wszystkie lata ścibulak ubogi
Zbierał oszczędzał myślał i uchodził nogi.

Nagle strasznie się zbiesił
I uszy przykulił
Czy jak odejdzie z ziemi
Też będzie ścibulił

Śpiewy po nocy
Śpiewać w nocy nie przystoi
Ludzi pobudzisz mandat zapłacisz.
Stracisz.

Możesz mruczeć pod nosem pieśni pobożne
Możesz robić pod siebie tylko ostrożnie.
Żeby nie obudzić tego z kim śpisz
Powiedział Pan Lis.

Palacz i fajka
Rzeczywistość to nie bajka
Nie pasuje waści fajka
Ona psuje tylko zdrowie
Co innego to nie powiem.

Dusisz się na swoje życzenie
Tak po prostu niepotrzebnie
Kiedy astma cię dopadnie
To dopiero mina zrzednie.

Histeryk i reklama
Reklamował zięć teściową
Pomalował ją na cudo
Usta w kratkę oczy w paski
I włosy na czarno rudo
Rewelacja próba przeszła
I zwycięska wieść się rozeszła
Ale była to umowa

Cmentarniano - pogrzebowa.

Warto
Czy warto oglądać krajobraz nad rzeką Wartą
W tę noc piękną gwieździstą coś wartą
W innym znaczeniu uparty
Mogący chcący tańczący.

Warto żyć i śnić ale czy być
Wartownikiem czegoś pilnować
I zerkać z ukrycia własnego bytu
Lojalności układów popytu.

Zniknięcie zająca
Zniknął zając gdzieś się podział
Rozpłakała się żyrafa
Wilk aż zawył słoń zatrąbił.

Miś podrapał się po futrze
I pomyślał
   Zając nie jest taki głupi
   Wróci dzisiaj lub pojutrze.

Koniec pracy
Koniec pracy już jest trzecia
Gwizdek rozległ się na sali
Nagle od stanowisk pracy
Wszyscy pracownicy wstali.

Bo to prawda wszyscy spali
   A ta praca powiem panu

To polegała na spaniu.

Nie żegnaj się
Pożegnał się i odszedł w dal
Drwal co ciągle ścinał drzewa
Stracił życie piękne młode
Dlatego bo niszczył przyrodę.

Nie mówiąc o zwykłej paskudzie
On niszczył ptaki i śpiew ich radosny
To nie jego wina on był już taki
Niewinnie go zjedzą robaki.

Pościć
Pościć to się nie obżerać
Lepiej trochę i na miarę
I normalnie nie za karę.

Post jest ważny przez dni siedem
I nas może bardzo wciągnąć
Można przy tym wiele zyskać
A nawet niebo osiągnąć.

Ściemniacz
Ściemniać musi się na dworze
Niezależnie od pory roku
W inny sposób można ściemniać
Rankiem w południe po zmroku.

Ściemnia się i bez płacenia
I trudno temu zaprzeczyć
Można przy tym zarwać w lampę
Że w oczach się może zaświecić.

Udawać
Być mądrym albo głupim
Zawsze mamy do wyboru
A po środku jakby było?

Głupio mądry czy mądro głupi
Liczą się kwalifikacje
Czasem mądry plecie bzdury
A głupi ma mądre racje.

Koń i słoń
Koń uderzył słonia batem
Było to w południe latem
Co to było słoń się zdziwił
Słoń mu oddał trąbą fest
Koń aż nagle przestał jeść
I cześć.

A efekty jak po bombie
Odcisk grzywy ma na trąbie.

Zawiedziony
Zawiedziony wrócił z wojny
Ale żywy los tak sprawił
Tylko bardzo zasmucony

Na wojnie nikogo nie zabił.

Ma sumienie niespokojne
Po cóż zatem szedł na wojnę
I żeby swój błąd naprawić
Będzie musiał kogoś zabić.

Żona zająca
Dolo zajęcza cóżem to użyła
Przez całe długie życie jam nigdzie nie była
Las był moim domem i zwyczajne pole
Do czorta z takim życiem pozbyć się go wolę.

Rozpaczała żona zająca na polu w kapuście w Jaworznie
Jeden krótki strzał myśliwego
Teraz żona zajęcza nie narzeka
Piekąc się na rożnie.

Dali i co z tego mają
Na książki dawali i na zeszyty
Ciuchy modne i hot dogi
On ciągle coś nowego żądał
Ciasteczka pierogi złote buciki na nogi.

Kto mu da to wszystko jak ich zabraknie
I straty w potrzebie wyrówna
Lepiej w porę się zorientować
I nie rozpieszczać g...

Za co
Nie opłaci się harować
Bo i za co słabo płacą
Oszukują i mataczą.

Z drugiej strony to żyć trzeba
Głupio będzie tak z lenistwa
Przypadkowo iść do nieba
Ale żeby się tam dostać
To postarać się potrzeba.

Embargo na złość
Wydano zakaz eksportu złości
To co jest złością zostaje w kraju
Nikt nie chce złości już importować
Bo w każdym kraju złość swoją mają.

Rząd się rozdwaja pracuje poci
Nigdzie nie można nabyć dobroci
Co zatem zrobić w tym to temacie
Co stworzyliście to teraz macie.

I
I jedna literka tak ważna
Pojedyncza samotna odważna
I tak dużo znaczy z braku tej literki
Mylą się cyfry płaczą literki.

Wyraz inaczej bez i to raczej
I to wtedy nic nie znaczy.

Nie bić psa
Psa nie uderzaj bo cię ugryzie
A co jest dziwne zaraz poliże
I lepiej byłoby odwrotnie
Niech najpierw poliże a później ugryzie.

I na koniec kijem dostanie pies
Jak to jest?
Nie ma wtedy za to kary
Nie do wiary.

Narzekania Mańka
Miał na imię Sznurek Maniek
Do wszystkich zwracał się   wy podli dranie
I narzekał ciągle lecz nie wiedział na co
Sam nigdy nie zhańbił się pracą
Ale w końcu dopiął swego
Wszedł na murek i wziął sznurek.

Jak powstał młotek
Coś musi się stworzyć żeby być
Wojna jest po to żeby się bić
Nagrzeszył w życiu bo często klął
Ale skąd się taki młotek wziął?

Bez młotka żyć nie da rady
Żeby wiedzieć naprawdę jak to było z młotkiem
Trzeba się przedtem w głowę uderzyć
Odpowiedź przyjdzie potem.

Chlebek
Czy kwas chlebowy może uderzyć do głowy
Żeby się o tym przekonać bez trudu
Tu nie trzeba zdziałać cudu.

Kilogram mąki dwa litry wody
Musi być czas za pół godziny
Otrzymasz kwas gotowy
I masz już z głowy.

Zaprogramowany
Nie programuje się złodziei
Bo to jest bardzo nieładnie.
Ten program który stworzyliście
Kiedyś i was dopadnie.

Kiedy nastąpi błąd w programie
Coś się stanie scalak trzaśnie
Przed jedynką na koncie pojawi się zero
Co wtedy zrobisz sknero?

Uczciwy złodziej
Złodziejem się być opłaci
Lecz tylko uczciwym
Trzeba zatem kraść na miarę potrzeb
Nigdy nie być chciwym.

Więc nie kradnij ale weź
Ile ci tylko potrzeba
A kiedy ukradniesz dla innego

Nie pójdziesz do nieba.

Być bogatym
Co to znaczy być bogatym
Posiadać wspaniałe szaty
Samochody domy armaty
Luksusowe hotele banki
Żony i kochanki.

Być bogatym i szczęśliwym
To trzeba być jeszcze żywym
A najważniejsze to mieć duszę
Przypominać już nie muszę.

Bez niego
Dlaczego kraj bez niego odbudowano
A to dlatego właśnie bez niego
I nigdy się nie dowiedział
Bo na emigracji przesiedział
Układając wizje i plany dla ojczyzny.

I dziwi go dlaczego
Kraj zbudowano bez niego.

A niech ma
Nie przeszkadza mi że ktoś tam marzy
I o czymś myśli i sobie życzy
Jak nie ma z czego oddać
Niech wtedy pożyczy.

A podrapie się po głowie a nawet
Gdzie go łechce i jak zechce.

Krytyczność
Objawia się w krzyku i podłej mowie
Zakodowana jest w głowie
Krytyka kogoś za słowa i czyny
Wywodzi się z niewymuszonej winy.

Zanim kogoś skrytykujesz
To nadepnij się na piętę
Zrób wywiady w środowisku
Nie od razu szykuj pętlę.

8-50

W imię
Odróżnić
Miara
Spóźniać się
Jasno widzieć
Zamartwiać się
Obdarowany
Życie ziemskie
Obżartuch
Nikt nie wie
Uczony
Zależy nie zależy
Koń i pług
Zła zabawka
Jeden taki
Czas
Miotła
Pogryzł psa
Próg
Z butami
Przez życie
Ot tak
Fachowiec
Dyskusja
List do siebie
Klepać coś
Owinięta
Oddaleni
Na pokuszenie
Trudno jest
Strony biznesu
Zdrowy i chory
Odwrotnie
Cierpienie
Podruga i podrug
Zejdzie
Poznacie po
Gwoździe w powietrzu
Odkrył karty
Kat na baby
Trzy ósemki
Znak
Radar
Partyzantka
Bez
Karmiła
Wedel
Mnie i tobie
Drapaka
Kara za co
Rozgrzeszenie
Chleb i zakalec
Dwa plus sześć
Cholewki
Kowboj i koń
Dwa i dwa
Pistolet i karabin
Ty i ja
Męka
Drabina i chrząszcze
Wielkie dzieło
Kita wita
Gniew
Sprzedam
Szydzić
Odbiło
Zakaźny i pies
Na haju
Pendolino
Tacka
Pies i złoto
I bym
Chleb i sól
Pistolet i on
Post
Politycy i rząd
Nastawać na życie
Samosąd
Z wilkiem
Próbowano
Dobra zmiana
Ryba
Zanim zanim
Lista
Żywot
Ręka w rękę
Świeć przykładem
Poradzisz
Prośba
Ciężki i lekki
Komunikacja
On i ona
Kredyt
Straż
Sędzia
Języki ognia
Uwaga
Sprawy
Zamknął się
Prokurator
Baba dzwoni
Ameryka w Europie
Ślimak
Bohaterowie wojenni
Wypędzić
Nie chciał
Buzi
Nie biegnij
Kot w worku
Róg na taśmie
Zarobiłeś
Pastor i złe
Kultura
Czarna kura
Patron
Przykazania
Tango
Śmierć
Ten czas
Co czyje
Spacer
Wazelina
Emeryt
Straże
Jasna gwiazda
Rakieta
Zdobył się

Prasa i świat
Pośmiech
Pasmanteria
Mój komputer
Spekulacje
Najważniejsze
Widok
Zły pies
Pomnik
Zapalone głownie
Duże pieniądze
Oczy kłamią
Proce przeciwlotnicze
Ważne sprawy
Księgi
Przeminęło
Kelner
Pompka
Nie żałuj
Obgryzali
Kasia
Jeż
Leśna steczka
Dobitnie
Chrabąszcze
Samoloty
Prawda
Zmyłka Zeusa
Sam ze sobą
Frontowy wariat
Las
Zawiódł się
Nie kupisz
Stary i rura
Sprzeczali się
Marzenia
Zięć zadziałał
Gwarancja
Małpa i bomba
Motyle
Moją będziesz
Trzeba mieć tupet
Krysia

Miara
Myślenie na lewo
Miłość
Wkurzenie
Niechcianemu
Memory
Na miejscu
Bądź ze mną
Nie przechodź
Z książki
Zmienisz
Imbecyl
Chmura
Na obczyźnie
A tak
Uwierzyć
Nie bać się
Określił się
Welon
Rypło
Morze nie może
System
Obrażalski
Był problem
Dziwny pakt
Przybądź
Powierz mi
Szoł mi
Smutek
Wszyscy
Satysfakcje
Maj
Polka i oberek
Na zamku
Sprzed nosa
Trafić
Piorun
Poglądy
Odszedł
Dobrze czynić
Ale
Teatr
Nowa reforma

Zło
Coś dla hecy

51-100

Robole
Nie wiadomo
Kłamać
Osowiała panna
Sytuacja
Stać czy nie
Zostań i bądź
Zapłacę
Czuć się dobrze
Przyjmę
Wrócił z wojny
Odwrotnie
Można
Potrzeba
Problem
Oferta
Dbaj
Skutki
Dobrze było
Strony świata
Recepta
Ohyda
Skoki
Udzielał się
Odbiło mu
Stracić kilogramy
Dla kogo
Leśne sprawy
Rozmowa na czasie
Nie przekonał
Koń w kapeluszu
Apokalipsa
Szczupak
Nie słucha się
Zakupię
Odmowa
Zaklinacz
Stać się lepszym
Spontaniczność

Studenci	Próbuj	Rocznice
Najpierw	Sęp	Sytuacja
Remont	Niezbędne	Pan i pies
Popieram	Automaty	Być katem
Wściekły	Policja i on	Wierzący
Salomon	Chleb i miłość	Czas
Cezar	Babcia	Kłamstwo
Sponsor	Ustąpić	Wielka prawda
Według przepisów	Sen	Ile?
Kosmate	Kierowca	Bieda
Zmarnowane lata	Maszyna do szycia	Duch
Powołany	Żałuję	Nie martw się
Pasta i makaron	Sklep	Przepis na życie
Zaburzenia	Zbój	Cierpienie
Zakładał	Zarazić się	Grzesznik
Zdaje się	Wojna	Sam ze sobą
Kombinacje	Kradzieże	Podmiana
Potrzeby	Droga	Dzieje się
Z kraju	Szybka i ryba	Wystroili
Kolizja	Poszanowanie	W polityce
Rypła sprawa	Śmieszny koń	Przyczyny
Premia	By się miało	Życie
Urodziny	Myśli	Świat
Listonosz	Doradca	Morowo
Zamienić się w słuch	I tak i tak	Bez końca
Czyny	Przywiązany	Nie było
Najpierw	Krzyż zasługi	Co robić
Anioł	Kropidło	Teoria i praktyka
Renia i świat	Podzielił	Szukali
Kotka Zyta	Zdziwienie	Rozum
Stefan	O co tu chodzi	Lepiej
Raj podatkowy	Idziemy	Pamięć
Pracować trzeba	Lepiej	Liść
Zamek w lesie	Zapędzić	Wtedy
Bandyta na plaży	Obejść handel	W pojedynkę
Rozstanie	Uczeni	Przespał
Długi	Modlitwa	Pomyłka
Naprawa	Brak	Plaża
Dlaczego?	Bogaty	Granat
Szkoda	Walka	Wiązać
Kto odpuści	Życie	Pieniądze
Grzechy	Egzekucja	Jak miło
Pornowo	Bać się	Produkcja

Bałagan
Chwytać
Uczeni
Doktór
Suchość w gardle
Okiełznać
Biała
Urwało
Ale
Sława
Angry
Twarze
Dlatego
Chore jest
Co łaska
Oczyszczenie
Kręcić
Zwykłe
Szok
Przyznać
Gwałt
Nowe
Przysolić
Chce się
Dzisiaj
Złapali
Trzaśnie
Lżej
Zgroza
Szaleńcy
Boleści
Nie kłam
Kredyt
Nie daj
Brawo
Ale się stało
Wymysł
Uparty
Procenty
Nadzieja
Groźny
Ułożyć życie
Post

Wolny kraj
W dwójkę
Rolnik
Socjalizm
Komunizm
Dziwne
Protesty
Różnica
Strach
Śmierć
Nie ma
Bilety
Mamy siebie
Mieszanina
Życie
Nauka
Płace
Na pokuszenie
Szukać u siebie
Być sobą
O co chodzi
Ale heca
Tułacz
Zwolniony
Rada

101-150

Co się liczy
Jak na wojnie
Rodzaj
Nie wódź
Sprzeciw
Wszystko
Przez przypadek
Fanatyzm
Raz i raz
Straszna sytuacja
Lepiej nie
Zagrywka
Całusek
Powiedziano
Rósł
Kot

Ktoś tam
W zoo
Za co
Kondukt
Rozminięcie
Myśli
Czasem
Nie zabijaj
Cudzołożyć
Kogo
Szanuj
Ktoś
Ustroje
Bałwochwalstwo
Zbóje
Szyby
Straty
Wygrać
Adolf
Zamęty
Sen
Apokalipsa
Piłeś
Podatek
Kto za kogo
Szanuj
Okręt
Przebiegły
Nie zapisze
Co tu mówić
Krnąbrny
Zagrał
Dzięki
Militaria
Katiusze
Propozycje
Zamurowało go
Krótko i na temat
Oddawaj
Koniec i kropka
Przymilanie
Malarzem był
Co zależy

Ruszaj	Coś takiego	Koń
Na świecie	Nasze czasy	Zapomniał się
Iść za	Walczyć o	Obiecanki
Harówka	Bez	Stało się
Chciałoby się	W głowie	Wydaje się
Drożyzna	Zależy od	Na wojnie
Nie przewidzę	Telefon	Duch
Talenty	Sprzedał	Krytyka
Prawda	Ochota	Natrętność
Lewa i prawa	Różnice	Help
Nie uciekniesz	Chwalić	My ludzie
Puste słowa	Zając	Co wymagać
Czy	Pyseniek	Jak dowieść
A kto	Spojrzeć	Biznes
Wiatr	Kto komu	Rozróby
Czy czy	Samogon	Leń
Wiewiórki	Dla kariery	Ruletka
Stworzony	P i K	Oszczędność
Pobyt w piekle	Za walutą	Zawalona sprawa
Co to jest?	Emocje	Nie straszyć
Czy opłaca się?	Wymysł	Rozważanie
Kto się	Kupno	Przyroda
Zaczynać	Gra o życie	Sto lat
Czas biegnie	Taki jeden	Rozbiegane marzenia
Proste rzeczy	Zabronić	Każda chwila
Czy powinno	Co to znaczy	Sam sobie
Zrobić	Skąd	Ucz się
Utonął	Wymazać	Walka
Los	Stworzenie świata	Rewolucje
Prawidłowo	Mój świat	List
Kogo się bać	Są tacy	Zięć
Zmiany	Ryzyko	Zaszłości
To przyszło	Szanuj	Zakochani
Nie rozumiem	Nie będzie	Dziadek
Życie dopieka	Samopoczucie	Bywa i tak
Dla idei	Nie da rady	Wszystko
Normalność	Nie udało się	Skandale
Przecznice	Zwątpienie	Pokuta
Przemijanie	O czym	Zanim
Wnioski	Od do	Jak
Odwaga	Nie wszystkim	Sparcie
Bywa że	Nie traćmy	Alkohole
Ze wstydu	Czy	Roczne święta

Propaganda
Żyć marzeniami
Wszyscy
Cień
Układy
Szemranie
Taki jeden
Chciał być
Przegryzać
Pomyłka
Obgryzali
Urodzony
Przedstaw się
Będzie
Pod Grunwaldem
Państwowe
Równość
Ciarki i miarki
Za
Postanowiono
Radość
Oddał się
Romeo i Julian
Maminy syn
Najpierw
Przeszkodzić
Chłopak
Ty sama
Test
Pastuchowo

151-200

Nie mógł
Jakby jakby
Prognoza talentu
Uzdolniony
Komu to
Porwany
Po kolędzie
Odpust
Socjalizm
Umieć
Patriotyzm

Usunąć
Papierosy
Prima aprilis
Spakowany
Tri Tankista
Zwyciężymy
Dryblas
Rakieta
Co wolno
Fachura
Drabina
Wycenia się
Zmagania
Połknął
Ukarany
Mrówka
Stara
I pan
Mam cię
Nie rób
Za mamine
Za Nerona
Kontakt
Jego tata
Kiedyś
Niektórzy
Zagłada
Szukał
Brzydko
Robale
Garb
Wyracha
Oj chciałoby się
Pojednanie
Nie patrz
Praca na froncie
Ironizacja
Kat
Świnka
Gniazdko
SOS
Raty życiowe
Koniecznie

Uchodźcy
Drożyzna
Życzenie konia
Niegodnie
Stako
Mały i silny
Ruch
Gimnastyka
Piłka nożna
Co łaska
Zając
Zostać świętym
Nic nie będzie
Niesłusznie
Sportowa porażka
Co jest grane
Długa droga
Problemy
Rozkazywać
Deszcz
Posag
Przestroga
Niemowlę
Przebaczenie
Jak
Za waszą i naszą
Skropić
Przypadkowo
Ze zgryzoty
Walec
Przykro mi
Nie do wiary
Gryź go
Bzdury
Okulista
Nie zapominaj
Postanowienie
Zemsta
Kac
Uderzać w piersi
Bohater
Urodzenie
Spowiedź

Niewiarygodny	Konkurs	Dym i maraton
Nowy podatek	Charaktery	Leń się
Uwiązać	Konto	Piosenkarze
Wypominanie	Coś nie pasuje	Pijak i koń
Smak	Nie bij	Pożar
Zawołać	Wieszcze	Deszcz
Paskudne żarcie	Nie odpuszcza	Musowo
To samo	Nie ma kasy	Pożyczka
Nie wygrasz	Pierwsze miejsce	Obraza
Rządź	Konkurs	Świnia
Dziewiąte przykazanie	Stare kości	Nauka
Nie przysługuje	Miała	Trudna pokuta
Sędzia	Żaby	Zdarzenie
Rozbiegli się	Ścigali się	Spółka
Porządek	Niewiadomy	Krach i ach!
Nie miej	Nagroda	Myśl
Dwa koty	Taniec	Potwór
Płeć	Wygrał	Huśtawka
Słowa	Zmiana	Wypłaty
Setna fraszka	Koń na fleku	Astma
Wuj nadrabia	Wypłata	Barki
Ideał	Na pokuszenie	Pomysł
Nie umieraj	Pokemony	Uprawa
Łóżko	Głębina	Grzechy
Zakochani	Pracuś	Witajcie
Wiadomo że	Niezła heca	Sobie
Leniwy kot	Kombinator	Skromność
Wyścigi	Dentystyczność	Leczył
Żenada	Po i przed	Zdarzenie na Olimpie
Walka nietoperzy	Przestanie	Strony światy
Strata	Bez rozumu	Konik
Być trenerem	Ryba chyba	Więzień
W sporcie	Coś małego	Leczył
Zasłynąć	Pięćset plus	Znęcanie
Wyścigi	Palenie nie	Nie umrę
Nie lubi	Licho	Zabrała
Nie bać się	Oko za oko	Nie dość
Ćwicz i	Starość	Ten co
Pływać	Reklamy	Stary
Na kajaku	Salwy	Człowiek nie może
Na migi	Karta	No wiesz
Walka z bykiem	Raj	Och te dopalacze
Nasi i wasi i oni	Dratwa i gwoździe	Manewry

Wojsko nie swojsko
Po kryjomu
Rysa
Wyprany mózg
Cisza nocna
Czy opłaca się ?
Natenczas
Karate
Górą
Rytmy
Dinozaur
Zorze
Zięć i teść
Rocznica
W Babrzykanie

201-250

Pożyteczny
Frontowy głupiec
Wypadek w sądzie
Igrzyska
Przydarzyło się
Rzut młotem
Do
Przestrzeń
Zniknął
Szanuj
Pycha
Nie to samo
Dwa wyjścia
Nie rób
Przecieki
Zaszczuto
Porąbał
Szachy
Piłka
Owies
Pił za
Poręczyć
Salceson
Reklama
Obroniony
Wyznał grzechy

Sprzedam
Przywalić
Programowanie
Nerwy
Emerytura
Stał długo
Wynajmę
Spanie
Możni
Żeby
Został świętym
Znać
Ucieczka
Reszta
Woda i wieloryb
Za darmo
Przejścia
Zmyłka
Co to było
Przeprowadzka
Brzydko tak
Niegodziwość
Wkurzony lew
Rakiety
Język
Żeby mieć
Poderwać żabę
Liść
Szymon
Głupot nie ma
Rola języka
Odwyk
Zmysły
Radość
W Hadesie
Dzieckiem być
Niemoc
Opieka
Dzień i noc
Odegrał się
Przez
Żył
Stado

Proszę spojrzeć
Śpi z kosą
Pomyłka wnuczka
Nie pasuje to
Otworzył
Udzielał się
Nie płacz
Mamy cię
Pogrzeb
Istnieć
Kartki z kalendarza
Pieniądze
Własność prywatna
Nagości
Kowal
Ryba i haczyk
Rezygnuję
Cyferka
Wiedźma
Sodoma z gomorą
To coś
Sardynki
Takim jak wy
Obrażam się
Miny
By żył
Morze
Potrzebuję
Cezar Neron
Śpiewam
Wystraszony duch
Proca
Lodowiec
Gęba
Skorupka
Za oknami
Racje
Niegotowe
Patrzenie
Nie chce się żyć
Zazdrość
Do opieki
Kupię dom

Zadziwię	Ważność	Dramat zaczął się na mecie
Łapówka	Był i nie był	Pannica
Demokracja	Możemy	Strach
Żagle i łajba	Czy da się	Broń się
Rola i pługi	Fotografia	Kleszcze
Oni i on	Odwrotna polityka	Nic dodać
Poszukuję	Bryka	Drogi kamień
Widział wszystko	Dużo i mało	Złom
Pakt	Polowanie	Prośba malca
Zjawa	Szumy	Nadzieje
Dym	Skutki szaleństwa	Spowiedź
Zamiana	Sadyzm	O co tu chodzi
Poplącze	Wiatry	Co potem
Nie wie	Post i karnawał	Plama
Kosmita	Kurcze	Jabłka
Saper	Pech	Słoneczko
Pomysł	Jak niedużo	Wiatrzysko
Odmowa	Historia i my	Piorun
Nie tędy	Walnie to kiedyś	Pogadam
Stało się	Adam i raj	Powódź
Cycek	Wybrany	Zakład
Politycy	Umowa	Nie mieści
Babilon	Spróbuj	Darmo
Podobieństwo	Odpuść	Zalecę się
Zdrowie i kultura	Karawana	Oferta
Losy świata	Pretensja	Kupię
Żyto cenne	Spadek	Zakaz
Sto procent	Dotykaj	Przeczekaj to
Mgła	Odwrotnie	Rzucić
Przyjaciele	Cudny dzień	Ewo co ty
Kto ma	Poszła	Kara za grzechy
Propaganda	Kozak	Dym
Dwa końce	Pech	Niesłusznie
Źle	Schudnie	Flek
Wytworzyć	Rozłąka	Grosze
Spróbuj i uważaj	Co to było	Problem
Dobro i zło	Przeczekamy	Uciekło
Przekroczył	Niezły skoczek	Niezła d...
Nijakie małżeństwo	Nieszczęście	Zdziwiony koń
Sprawa kota	Ze smakiem	
Odkrył karty	Wojownik	**251-300**
Zdarzenie	Lustro	Ocean zniknął
Kultura		

Chciał do nieba	Co tam	Miara bohatera
Przemowa zła	Nałogowy	Sprawiedliwy
Propaganda	Nie daj	Pszczoła
Palant	Szemrze	Zmiękł
Zniknięcie	Przeżycia	Nie czyń
Bermudy	Nie da się	Język
Trzynastka	Przebaczenie	Gaz do dechy
Nauka pływania	Zając w tarapatach	Obelga
Kryska na Matyska	Cyfra trzysta	Słowa
Ja wam pokażę	Zboczył z kursu	Za darmo
Nie inaczej	Atrakcje	Udało się
Satysfakcje	Zbój	Gorzej czy lepiej
Cicho	Nie zgódź się	Czy tam
Sprzedał	Nie dopuść	Czy ktoś
Niedobry	Dni robocze	Istota rzeczy
Gdzie jesteście?	Nie ma problemu	Suweren
Za co	Góra i dół	Poliż
Ubezpieczył się	Nie	Tytan
Nieskromność	Obawa	Nowości
Nakręcili film	I odtąd	Paraliż
Zły przykład	Chciałoby się	Hormony
Bzykał	Rysunek	Bzyk
Zejście	Rzadko	Powrót
Obligacje	Spienił się	Połknął
Wpierw	Oddaj	Zorro
A o co?	Biegał	Siwy dym
Barykady	Zostaw ją	Pożyczki procenty
Komornik	Nie tędy	Jeż i papuga
On za wodą	Wymysł	Miara
Maj	Zostawił	Nie było
Bank	Zdarzenia	Rola krat
Malinowski	Dlaczego	W sklepie
W biały dzień	To samo	Rozłąka
Obligacje	Nowa dyscyplina	Posty
Lody	Pomogę	Zalety muzyki
Badyle	Nauczę	Zegar
Oszczędności	Neron	I co grubasku
Sam	Ostrzeżenie	Sałata
Na wnuczka	Niezły aktor	Sen i pościel
Błędy	Wypadek zbója	Kapela
Żal za grzechy	Nagusek	Grunwald
Uwaga	Dobre jedzenie	Portfelik w kosmosie
Różnice	Wnuczek na kacu	W zakładzie

Ząbi	Problemy	I znowu
Nam i wam	Siedzieć cicho	Zniechęcony
Lodówka i gotówka	Kosmos	To właśnie
Kopia	Komórki	Spłonął
Koncert zwierza	Dziwne	Wystrzelał
Baba i wrzeciono	Więzień	Zmień
Za co płacisz	Pysek dumny	Pocałunek
Na klęczkach	Operacja	Święty z obrazka
Pośpiech	Słońce	Twist
Przejdę za kogoś	Opanuj się	Nałóg
Wysyłka	Za co	Prosto i zawsze
Potrzeba	Skarga	Wiatr
Poznam	Bat	Piłka
Bocian	Tak dobrze	
Wynajem	Chałupka na wodzie	

301-350

Falstart	Korcia	Umarł bo
Po co	Szczupak	Nadejdzie
Frajer	Ewa	Powołali się
Podobać się	Zasady	Ściema
Trzymaj fason	Satysfakcje	Amnezja
Namiar	Jaja	Katolik
Cwaniak	Zejść po linie	Życzenia cioci
Zmora	Szamotanina	Ujrzeć niebo
Śpiewam	Chciał	Tamto życie
Wyręczę	Para	Został
Przecena	Pustki	Nie posłuchał
Płacz	Nie ma czym	Początek
Zaproszenie	Nie łatwo	Mądra głowa
Różnica	Kop	Zamiana płci
Namawianie	Bond	W delcie
Ślizgał się	Dziwny ślub	Nerwowy lament
Aetna	Poślizg	Andersen
Zwinął się	Piorun	Męsko damskie
Problem życia	Owca	Finish
Błąd w sztuce	Oczęta	Rozkosznie
Mama i synek	Biznes	Wypadek
Napocząć	Poprawiam	Wymiana
Sumienie	Dlatego	Tylko patrzeć
Gest konia	Próbował	Himalaje
Czarnoksiężnik	Prośba	Zalety
Narzekanie	Słońce	Zmuszanie
Nie dogonią	Zapytała siebie	Wczasy
Wzion	Umarły	Marzenia

Na nowo
Płuca
I co jeszcze
Dywan
Ustalenie
Nadzieja
Szi hi
Zasiadł
Spodziewanie
Księgi i uczony
Zegar
Tego
Za wężem
Napisane
Adoptować
Bohater
Nie bój się
Kpiny pogodowe
Mówca
Za co nie wie
MacDonald
Opona
Teatr
Dzielić
Kij i pała
Fucha
Defilada
Luzem
Podobanie
Zostańcie
Odchudzanie
Złamany nos
Wynalazek
Rozmyślił się
Wynalazek
Tempo życia
Sęp
Dynamit
Montaż
Z zasady
Markotnie tak
Wineton
Obraza

Zasługi
Polityka
Zmiana klimatu
Składka
Wycofać
Trwanie i upadek
Pies i zysk
Nagonka
Manna z nieba
Rozgrywka na polu
Mrówka
Sen i ja
Zagrać
Satelita
Non stop
Szambo
Tabaka
Beczka
Kwarantanna
O co chodzi
Kuźnia
Sojusze
Pretensje
Umowa o dzieło
Szansa i gwizdek
Sąd
Smutno i rezolutno
Pogmatwało się
Chciał być
Tancerz
Wynalazek
Nie zapłacisz
Długi do spłaty
Kradzione
Niebo
Bieda
Prototyp
Bocian i żaba
Wojna na wojnie
Wkurzona żona
Pies i buda
Szalej duszo
Pokazali

Dobrali
Układy
Testament
Szamotanina
Rzeki
Wymienili
Sparcie
Grzech
Filon
Ubolewał
Tango
Poszczę
W środku
Proszki
Ręka rękę
Przydać się może
Opieprz
Święty
Po czuprynie
Kamienie na sercu
Chwalił się
Niepokój
Kozi róg
Nagrody
Kuropatwa
Wisielec
Miłosierdzie
Maliny
Deszcze
Psia rola
Pachole
Sam na siebie
Sprawę rypło
Nagi
Pacnął
Poszkodowany
Fuszerka
Czyrak
Rozum
Szkodzić
Różnice
Liczyć na
Kochać

Witał i żegnał	I to i to	Nadciśnienie
Wytrwałości	Co będzie	Co dzień nowe
Dym	Czy to?	Abrakadabra
Nie uciekać	Karty historii	Wolni
Złe sny	Studnia	Deszcz
Nie wiedzieć	Myślą	Odmiana
Każda świnia	Być sprawiedliwym	Być kartoflem
Malarze	Mięsożerny	Ciągle nowe
Kochali się	Wyrok	Być teściową
Zamknięty	Wszyscy	Myśli
Teściowa	Dawne czasy	Inwestycja
Koniec	Atrakcje	Nic nie rób
Zło	Najpierw	Strony
Transakcja	Nie wszystko	Miarka
Zakochanie	Ściemniać	Nasz świat
Uczeni	Trąba	Żałować za
Doszedł	Wrócić	Nieszczęście
Export	Ustalono	Żywot wieczny
Dinozaur	Wygrać	Kłótnie
Znęcanie	Ten	Na pokuszenie
Suknia	Zakaz	Loteria
Trójkąt Bermudzki	Produkcja	Problem
Płuca	Eksport import	Nowe wymogi
W próżni	Nie	Ziemia
Istota rzeczy	Kto to słyszał	Oko tuczy
Co zrobić	Urodzenie	Dawno temu
Procenty rosną	Pot	Zajść
Niełaska	Jak	Cyrki
Ze złego	Lżej	Horror
Nacisk	Na księżycu	Nic nie musisz
Nastrój	Zapracować	Z czasem
Kłamstwo	Zanim	Zaprzeć się
Wielcy	Ten	Na psy
Do życia	Dużo racji	Ingerencje
Nitka	Domysły	Kto
Wynalazek	Odmowa	Zawirowania
Głupota		Wolne wybory
Kręcąc się	**351-400**	Zajęci
Dowód	Bóle nóg	Wieści
Waga	Nagroda za	Ktoś kiedyś
Przylot	Nie wszyscy	Adrenalina
Molestowanie	Za darmo	Wycieki
Robot	Rypło się	Podróże

Gdzie?	Stan	Pomieszało się
Fotograf	Można	Niefortunnie
Należałoby	Ze sobą	Komórki
Osobnik	Kup drabinę	Idealny mąż
Rozwalić	Sen	Słoń
Szybko	Układy	Skończyć i zacząć
Nie zastąpi	Frania	Rodem z piekieł
Na pocieszenie	Winien	Wygrać
Sławny	Trafiło	Co czarne
Kto winien	Rezerwy	Strata
Nowe podatki	Rzekł ten	Nie ma
Uczucie	Choroba	Nie żałuj
Tradycja	Piękność	Dogadać się
Wiek	Rzecz straszna	Na rozstaju
Zez	Promocja	Pytanie
Szczęście	Uwaga	Zjawy
Alpinista	Boli	Wytwarzanie
Przypadek	Gusta	Istna dzicz
Wypadek	Nie igraj	Oziębłość
Nie ufaj	Dzieło	Rodeo
Skromność	Od zaraz	Wrażenie
Zuch	Wygłupić się	Żarłonia
Smoki	Na raz	Nerwy
Zbawić	Pomyłka	Po ropuszemu
Szorstki czas	Dentysta	Nasze czasy
Duch jest	Tak bywa	Rozmowa
Jesteś	Zakażeni	Bądź taki
Raty	Czego	Demon
Kawałki	Gdzie	Pocenie się
Wymogi	Noc	Czy to czy to
Dlaczego?	Samotność	Syberyjski walc
Wybielanie	Jest fajnie	Działanie wody
Rozpacz	Po czym	Plan
Opresje	Nieprawdziwość	Komplikacje
Atak bociana	Tak i tak	Myśli
Wolność	Wolne drogi	Zero
Żałować	Różnie bywa	Lud
Ci co byli	Cele	Opcje
Przelać	Statystyki	Dochodzenie praw
Scenariusz	Z sobą czy bez	Kto by pomyślał
Przybieża	Piszczysz	Współczesność
Ciułacze	Zagubieni	Reguły
O zgrozo	Statystycznie	Nie muszę nic

Nie wiadomo	Stwierdzenia	Coś takiego
Widać	Role	Podryw
Zabronić	Wyniki	Wyprostować
Memory	Poezja	Obrzydliwość
Coś jest	Gbur i rura	Proszę sprawdzić
Reguła	Oj niedobrze	Orzech
Mocne słowa	Wielkie słowa	Lipa
Wynika	Wymysł	Ubogo
Odwrotność	Książka	Zakaz
Dziwne	Nie zaczynać	Sny
Przypadek	Stało się	Numer
Filozofia	Lenistwo to nie wszystko	Lżej
Wytrawni		Zmiana
Dziecinada	W parku	Tak bardzo
Być	Zwisa	Projekt
Życie	Co drugi	Nieszczęsny
Czy być	Sprzedam	Na co dzień
Drzemie	Kopie	Gracze
Zajrzeć	Kłopot	Nie patrzeć
Wypatrzeć	Widok	Ojczyzna jego
Każdy dzień	Aktorstwo	Na pokaz
Każdy	Pożyć trochę	Damy radę
A co można	Nigdy	Korek
Kręcić	Skala	Wzrasta
Pogarda	Najpierw	Po co tobie
Co ostatnie	Na wznak	Duchowa tożsamość
Zdarzyło się	Niechciany	Interes
Świat	Ze sobą	Nie widzą
Na okrągło	Nie dla wszystkich	Mucha
Pajda	Spojrzeć na życie	Cukier w cieście
Drabina	Podziały	Grymas
Z reguły	Nie widziano	Normalność
Widok	Cuda	Obecnie
Racja stanu	Nie można	Sytuacje
Moim zdaniem	Często	Pokażcie
Podróż	Uczucia	Ucieczka
Pewien radny	Naiwność	Zawsze szary
Urodzeni	Język	Dlaczego?
Rozłąki	O przyszłości	Ziarenka prawdy
Oczywista	Bezsilność	Chcesz
Stało się	Porównanie	Uczucie może
	Błahostka	Na pochyło
401–450	Miłość	Halucynacje

Ułożone	Kpina	Mina
Nawijać	Moda	Uderzyć
Do rosołu	Latać	Rządy osła
Czuwanie	Szanse	Media
Prawda to	Spacery	Przymiarka
Zaraził się	Prawda o życiu	Koniec roku
Wydaje się	Pora	Beznadzieja
Chwile	Polityka	Spadł
Namalować	Rysunek	Trening górski
Zdążamy	Udzielać się	Nie narzekać
Przewidział	Pracować	Długo żyć
Szczęście końskie	Demokracja	Nie wydaje się
Rządzenie	Porównanie	Nadejdą czasy
Widno i ciemno	Ujma	Malarz
Podeszły wiek	Nowa partia	Przyda się
Pokuta	Co to znaczy?	Karmiony
Śmieszne	Uciekli	Lista
Wymyślono	Walka	Trzeba nóg
Kolory	Obawy	Nie być
Ćwiczenia	Nie wygodne	O taki
Do oporu	Niezgoda	Lęk
Reklamy	Coraz więcej	Jak jest naprawdę
Wybaczyć	Przyjdzie	Dążyć
Obciach	Uchodźcy	Strata
Wyśpiewać	Przemijanie	Dochodzić
Związki	Śmiać	Jestem
Uda się	Postawić na	Wolność słowa
Otworzyć oczy	Starożytni	Nie musi
Wyobraźnia	Porobiło się	Dobre słowo
Nim	Wielkie plany	Prośba
Moja wolności	Myśli	Nie da się
Ideał	Atrakcje	Nie proste
Zmiana	Teatr	Pomysł
Kuszenie	Dobrodzieje	Jesień
Rodzaje grzechów	Pokuta	Wierzyć
Zmiany	Rozpoznać	Fochy
Nie bój się	Byli i będą	Przed niedzielą
Emigracja	Sojusze	Straszyć
Przed nami	Podpaść	Zakup
Wynika że	Pogarda	Horror
Wynalazek	Psycholodzy	Zabłyśnie
Natchnienie	Zawzięty	Lżej jest
Redukcja	Odwrotność	Zostałem sam

451-500

Panika
Kategorie
Użyć
Zanim jeszcze
Staraj się
Ratunku
Bez skrupułów
Kto ważniejszy
Ktoś tam
Co i co
Sytuacje
Wypełnić czas
Ktoś tak
Nie zgrzytaj
Nie będzie
Cuda
Odmiany
Dokąd to?
Nie ma sprawy
Zabłysnąć
Zaprzeć się
Być czy nie być
Zaczepka
Napaść
Nie mamy
Trasa
Wyciąć numer
Nie żartować
Malowidła
Komu
Zawieść
Choćbyś był
Bywa
Wydaje się że
Znał się
Za duszę
Zmiany
Zmagania
Zmiany
Klaskać
Problem

Pogryzienie
Na luzie
Szkoła
Coś piszczy
Zajęci sobą
Szczerzyć zęby
Nowy sędzia
Totolotek
Nienawiść
Wujek
Szołbiznes
Rosnąć
Setka
Z piekła rodem
Przykro
Po co?
Zapędzić
Kopnął konia
Plany
Być muzykiem
Gniew i śpiew
Wcisk
Paść krowy
Nie znosi
Symbole
Skleroza
Pomieszania
Nie udawali
Doświadczyć
Magazyn
Banki
Kroki
Odpowiedzi
Kiedy
Dobra zmiana
Dochodzić
Nawał grzechu
Kręto
Radni
Czyń
Wierzącemu
Brawo brawo
Uwaga

Nie dobijaj
Żądanie
Komuś tam
Ułożyło się
Nie mieć
Zdarzyło się
Gdy
Oprócz tego
Zdarzenia apokalipsa
Zdarzenie
Warianty
Relaks
Opłata
Jakby
Palić
Proces
W areszcie
Rozpaść
Zejdzie się
Smaki
Szczęście
Mrówka i słoń
Sprzeniewierzyć
Nie dojdziemy
Poszaleć
Byt
Pączki
Sędzia
Nie bój się
Romanse polityczne
Szczęście w nieszczęściu
Ku chwale
Zostać idiotą
Czas w nas
Koń hipokryta
Fotograf
Sknera
Nie pamiętaj
Myślał że
Amber Gold
Zabić dziada
We dwoje

Śmiem twierdzić
O co walczyć
Zamknięte drzwi
Nic nie pomoże
Udawanie
Nadzieje
Udźwignąć los
Stoimy w miejscu
Emigracja
Nie rób
Z perspektywy czasu
Dość
Musisz
Rozminąć się
Rozpoznać
Pies
Ochota
Wóz
Kto to słyszał
Kto pokonał
Podatki
Czas
Wolny
Komornik
Dinozaury
Kto i ktoś
Zastanowić się
Każdy dzień
Kto uważa
Ideał
Czas
Uwikłani
Idziemy
Przyciąganie ziemskie
Nie rozumieć
Nic nie trwa
Czym jest życie?
Pomysł na życie
Kombinacje
Dziwne
Brudne pieniądze
Cywilizacja
Nie dowie się

Kto
Udowodnić
Przysłowie
Proszę
Mamy
Rozmowa
Co to by było
Problemy
Przemijanie
Nie chciał
Za złotówkę
Zabrać
Pszczoła
Plotki
Narysował
Posłano
Recepta
A po co
Konik
Od westchnień
Trudno
Gang
Oczęta
Pomyłka
Wyrwać
Podpadka
Przykład
Odsiadka
Chodź
Kto
Zamiast
Wyobrazić sobie
Kto
Do rosołu
Robić
Rządź
Problem konia
Magda
Pakuj się
Niedaleko
Możesz
Jak dzieciak
Do spowiedzi

Szkoda
W nocy
Przestać
Menda
Skąd
Jak to jest
Nikt
Szarość

501-550
Nie było by
Ryby
Zamknięci
Przyjmie
Nie bać się
Strzeż się
Za swoje
Życie
Wszechświat
Niech pomyśli
Przypadki
Postęp
Chce się
Nieswoja
Do góry
Jak będzie?
Liczył
Nowe problemy
Cichy
Nic dziw się
Nie wiemy
Trwanie
Być razem
Rankiem
Nocy
Chwile na tyle
Tak nie można
Ktoś taki
Luzy
Nagonka
Nie ma
Jak jest
Zamienili

Powróciła	Różnice	Z okazji
Wynaleziono	Nierówności	Czyja jest ojczyzna
Nowy podatek	Sprawa zła	Kategorie
Super ludzie	Los	Nie tędy droga
Prawda	Nie jest tak	Czapy
Powtarza się	Brud	Nie mam
Na czerwonym	Niemiłosierny	Rozmijanie
Przyciąganie ziemskie	Moda na sukces	Nie
Myśli i myślenie	Sprzeciw	Są chwile
Układanka	Topole	Wątpić
Komu najwięcej	Nie żłop	Za historię
Los	Ruszcie się	Nie ma czym
Kolejny dzień	Nie podda się	Iść w zaparte
Otoczony	A kiedy	Obudźcie się
Kapitalizm	Ukradziono mu	Ujdzie
Podatek od garbu	Kłopoty	Totolotek podwójny
O wolność	Pomniki	Kto straci
Wyrok	Zasłużył	Zrozumie
Mówią	Atmosfera	Jest tak
Pojedynek	Taki jeden	Dotknąć sprawy
Żyć ideą	Lubiani	Zdobywanie
Ciągle	Wziąć pod uwagę	Odwyk
Szczepienia	Wcięło kasę	Powrót pana
Kto?	Sprzeczka	Na oku
Uleczyć	Zastanowić się	Wymienić
Różnice	Cień	Dokąd
Po	Totolotek	Gimnastyka
Cele	Gdy się czuje	Upartość
Wstyd	Wady	Uniwersalny
Nie dajcie	Niewolnicy	Ustrój
Rozgrywki	Braki	Przepowiednia
Pracujemy	Mamona	Wołania
Myśli	Nie przeginać	Myśleć jak
Bezsens	Po co to	Przyda się
Na poważnie	Orędzie	Pomyłka
Wolny kraj	Widmo	Byli
Zmieniać	Czy	Nimek
Ten pan	A gdzie?	Inteligencja
Nic nie grozi	Przepowiednia	Nie trzymać
Klasa robotnicza	Dobrze jest	Na manowce
Paradnie	Pycha	Radość
Kronika	Przyszłości	Oficjalnie i
Smok	Reklama wojny	nieoficjalnie

551-600

Rąbek tajemnicy
Upadek
Iść na całość
Rozmowa
Ogarnijcie się
Nasze czasy
Weteran
Bandzior
Wygrał
Wyprowadzka
Spieranie
Krytyka
Czas
I przed i po
Satanisci
Do piekła
Celowo
Przyjdzie pora
Jeden taki
Sumienia
Chwile
Koszty
Zastawa
Jak się śmiać
Do sukcesu
A właściwie
Był
Ślepiec
To że
Podpadka
A co by
Mózg
Jest i nie ma
Zostać
Nie żeń się
To nie to
Jak więc
Sprawiedliwie
Ująć dodać
Film
Piekielny wynalazek
Zanim
Wcięło fraszki

Błaganie
Czy to coś zmieni
Prośba
Zanim
Kielich goryczy
Coście mi
Mocować
Ulituj się
Zabezpieczenie
Fraszka na fraszki
Chciał być
Przegryzać
Pomyłka
Jasnowidze
Główka
Wykapany
Marzenia
Delikatność
Wymysł
Było i nie ma
Wolna wola
Chcesz czy nie chcesz
Prawdziwa prawda
Strajk kijowy
Liczyć na coś
Kłopoty
Nie stosować
Bezradność
Niedaleko
Został kimś
Tańce
Nabieranie
Opieka
Taki ktoś
Reklama
Dziwna wojna
Gorąca baba
Spowiedź
Rambo
Zabronić
Wyobrazić

Poszły
Wygonili
Ktoś tam
Rodzi
Dymaj
Niekochany
Nierówność
Szajba
Nie żałuj
Dlaczego?
Co należy
Gołe baby
Faceci
Rozwód
Jaki cel
Pewien sędzia
Poprztykał
Nie ubodzie
Nie chciał
Zamiary
Coś zmienić
Moda
Wymysł
Co robić?
Szaleństwa
Podjarany
Wstyd
Próba
Ostrzegać
Dorobić się
Trwoga
Szukać
Fortuna
Koń i pług
Pić jeść umrzeć
Włochaty i łysy
Zagadka leżąca
Sam i sam
Pielgrzymka
Drwal
Obiecanka
Słoń i mrówka
Wojna i pokój

Rozumy	Nadali	Skandal
Wełna i metal	Pomysł	Co to może
Kawaler	Wojny	Ocet
Zawiódł się	Zdobyć się	Zima i zima
Koza i miś	Do szczęścia	Rudy
Nie dokazuj	Wysoko	Spadochroniarz
Wadliwy system	Ładnemu	Roboty na drodze
Pomyłka	Pojąć	By żyć
Bacówna i odmowa	Kiedy	Wpadka
Pies i miłość	Zmuszanie do	Ryba na spacerze
Kowal	Siły ciążenia	Gra
Rower i nogi	Dziwne	Dylemat
Zarobię i kupię	Zmartwiony koń	Pomyłka
Ballada o kocie	Pojedynek	Przegrał w karty
Bałagan	Stało się	Przewlekle
Biegacz	Areszt	Gonił
Sprawa	Taki jeden	Sumienie
Zabiło mu serce	Był	Nie przesadzaj
Wciskać kit	Jeden sen	Bat
Ślub	Ktoś	Wolno
Rolnik	Powód	Zupy
Kto?	Bywa i tak	Słońce i złodziej
Nie da rady	Bystra woda	Karnawał i post
W kostnicy	Spienić się	Policjant i ona
Rozpieszczanie	Wolna wola	Rozkazy
Pamięci	Sprzedawca cieni	Bandyta żona mąż
Zimno	A było się	Papuga mąż żona
Nie ma	Bywa i tak	Teściowa zięć pastor
Komu?	Bez	Głupi i woły
Nie ma	Masz i nie masz	Dramat
Najpierw	Są	Order
Módl się	Poprztykali się	Pies żółtaczka koń
Proszę spojrzeć	Wygłup	Nie pasuje to
Swoboda	Wyciekło	Rak
Koło	Pijus	Hrabia
Bez	Mam czas	Zając i wiewiórki
Pretensje	Baju baju	Zdrowym być cały czas
Uszy mokną	Symulant	Wszyscy za jednego
Martwe nastroje	Wymysły	Robot
Przyjrzeć się	Ale się stało	
Bohater	Bywają	**601-624**
Okazało się	Rodzi się	Złodziej i policjant
W parze	Trwoga	Mąż i ciasto i żona

www.ingramcontent.com/pod-product-compliance
Lightning Source LLC
Chambersburg PA
CBHW070123080526
44586CB00015B/1527

Połykacz
Księgowy
Babcia i dziadek
Kierowca i pieszy
Las i pąk i bąk
Test i Kazio
Śmierć i chory
Okręt i tonący
Katarzyna i koza
Mądry i pytania głupiego
Pastor i pokuta
Bogaty i majątek
Historia i pokój
Zdziwienie wariata
Histeryczny kulfon
Trąby
Wieloryb i ryba
Miasto i wieś
Chleb i konkurencja
Walka o wolność
Piorun i człowiek
Polityk i zapewnienia
Strzały i wierzba
Zegar
Kurczę pieczone i żywa gęś
Lasy i woda
Nowe reformy
Samolot i lotnisko
Spać na stojąco
Niemowlę i zęby
Ryba w kosmosie
Przemknę się
Pornografia jest głupotą
Kara na przyszłość
Maszyna niszcząca
Weteran wojenny
Bez rozumu
Skarcona miłość
Produkcja skarbów
Ścibulak

Śpiewy po nocy
Palacz i fajka
Histeryk i reklama
Warto
Zniknięcie zająca
Koniec pracy
Nie żegnaj się
Pościć
Ściemniacz
Udawać
Koń i słoń
Zawiedziony
Żona zająca
Dali i co z tego mają
Za co
Embargo na złość
I
Nie bić psa
Narzekania Mańka
Jak powstał młotek
Chlebek
Zaprogramowany
Uczciwy złodziej
Być bogatym
Bez niego
A niech ma
Krytyczność